Georg W. Forcht

Frank Wedekind
und die Anfänge des deutschsprachigen Kabaretts

AF126231

Reihe Sprachwissenschaft
früher Reihe Sprach- und Literaturwissenschaft
Band 39

Frank Wedekind
und die Anfänge des deutschsprachigen Kabaretts

Georg W. Forcht

Centaurus Verlag & Media UG

Georg W. Forcht, geboren 1943 in Neustadt/Weinstraße, studierte Gehörlosen-pädagogik, Germanistik und Politikwissenschaften in Heidelberg und Mainz. Er war Leiter der Berufsschule für Hörgeschädigte in Frankenthal. Nach der Promotion 2004 an der Johannes Gutenberg-Universität in Mainz im Bereich Neuphilologie widmet er sich der bisher unveröffentlichten Literatur Frank Wedekinds und beschäftigt sich mit der Rezension seiner Aufführungen als Schriftsteller, Schauspieler und Bänkelsänger.

Veröffentlichungen im Centaurus Verlag:

„Die Medialität des Theaters bei Frank Wedekind. Eine medientheoretische Untersuchung über den Einfluss des Bänkelsängers und Schauspielers Frank Wedekind auf sein Werk" (2005, 248 Seiten, ISBN 978-3-8255-0529-5, € 24,50).

„Liebesklänge und andere ausgewählte Lyrik-Manuskripte des jungen Frank Wedekind" (2. überarbeitete Aufl. 2007, 346 Seiten, ISBN 978-3-8255-0659-9, € 24,90).

Die Deutsche Bibliothek – CIP-Einheitsaufnahme

Bibliographische Information der Deutschen Bibliothek.
Die Deutsche Bibliothek verzeichnet diese Publikation
in der Deutschen Nationalbibliographie; detaillierte bibliographische
Daten sind im Internet über http://dnb.ddb.de abrufbar.

ISBN 978-3-8255-0744-2   ISBN 978-3-86226-970-9 (eBook)
DOI 10.1007/978-3-86226-970-9
ISSN 0177-2821

© *CENTAURUS Verlag & Media KG, Freiburg 2009*

Satz: Vorlage des Autors

Umschlaggestaltung: Antje Walter, Titisee.

Umschlagabbildungen:
Frontispiz: Das reduzierte Ensemble der „Elf Scharfrichter" am Ende der zweiten Spielzeit vor dem Vereinslokal. Frank Wedekind links außen, neben ihm Marc Henry, der Chef des Ensembles. (Museum Aaargau, Historische Sammlungen Schloss Lenzburg)
Coverrückseite: Frank Wedekind an seinem Schreibtisch, München um 1913. (Museum Aargau, Historische Sammlungen, Schloss Lenzburg)

Inhalt

Vorwort

Das literarische Werk Frank Wedekinds bietet uns ein uneinheitliches Bild, das die traditionelle Rollenzuschreibung an einen Dichter vermissen lässt, hat er sich doch nicht nur als Regisseur und Schauspieler seiner eigenen Dramen, sondern auch als Rezitator, Lautenspieler und Bänkelsänger betätigt. Die Vielseitigkeit seines Werks macht es deshalb erforderlich, dass seiner literarischen Tätigkeit als Kabarettist eine besondere Würdigung zukommt. Seine Bänkellieder mit der Dirnen- und Verbrecherthematik sowie sozialkritischen und politischen Themen hatten bereits in der satirischen Wochenschrift 'Simplicissimus' großen Anklang gefunden. Als Mitbegründer eines der ersten deutschen Kabaretts in München, den 'Elf Scharfrichtern', gelingt es ihm, für Furore zu sorgen. Vor der Boheme der Jahrhundertwende kann er endlich sein lyrisches Frühwerk einem breiten Publikum präsentieren, so dass seine Vorträge nicht nur im Münchner Kabarett, sondern auch im Berliner 'Überbrettl' gefragt sind. Genial hat er zu seinen Gedichten, die teilweise schon während seiner Lenzburger Schulzeit entstanden sind, auch die Notation geschrieben, so dass vor allem seine erotisch-verruchten Chansons, von ihm selbst vorgetragen, zu Begeisterungsstürmen beim Publikum führten. Sein literarisches Werk gilt der Freiheit der Sinne. Um diesen Selbstbefreiungsprozess zu erreichen, hat er auf sein Panier den Kampf gegen die verlogene Moral der spießbürgerlichen Gesellschaft geschrieben.

Obwohl das dramatische Werk Wedekinds in den letzten Jahren zunehmend rezipiert wurde, hat die literaturwissenschaftliche Forschung bis heute die breite Palette seines Wirkens nicht aufgearbeitet. Als Begründer der 'modernen deutschen Ballade' hat er nicht nur Einfluss auf Georg Heym und Alfred Henschke alias Klabund, sondern auch auf Bertolt Brecht. Die Arbeit versucht anhand von biographischen Daten das Schaffen des Bänkelsängers nachzuzeichnen und seinen Einfluss auf das deutschsprachige Kabarett deutlich zu machen.

Nach einem Rückblick in die Gründerzeit des Kabaretts auf dem Montmartre verfolgt die vorliegende Publikation die weiteren Spuren der Schwabinger Boheme zur Jahrhundertwende. Diese führen über Albert Langens Satirezeitschrift 'Simplicissimus' und den Münchner Sittlichkeitskampf direkt zur Kabarettgründung der 'Elf Scharfrichter'.

Anhand von Originalmanuskripten, alten Spielplänen, Theaterzetteln und Programmheften der Schwabinger Kleinkunstbühnen entstehen vor unseren Augen die 'Exekutionen' und künstlerisch vielseitigen Kabarettveranstaltungen der 'Elf

Scharfrichter'. Dabei werden die Chansons und Brettl-Lieder Wedekinds eine besondere Würdigung erfahren.

Obwohl das französische Kabarett und das naturalistische Chanson in München durch die 'Elf Scharfrichter' und den Mitarbeiterkreis des 'Simplicissimus' rezipiert wird, zeichnet sich hier eine besondere Entwicklung ab. Bedingt durch den Kampf mit der 'Lex Heinze' konzentriert man sich auf den erotischen Tabubruch und den damit verbundenen Entwurf einer neuen gesellschaftlichen Sexualmoral, die vorwiegend durch den Dichter und Bänkelsänger Frank Wedekind geprägt wird.

Als Fernwirkung der ersten deutschen Kabarettgründung schießen in den Folgejahren nicht nur in München, sondern vor allem in Berlin und Wien zahlreiche Kabaretts mit völlig unterschiedlichen Akzenten wie Pilze aus dem Boden. Was ihnen allen bleibt, ist die gemeinsame Basis, die sie mit Paris und München verbindet.

1. Ein Bänkelsänger aus Lenzburg

Benjamin Franklin Wedekind wird am 24. Juli 1864 in Hannover als zweites von sechs Kindern des Dr. med. Friedrich Wilhelm Wedekind und seiner Ehefrau Emilie Wedekind, geb. Kammerer geboren. Sein Vater ist ein wohlhabender amerikanischer Staatsbürger, der seinen in Deutschland erlernten Arztberuf frühzeitig aufgeben konnte, da er als Bergwerksarzt in türkischen Diensten, vor allem aber als Grundstücksspekulant in San Francisco zu einem beachtlichen Vermögen gekommen war. „Im gesellschaftlichen Leben der deutschen Kolonie gewinnt Dr. Wedekind schnell hohes Ansehen und leitet als Präsident den Deutschen Club."[1] Hier lernt er auch Emilie Kammerer kennen, die trotz ihrer Jugend ein noch bewegteres Leben führt. Durch ihre Auftritte als Sängerin in einem Varieté hat sie nicht nur die Sinne des alternden Liebhabers erregt, sondern zugleich die öffentliche Kritik. In der freizügigen kalifornischen Stadt, die neben Kneipen, Bordellen und Spielhöllen auch allerlei Schlüpfriges zu bieten hat, wachen die Damen der besseren Gesellschaft streng darüber, dass keine Dame aus zweifelhaftem Milieu in ihren Kreisen verkehrt. Nachdem bekannt wird, dass Dr. Friedrich Wilhelm Wedekind eine Tingeltangelsängerin zur Frau begehrt, ist man entrüstet. Man legt Dr. Wedekind nahe, aus dem Deutschen Club auszutreten, und meidet das ungleiche Paar. Fluchtartig verlassen beide die Stadt, um 1862 in Oakland in aller Zurückgezogenheit den Bund fürs Leben zu schließen. Gedemütigt und enttäuscht kehrt die junge Familie mit ihrem ersten Sohn Armin zwei Jahre später nach Deutschland zurück.

Nach der Rückkehr aus Amerika leben die Eltern kurzzeitig in Hannover. Durch die amerikanische Staatsbürgerschaft geschützt versucht der Vater den politischen Strömungen entgegenzuwirken. Nach dem Triumph der 'großpreußischen' Politik Bismarcks sieht er in der Entwicklung des Deutschen Reichs keine persönliche Zukunft und sucht als 'Achtundvierziger' erneut den Ausweg in der Emigration. Als dem Vater durch ein Inserat in der Tageszeitung die mittelalterliche, gut erhaltene Burg Schloss Lenzburg im Kanton Aargau in der Schweiz angeboten wird, greift er kurzentschlossen zu und übersiedelt 1872 als Privatier mit der Familie für immer nach Lenzburg. Zu diesem Zeitpunkt befindet sich Dr. Wedekind im 57. Lebensjahr, seine junge Frau ist 33 Jahre und Franklin acht Jahre alt.

Der Abschied von der niedersächsischen Heimat bedeutet für Dr. Wedekind zugleich Abschied von der aktiven Politik. Der Kauf von Schloss Lenzburg setzt den Schlusspunkt unter seine unruhigen Wanderjahre. Die endlich erlangte Sesshaftigkeit ist geprägt von einer tyrannischen, besitzergreifenden Liebe. Das Schloss hat er ebenso wie zuvor seine schöne Frau zur Komplettierung seines Selbstwertgefühls benötigt. Nun ist sein Glück und seine Habe endlich in sicheren Mauern gefasst. Damit verordnet er seiner Familie zwar einen extravaganten Lebensstil, der jedoch mit Isolation und Absonderung verbunden ist. Die mittelalterliche Burg Schloss Lenzburg wird somit zum Gefängnis für die Frau und die Kinder.

32 Lenzburg, Schloß.

Schloss Lenzburg mit seinen Weingärten um 1900, die von dem nachfolgenden amerikanischen Besitzer W. Ellsworth wegen der Prohibition gerodet wurden

Hier in der Abgeschiedenheit hinter den Schlossmauern verlebt Franklin seine Kindheit und Jugendzeit, die ihn zum Rebellen und Außenseiter macht. Im väterlichen Monument der Rechtschaffenheit, im Muff der Ritterburg entwirft er sein rebellisches Gegenmodell, das von der Befreiung des Menschen handelt. Hier auf Schloss Lenzburg beginnt der Lyriker und Dramatiker Wedekind mit einem Kapitel der Neuzeit. Kein anderer Dichter hat über einen derart dramatischen Schauplatz seiner Jugend und ein ähnlich starkes Stimulans seiner Phantasie verfügt. Was ihn zum Schreiben inspiriert, ist nicht der bilderbuchhafte Lebensstil seiner Eltern, sondern der Gegensatz der Welten, die hier aufeinanderprallen. Seine frühe Einsicht, nicht nur anders zu sein, sondern das Anderssein auch betonen zu müssen, ist die Voraussetzung für sein Schaffen. Damit hat ihm Lenzburg ausnahmslos alle Inhalte für seine Gedichte, Lieder und Dramen gegeben. Um die konservativen Moralvorstellungen anzuprangern, greift er im Leben wie im Werk zur Überdosierung. Sexualität und die verlogene bürgerliche Moral sind die Eckpfeiler, auf denen seine Dichtung ruht. Damit bahnt er sich den Weg zu einem neuen Stil.

Seine Eltern versinnbildlichen die beiden Pole, zwischen denen der hochbegabte Außenseiter aufwächst. Väterliche Tüchtigkeit und Zuverlässigkeit kontrastieren mit der künstlerischen Leichtlebigkeit der Mutter. Emilie Wedekind, die sich der Muse verpflichtet fühlt, arrangiert auf Schloss Lenzburg jeden Donnerstag im trauten Familienkreis Hauskonzerte oder Literaturlesungen für die Kinder und deren Freunde.[2] Damit wird in dem großen und gastfreien Elternhaus der Grundstein für das spätere Schaffen des Schriftstellers gelegt. Die künstlerischen Eindrücke, die Franklin an jenen Donnerstagabenden hier erfährt, haben eine starke Wirkung auf sein lyrisches Werk. „Die Musik, die im Familienkreis ausgeübt wird, zieht Wedekind weniger an als die Straßen- bzw. Volksmusik, in der er seine eigene künstlerische Identität zu finden glaubt."[3] Er versucht sich zwar auch an Flöte und Violine, entscheidet sich jedoch für das Zupfinstrument, das ihn künftig begleiten sollte. Seit 1882 spielt er nicht nur Gitarre, sondern trägt seine eigenen Texte und Kompositionen im Freundeskreis vor, so dass er in Lenzburg bald den Ruf eines Bänkelsängers genießt. Da die Musik eine elementare Stellung bei ihm einnimmt, ist es nicht verwunderlich, dass er bereits 1881 sein erstes Lied *Laßt froh uns nun leben*[4] schreibt. Zahlreicher sind jedoch seine Einzelgedichte, die bereits ab dem Jahr 1877 überliefert sind.

Die Konflikte und Auseinandersetzungen des ungleichen Elternpaares hinterlassen auf Franklin einen nachhaltigen Eindruck und prägen seine Einstellung zu den Mitmenschen. Auch sein Verhältnis zum Staat und der Gesellschaft fußt auf den Erfahrungen, die er im Elternhaus macht. So ist es nicht verwunderlich, dass er in seinem Lebenswerk immer wieder Kritik am sozialen Geschehen übt. Bereits als Schüler beschäftigt er sich in seinen Briefen und Gedichten nicht nur mit der Selbstbestimmung, sondern auch mit der sexuellen Befreiung. Auch der Arzt Siegmund Freud wird in seinen Protokollen der Wiener Psychoanalytischen Vereinigung dieses Thema 1902 aufgreifen. Freud selbst ist von den Beiträgen des jungen Literaten, den er bereits 1892 in Zürich kennen lernt, begeistert. Er schreibt: „Von allen großen Psychologen unter den modernen Autoren hat allein Wedekind die Bedeutung der kindlichen Sexualität erkannt."[5]

Bereits in einem Alter, in dem seine Klassenkameraden gerade des Schreibens mächtig sind, übt sich Franklin im 'Verseschmieden'. Schon sehr früh entwickelt er seinen eigenen dichterischen Stil als Lenzburger ‚Bürgerschreck'. Noch ehe er als Schuljunge in Aarau seine Sprachgewandtheit erwirbt, besitzt er eine sehr ausgeprägte Versgewandtheit, die ihn zu Briefgedichten in jeglicher Form drängt.[6] Dabei hat er sich im Kreise der Gleichgesinnten früh hervorgetan, wenn er alles, was ihn beschäftigt, in Versform bringt. Hiervon bleibt selbst die Schulordnung nicht verschont. Seinem Trommelfeuer witziger und ironischer Verse sind weder Lehrer noch Schüler gewachsen. Selbst Maßnahmen wie der häufig verhängte Arrest werden als Drohgebärde entlarvt und in die lyrische Selbstdarstellung mit einbezogen. Um gegen die stoische Heiterkeit von Franklin anzukommen, genügt es nicht, dass der Bezirksschullehrer Thut den Stock auf seinem Rücken zerschlägt. Viel härter ist die Strafe, dass er ihn beim Lenzburger 'Jugendfest' vom 'Kadettenleutnant' zum 'gemeinen Soldaten' disqualifiziert. Am nächsten Tag rächt sich Franklin für diese öffentliche Schande mit dem Gedicht *Hauptmanns Leiden*.

Franklin (2. Reihe, 2.v.l.) mit Klassenkameraden und Lehrkräften in der Bezirksschule Lenzburg

Der Griff in den Fundus der großen deutschen Dichtertradition und in die Klamottenkiste der Parodie erfolgt gleichermaßen aus spielerischen Gründen wie aus dem Blickwinkel einer theatralischen Intention. Von der pubertären Zote über die an Heine geschulte Satire, den romantischen Wohlklang bis zur Gedankenlyrik liegt bei Franklin alles kunterbunt beisammen. Jeder Anlass für diese frühesten Gedichte ist beliebig. Dabei bewegen sich seine dichterischen Übungen locker um Naturmotive, junge Mädchen und Gemütszustände. Franklin schreibt über seine Gefühle, als lägen sie unter dem Mikroskop zur genauen Betrachtung und Analyse. Damit ist er in der Kaltblütigkeit seiner Lyrik vor allem Heinrich Heine verpflichtet, der für ihn zum Maßstab für das neue Empfinden wird und die idealistisch-romantische Tradition ablösen wird.

Mehr als alle anderen versteht er es, mit seinen Gedichten zu imponieren. Bewunderung erregt vor allem sein handwerkliches Geschick, mit dem er sich bereits als Schüler einer breiten Palette lyrischer Form- und Stiltraditionen bedient.

Ob Briefgedicht oder Festprolog, Sonett, Ode, sehnsüchtiges Liebesgedicht, Pastorale oder Knittelvers: Franklin beherrscht nicht nur die Muster, sondern verblüfft und amüsiert auch mit seiner Fähigkeit, diese Muster parodistisch aufzubrechen. Von Franklins schwärmerischen Liebesgedichten bleibt kein weibliches Wesen verschont, das seine Phantasie erregt. So verfasst er zu Massen für die Mädchen der Lenzburger Gesellschaft erotische Liebesgedichte und Liebeslieder. Ein Teil dieser Gedichte und Lieder wurde erstmals 2006 in *Liebesklänge und andere ausgewählte Lyrik-Manuskripte des jungen Frank Wedekind*[7] veröffentlicht. Seit 2007 steht die gesamte Lyrik Wedekinds in einer vierbändigen kritischen Studienausgabe zur Verfügung.[8] Franklin will sich ausdrücken und auffallen. Ohne Zweifel fällt er in seiner Umgebung über alle Maßen auf, wie die Schulfreundin und spätere Mundartdichterin Sophie Haemmerli-Marti bestätigt.

Mit dem Einzug in das Knabengymnasium trifft Wedekind 1879 auf eine neue Herausforderung. Den jungen Burschen kann er nicht mit seinen schmachtenden Liebesgedichten imponieren. Deshalb nimmt seine Erotik teilweise sehr konkrete und handfeste Formen an und schlägt sich oft in zotigen Kneipenliedern und Balladen nieder. Franklins unerhörte Fertigkeit, Kneipenlyrik aus dem Ärmel zu schütteln, macht ihn in kurzer Zeit zu einer Berühmtheit unter seinen Mitschülern und wird ihm später als Bänkelsänger bei den 'Elf Scharfrichtern' von Vorteil sein.

„Das Zielpublikum für die poetische Präsentation des Lenzburger Minnesängers setzt sich Mitte der achziger Jahre nicht mehr aus Schulmädchen und Klassenkameraden zusammen, sondern aus erwachsenen, oftmals verheirateten Frauen der Lenzburger Gesellschaft."[9] Ihnen widmet Franklin seine Balladen und Minnelieder. Erstaunlicherweise werden seine poetischen Komplimente von den verheirateten Damen nicht als ungehörig empfunden. Dies gilt insbesondere für die Gedichte, mit denen der Gymnasiast die verwitwete Apothekersfrau Bertha Jahn überhäuft. Alle Zeichen deuten darauf hin, dass Franklin die Begegnung mit reiferen Frauen sucht, um seinem Leben eine neue Wende zu geben. Dabei ist er auf der Suche nach einem bislang unbekannten Frauentyp, der gewillt ist, den Rahmen der lokalen Gesellschaftsordnung zu durchbrechen. Unter den jungen, unverheirateten Vertreterinnen der Lenzburger Weiblichkeit kann er nicht fündig werden, um seine sexuellen Abenteuer zu verwirklichen. Deshalb bemüht er sich um die Gunst der Witwe Bertha Jahn, seiner 'erotischen Tante', wie er sie künftig nennt. Bertha Jahn, in seinen Gedichten auch *Laura, Ella, Erica, Mathilde* oder *Madame de Warens* genannt, ist 25 Jahre älter als Franklin. Mit zahlreichen Liebesliedern, die der Lenzburger Minnesänger seiner 'erotischen Tante' mehrmals täglich zukommen lässt, versucht er sie gefügig zu machen. Als Franklin im November 1884 nach München reist, ist er der anhänglichen Geliebten bereits überdrüssig geworden. Die Tatsache, dass die Gefühle der älteren Frau ernsthaft entflammt sind, während auf seiner Seite der Reiz des Neuen bald nachgelassen hat, bringt ihn in unerwartete Verlegenheit.

Fast zeitgleich hat Franklin weitere erotische Abenteuer in Lenzburg, bei denen er seine Liebesgedichte trickreich einsetzt. So erobert er seine leibliche Cousine, Minna von Greyerz, die im Familienkreis auf dem Schloss verkehrt. 'Cousine Sturmwind', wie er sie fortan nennt, wird mit zahlreichen Minneliedern überhäuft. An ihr erprobt Franklin hemmungslos seine 'realpsychologischen Studien', wie sie in seinen Tagebuchaufzeichnungen, die intimen Rapporten gleichen, festgehalten sind und später in Paris fortgesetzt werden. Minna beklagt sich bitter über seine amourösen Experimente und sagt, er hätte an ihr wie „an einem festgeschnallten Kaninchen Vivisektion geübt".[10] Das schlechte Gewissen plagt Franklin, so dass er ihr zum Abschied das lange Versepos *Abschiedsklänge an meine liebe Cousine Minna* widmet. In verwildertem Versmaß berichtet er ihr als sogenannter 'Bänkelsänger' von seinem Zürcher Freundeskreis. Danach hat er seine 'Cousine Sturmwind' ebenso fallen gelassen wie all seine anderen 'Versuchskaninchen'. Minna von Greyerz wird niemals heiraten und selbst anlässlich ihres 80. Geburtstages untersagt sie ihren Gästen bei er Laudatio den Namen Wedekind zu erwähnen.

Parallel hierzu lässt sich die sogenannte Venus-Tannhäuser-Episode einordnen, in der sich unser Minnesänger in Gestalt des 'Tannhäusers' skrupellos an seine nächste einheimische Liebesgöttin wendet. Auch wenn sich das Symbol der erotischen Liaison nicht mit dem Frauenbild seiner Lenzburger Lebenserfahrung deckt, verkörpert es den Eros künstlerischer Zeugung. Kurze Zeit später beendet Franklin auch diese amouröse Eskapade mit einem Liebesgedicht und bittet Fanny Stillschweigen über das Liebesabenteuer zu bewahren. Damit ist die letzte Episode in der Lenzburger Sturm- und Drangzeit Frank Wedekinds abgeschlossen.

Was er uns bei all seinen Liebesgedichten und erotischen Balladen zeigt, ist nicht nur die Kunst des Verführens, sondern eine neue Sichtweise. Er lenkt den Blick hinter die Fassade des Menschen, auf dessen wahre, ganz und gar irdische und triebhafte Natur. Bei aller Stilvielfalt haben die Jugendgedichte aus der Lenzburger und Aarauer Schulzeit mit der späteren lyrischen Produktion des Autors eines gemein: die Tatsache, dass man bei ihnen kein einziges Mal auf 'klassische Lyrik' trifft.

Dass Wedekind dennoch als Lyriker provoziert, hat seine Ursache in den Themen, die er anspricht. Die Bekenntnisse des skrupellosen *Tantenmörders* oder der liebeshungrigen *Ilse* legen ebenso davon Zeugnis ab wie das apodiktische Plädoyer für eine uneingeschränkte und vom Schamgefühl befreite Sexualität in seinem Gedicht *Konfession*. Trotzdem sind es nicht alleine die Inhalte, denen Wedekinds Lyrik ihre Besonderheit verdankt. Vielmehr bezieht sie ihre provokative und irritierende Wirkung aus ihrer Verweigerung des 'rein Lyrischen' und aus dem Verzicht, die subjektive Gefühlswelt zur Sprache zu bringen.

Die innere Teilnahmslosigkeit und Unberührtheit, mit der hier von schauerlichen Ereignissen berichtet wird und provokante Lebensmaximen Ausdruck finden, verleiht seinem lyrischen Werk das Profil eines emotionslosen und ohnmächtigen Rollenträgers, an dem sich das Mitgeteilte mit unabwendbarer Gesetzmäßigkeit vollzieht. Hierin hat die eigentümliche Irritationskraft der Wedekind'schen Balladen und Rollengedichte ihre wesentliche Ursache. Der Lyriker zielt bewusst nicht auf Verinnerlichung, sondern auf distanzierte Betrachtung und intellektuelle Analyse. Zugleich zeigt er eine tiefe Skepsis gegenüber Affekt und Emotion. Mit diesem wirklichkeitsverstellenden Filter der Rezeption versucht er die wahrnehmbare Wirkung künstlerisch zu durchbrechen.

Die meisten Gedichte und erotischen Balladen Wedekinds stammen aus seiner Jugendzeit bzw. den 1880er Jahren. Die politischen und sozialen Gedichte und Lieder, die er in der Satirezeitschrift 'Simplicissimus' meist unter einem Pseudonym veröffentlicht und später bei den ‚Elf Scharfrichtern' in München auf die Bühne bringt, wurden meist in den 1890er Jahren geschrieben. Die Notation erfolgte später.

Das balladeske Erzählgedicht, die 'niedere' Kunstform der Moritat und des Bänkelsangs interessieren Wedekind zwar nicht ausschließlich, aber in deutlicher Häufung vor allem um die Jahrhundertwende. Ab 1905 favorisiert er verstärkt Epigrammatisches und notiert auffällig oft knappe, vielfach nur als Zweizeiler ausgeführte Sprüche und Verse, die offensichtlich darauf angelegt sind, dem Anspruch der sogenannten 'hohen' Kunst mit gereimten Banalitäten provokant zu widersprechen. Diese lakonischen Ulkverse lässt er gelegentlich sogar in seine Dramen einfließen. Um 1910 entsteht eine Reihe von Tanzgedichten, die Wedekind 1912 seinen *Vier Jahreszeiten* zuordnet. Hier ist er eindeutig von Nietzsches lebensreformerischen Debatten inspiriert, die den freien Tanz als ein Medium entdecken, das alle Fesseln der Zivilisation sprengen soll.

Bei all dem wird deutlich, dass der avancierte Dramatiker das Interesse an der Gattung der Balladen und Bänkellieder nie verliert.

2. Frank Wedekind auf dem Montmartre

Ausschließlich Frank Wedekind ist es zu verdanken, dass das Vorbild des französischen Cabarets in Deutschland Schule gemacht hat. Der französische Name 'Cabaret', der ursprünglich Schänke bedeutet, steht heute in unserem Sprachraum mit dem eingedeutschten Namen 'Kabarett' für eine Kleinkunstbühne. Wir haben uns deshalb bei der Schreibweise dem jeweiligen Handlungsort angepasst.

Am 11. Oktober 1888 stirbt unerwartet der Vater von Frank Wedekind. Die „Erbschaft von 20.000 Franken"[11] schenkt dem jungen Literaten endlich volle Bewegungsfreiheit, die er als Lebemann und Literat in Paris weidlich auskostet. Im Dezember 1891 kommt Frank Wedekind in Paris an und bezieht im Hotel Crébillon ein bescheidenes Quartier. Abgesehen von einigen kurzen Aufenthalten in Lenzburg, London, Berlin und München bleibt er hier bis 1894. Artur Kutscher berichtet, dass er sich im Gegensatz zu seiner Münchner Zeit kaum noch für Theater interessiert, sondern sich vorwiegend der leichten Muse zuwendet. Hier fühlt er sich in seinem Element, hier absolviert er seine hohe Schule der Lebens- und Liebeskunst. Die Künstlerboheme fasziniert ihn über alle Maßen. „Am meisten interessiert ihn das Ballet, der Zirkus, und das Varieté. Immer wieder finden wir ihn im Cirque d'Hiver, Cirque d'été, Hippodrome, Eldorado, Folies-Bergère, Moulin Rouge und bei Bullier. Hier sitzt er immer auf den ersten Plätzen, so dass ihn bald alle Künstler kennen."[12] Im Cirque d'Hiver trifft er auch auf den Clown Willy Rudinoff alias Willy Morgenstern, den er bereits 1887 bei Auftritten in Zürich kennen gelernt hatte und mit dem er sich hier anfreundet. Seine glücklichsten Abende verlebt Wedekind „in Zirkusgesellschaften, unter Athleten, Balletteusen, Schlangenmenschen, Kunstreitern, Katzenbändigern, dummen Augusten und anderem Gelichter".[13] Außerdem wird er in die Boheme des Quartier Latin eingeführt. Dabei macht er sich mit dem Bohemienkult, der sich auf dem Montmartre etabliert hat, eingehend vertraut und lernt den Geburtsort des modernen Cabarets kennen. Dazu bietet ihm das 'Chat noir' ausgiebig Gelegenheit.

Wie aus seinen Tagebuchaufzeichnungen eindeutig hervorgeht, lebt er in Paris buchstäblich das Leben eines Casanovas. Er genießt es, sich mit Mätressen und Huren zu umgeben. Zu einigen scheint er sogar recht innige Beziehungen aufgebaut zu haben. Allerdings lässt seine Zuneigung meist schon innerhalb weniger Stunden oder Tage wieder nach und er vergnügt sich mit den nächsten Geliebten.[14]

Frank Wedekind in Paris

Auffallend und zugleich schockierend ist die Tatsache, dass Wedekind – im Gegensatz zu Aristide Bruant – der Blick für die Notsituation der Frau völlig fremd ist. Dies wird auch in seinen Liedern deutlich, in denen er nicht davor zurückschreckt, in die Erzählrolle des bürgerlichen Freiers zu schlüpfen. Es scheint fast so, als verweigere Wedekind jeglichen Blick auf die sozialen Missstände. Auch wenn er die Prostituierte als Figur und Dienerin der Liebe in seinen Werken verehrt, verhält er sich ausschließlich als bürgerlicher Liebeskonsument. Der überzeugte Antibürger kommt letztlich doch aus bürgerlichem Hause und ist von bürgerlichen Verhaltensweisen geprägt, die sich nicht abstreifen lassen.

Der ausgefallene Begriff der Ritterlichkeit, den sich Wedekind mit seiner immer etwas querköpfigen Dialektik aus der Natur des Weibes herausdestilliert hatte, wird unter seinen Freunden zu einer Quelle ständiger Belustigung, wie Kurt Martens berichtet: „Zum Erstaunen aller Anwesenden brachte er in einem Tingeltangel niederster Sorte, der alten, fetten, abschreckend hässlichen Wirtin mit feierlichem Ernst glühende Huldigungen dar, schlang seinen Arm um ihren wogenden Busen und küsste ihr ehrfurchtsvoll, wie zum Vollzug einer sakralen Handlung, die geifernden Lippen. Auf unsere Frage, warum er gerade dieses Scheusal den jüngeren Künstlerinnen vorziehe, erklärte er, den Mädchen fehle es ja nicht an Liebhabern, die arme abgetakelte Madame jedoch ginge inmitten des sinnesfreudigen Betriebes leer aus, so dass sie voll unbefriedigter Zärtlichkeit vergehen möchte; deshalb gezieme es sich, auch ihr manchmal etwas zu bieten. Schlimm genug, dass wir nicht ebenso ritterlich empfänden. [...] Den jüngeren Mädchen, die ihm im Bordell dürftig bekleidet entgegen traten, begegnete er stets mit ausgesuchter Höflichkeit, küsste ihnen die Hand und redete sie nie anders als 'Mein Fräulein' an. In diskreter Haltung nahm er auf dem Kanapee Platz und unterhielt sich mit ihnen ernst und sachlich über ihre Geschäftsinteressen, über Fragen der Toilette, der Körperpflege und der obrigkeitlichen Kontrolle. Der Anstand seines Auftretens wirkte auf uns derart suggestiv, dass in seiner Gegenwart zwanglose Heiterkeit kaum je die Grenzen guter Sitte überschritt. Einmal bemerkte er, dass ein junger Maler unseres Kreises eines der Mädchen auf dem Kaminsims postiert hatte und Anstalten traf, von ihr eine Aktstudie zu entwerfen. Wedekind rügte das mit strengem Vorwurf: es sei gottlob nicht der Beruf dieser Damen, sich mit Modellstehen den Lebensunterhalt zu verdienen. Da sie den Vorzug genössen, der Liebe zu dienen, hätten sie es nicht nötig, sich zur Magd der Kunst herabzuwürdigen; überdies würden sie horizontal zur Genüge angestrengt, so dass schon der Takt es verbiete, sie mit unbequemen vertikalen Stellungen weiter zu ermüden. Beschämt ließ der Maler von seiner Studie ab, und die gefällige Kleine machte erstaunte Augen über den Herrn im schwarzen Anzug, dessen Auffassung von der Würde ihres Berufes sie nicht im Entferntesten begriff."[15]

Es war abzusehen, dass Wedekind in diesen Kreisen bereits nach kürzester Zeit sein gesamtes Vermögen durchbringen würde, um dann in den folgenden Jahren seinen Geschwistern auf der Tasche zu liegen. Sein ältester Bruder Armin, der seinen Erbteil gewinnbringend angelegt hatte und zu dieser Zeit in Zürich Medizin studiert, wird ihn ständig mit kleineren und größeren Geldbeträgen unterstützen, obwohl er sich später von ihm distanzieren wird, da ihm die Publikationen Franklins vor seinen Patienten peinlich sind. Einige seiner Bettelbriefe sind besonders hartnäckig. So schreibt er am 4. Januar 1892: „Gestern habe ich schon sparenshalber nicht zu Mittag gegessen, kam dann abends halb ohnmächtig ins Café und zerschlug ein Glas. Also bitte schick mir das Geld oder wenigstens eine größere Summe. Aber gleich. Ich weiß effektiv nicht, wie ich morgen mein Essen bezahlen soll, wenn es mir meine Schuhe überhaupt noch erlauben auszugehen."[16] Auch wenn Frank Wedekind in Paris auf Kosten seines Bruders lebt, zeigt er sich bei den Künstlern und Prostituierten weiterhin weltmännisch. Die zahlreichen Hilferufe an seinen Bruder unterscheiden sich schließlich nur im Ton. So schreibt er am 10. Oktober 1893: „Lieber Bruder, darf ich Dich bitten, sobald es Dir möglich ist, wieder frs. 1000 zu schicken, wenn möglich wieder in der Art wie letztes Mal, in dem mir das am wenigsten Legitimationsprobleme kostet."[17]

Das 'Gnadenbrot' jedoch, wie er es selbst formuliert, wird Franklin später bei seiner Schwester Erika bekommen, die an der Dresdner Hofoper als erfolgreiche Kammersängerin tätig ist und in deren Haus er einige Monate leben wird.

Trotz seines lockeren Lebenswandels ist Wedekind während seiner Pariser Zeit sehr produktiv. 1889 schreibt er die *Große tragikomische Originalcharakterposse, Der Schnellmaler* und das Lustspiel *Kinder und Narren*. 1890 folgt die Kinder-tragödie *Frühlings Erwachen*, 1891 der Schwank *Der Liebestrank*. 1892 beginnt er mit der Urfassung der *Büchse der Pandora*, 1894 folgt schließlich *Das Sonnenspektrum*. Zeitgleich entstehen viele Texte, die später zur Basis seines Kabarett-Repertoires gehören werden und zu denen er bereits hier die komplette Notation mit Gitarrenbekleidung und Melodie schreibt. Seinem Freund Richard Weinhöppel trägt er diese Lieder in privatem Kreise vor. Auch seinem Bruder berichtet er in einem Brief über diese Arbeit.[18]

Angeregt durch das 'Cabaret artistique' und zahlreiche Zirkusbesuche gilt sein ganzes Interesse dem Tingeltangel. Deshalb plant er *Die Kaiserin von Neufundland,* eine Pantomime in drei Bildern, mit großer Inszenierung im Zirkus Renz auf-zuführen. Diesen Plan kann er jedoch nicht verwirklichen, da der Zirkus kurz vor der Premiere Konkurs anmeldet. Dennoch verfolgt er dieses Vorhaben weiter und versucht die Pantomime immer wieder in Szene zu setzen. Kurt Martens macht er 1897 detaillierte Vorschläge für Szenerie, Kostüme und Musik. In parodistischem Sinne verwendet er Partien aus Wagners 'dekadenten' Opern. Dabei lässt er bewusst die bekanntesten und beliebtesten Melodien zu seiner grotesken Panto-mime erklingen, um durch diese Verfremdung eine unerträgliche Wirkung auf die Zuschauer zu erreichen. Darüber hinaus entkleidet er die Musik ihrer Monumen-talität, wenn er den gewaltigen Tannhäusermarsch in kleiner Besetzung spielen lässt. Diesen Effekt unterstreicht er nochmals, wenn er die Melodie entsprechend der Leitmotiv-Technik mehrmals wiederholt. Indem die Musik aus dem dramati-schen Zusammenhang des Gesamtkunstwerks herausgerissen wird und in einer neuen dramatischen Wirklichkeit erklingt, wird ihr die strahlende Kraft genommen und Wagners dramatische Theorie als nichtig und lächerlich dargestellt.

Doch zurück zum Montmartre. Die Geburtsstunde des französischen 'Cabaret artistique' lässt sich mit Rudolphe Salis Gründung des 'Chat noir' exakt auf das Jahr 1881 datieren. Das neue französische Cabaret steht in enger Verflechtung mit der französischen Chansontradition und der vielfältigen Unterhaltungskultur des 19. Jahrhunderts. Damit sind die Übergänge zwischen dem 'Concert-Café' und dem Cabaret fließend. Hinzu kommt, dass viele Chansonniers wie Yvette Guilbert und Aristide Bruant an beiden Orten auftreten. Zu dieser Zeit spielt das Café in

Frankreich durch seine Vielfältigkeit eine besondere Rolle. Bekannt sind nicht nur das bereits erwähnte 'Concert Café', sondern auch das 'Politische Café', das 'Literarische Café', das 'Bordell Café' und das 'Theater Café'. Im Zuge der aufkommenden bürgerlichen Vergnügungslust erfreut sich auch das 'Künstler Café' besonderer Beliebtheit. Die Besucher kommen weniger wegen der leiblichen Genüsse, sondern um die Akrobaten, Seiltänzer, Jongleure, Musikanten und Chansonsänger live zu erleben. Hiervon profitiert von allen zeitgenössischen Literaten Frank Wedekind am meisten.

Vielfältige Vergnügungsstätten schossen wie Pilze aus dem Boden: „Um 1890 zählte man 180 Café-Concerts, 250 öffentliche Tanzlokale, zahlreiche Varietés, auf deren Brettern unbekannte Sternchen ihr Glück versuchten und Berühmtheiten wie Yvette Guilbert die Menge anlockten. Mehr als 60 Bühnen gab es, von denen viele das ausgelassene Vaudeville pflegten."[19] Die Darbietungen wurden anfänglich nicht auf einem Podium präsentiert, sondern mitten unter dem Publikum. Erst später gehen die Café-Besitzer dazu über, in ihren Lokalen kleine Bühnen zu errichten, was wiederum zu Konfrontationen mit den Theaterbesitzern führt.

Der komplexe Zensurapparat der Pariser Behörden bedeutet für die damaligen Dichter und Chansonniers eine unglaubliche Schikane, die meist wie ein Damoklesschwert über ihrer Arbeit schwebt. Jedes Lied, das auf die Bühne kommt, muss zuerst von der Zensurbehörde genehmigt werden. Staatsgefährdende oder unsittliche Chansons kommen sofort auf den Index der verbotenen Lieder und dürfen nicht vorgetragen werden. Dazu werden entsprechende Abschriften bei den Polizeibehörden archiviert. Dies ist für die Literaturforschung später von unglaublichem Vorteil, da die französische Ordnungspedanterie damit einen Großteil der verbotenen Lieder bis heute aufbewahrt hat, wie Eva Kimminich in ihrer Studie 'Erstickte Lieder' berichtet.[20]

Der Montmartre bot zur damaligen Zeit kein glamouröses Bild. Seine ärmlichen Bewohner setzten sich meist aus Dirnen, Zuhältern, Näherinnen, Straßenhändlern und Verbrechern zusammen. Hier wohnte nur eine minderbegüterte Schicht. Für einen Großteil der Pariser Boheme wurde der Montmartre in der zweiten Hälfte des 19. Jahrhunderts zur neuen Heimat, nachdem sie sich aus dem Quartier Latin vertrieben sah, wo sich in den Cafés rund um den Place de l'Odéon die Bourgeoisie breit gemacht hatte. Hier, auf dem Montmartre jedoch, konnten die Bohemiens ihr Dasein als gesellschaftliche Außenseiter genießen.

Auch Rudolphe Salis, Sohn eines Brauereibesitzers, war Bohemien und Maler. Er bot in seinem 'Chat noir' jedem Künstler die Möglichkeit, in privatem Rahmen aufzutreten und Chansons oder andere Darbietungen zum Besten zu geben. Dichter, Komponisten, Schreiber und Maler, die mit Salis befreundet waren, kamen in seinem neuen Quartier auf dem Montmartre zusammen, um zu diskutieren, vorzulesen, zu musizieren und sich mit ihren neuesten Arbeiten bekannt zu machen. So kam es, dass neugierige Outsider darauf drängten, er solle seine Tore zumindest einmal in der Woche für ein ausgewähltes Publikum öffnen. Schon bald fand sich „ein Kreis milieugerechter Künstler als Publikum zusammen."[21] Auch „Claude Debussy, der anstatt des Taktstocks einen Löffel schwang, war unter den Gästen und dirigierte den Chor."[22]

'Le Chat noir', Plakat von Théophile-Alexandre
Steinlen für das Cabaret am Montmartre

Salis pflegte seine Gäste mit steifer Förmlichkeit zu empfangen und begrüßte sie in devoter Manier als 'Exzellenz' oder 'Fürstliche Hoheit'. Viele der vorgetragenen Lieder erwiesen sich als Parodie auf den Durchschnittsgeschmack. Dabei war der Vortrag mit zynischer Ironie gewürzt. 1882 gab Salis eine Zeitschrift heraus, die er ebenfalls 'Chat noir' nannte. Sie verdoppelte den Zulauf in seinem Cabaret und beflügelte dessen Geist. Durch sein gut florierendes Lokal zog Salis bald die Missgunst der ansässigen Zuhälter auf sich. Die anfangs noch sporadischen Überfälle arteten später in eine Messerstecherei aus, bei der ein Kellner getötet und Salis selbst schwer verletzt wurde.

Salis entschloss sich deshalb, die ihm nicht mehr gewogene Verbrechergegend zu verlassen und sein Lokal in ein sicheres Viertel, in die Rue de Laval, zu verlegen. Bei Mondschein vollzogen die Kabarettisten am 10. Juni 1885 ihre Übersiedlung. Jeder von ihnen trug eine liebgewordene Reliquie des alten 'Chat noir' vor sich her. Man sang und tanzte den ganzen Boulevard Rochechouart hinunter bis zum Hauptquartier. Salis schritt voran in der Glitzeruniform eines Präfekten und zwei Fahnenträger schwangen das schwarze Banner von 'Chat noir'. Das neue Lokal florierte prächtig wie zuvor und wurde in den nächsten zwölf Jahren zu einem Brennpunkt des gehobenen Pariser Nachtlebens und der Avantgarde. Hier verkehrten nun Stammgäste wie Guy de Maupassant, General Georges Ernest Boulanger, Albert Langen und natürlich auch der junge Frank Wedekind. Der eigentliche Clou des neuen 'Chat noir' war jedoch das Theatre d'Ombres, das Schattentheater.

Schattentheater des Cabarets 'Le Chat noir'

Es war die Idee von Henri Rivière, der durch seine brillante Technik und geniale Inszenierung ganz Paris in Staunen versetzte. Entsprach das Schattentheater doch genau dem Geist des Cabarets, so dass die Vertreter der Münchner Kunstszene diese Technik später bei den 'Elf Scharfrichtern' begeistert in ihr Programm übernahmen und durch Puppenspiele ergänzten. Die Dekorationen von Rivière waren gemalt oder auf Glas gezeichnet. Neben den Schattenspielen setzte er ausgefeilte Lichteffekte ein. Die musikalische Untermalung erfolgte durch einen unsichtbaren Chor von bis zu zwanzig Sängern. Mit diesem Gesamtkunstwerk schuf er bereits damals vorkinematographische Bühneneffekte, in denen sich überlieferte Elemente der Laterna magica, des Schattenspiels, des Bilderbogens und des zukunftsträchtigen laufenden Bildes geistreich ergänzten. In gewissem Sinne konnte man seine Darbietungen als Vorläufer der Wochenschau bezeichnen.

Natürlich hatten auch im neuen 'Chat noir' Dichter und Chansonniers wie bisher die Möglichkeit, mit ihren satirischen Kommentaren und Bänkelliedern ihr Talent zu erproben und zur Diskussion zu stellen. Damit begann das Cabaret frühzeitig zu einem künstlerischen Prüfstand zu werden.[23] Obwohl das 'Chat noir' eine grundlegend antibürgerliche Haltung vertrat, löste sein Erfolg in den 1880er und 1890er Jahren eine regelrechte Cabaret-Gründungswelle vor allem in Deutschland aus. Salis schaffte es durch das neue Genre, das Publikum der Snobs zu etablieren, das dann auch bereit war, Aristide Bruants radikalerem Weg zu folgen.

Als Salis 1885 nach einer Messerstecherei sein Lokal verlagerte, blieb „Aristide Bruant, eine der Stützen des alten 'Chat noir', in den verlassenen Räumlichkeiten zurück und eröffnete sein Cabaret 'Le Mirliton', die Rohrflöte."[24]

Mit seiner radikalen Antibürgerlichkeit und nicht zuletzt mit seiner Solidarität zu den Dirnen traf Bruant genau den Zeitgeschmack der gelangweilten Pariser Snobs. „Die bourgeoise Lebewelt genoss mit wollüstigem Gruseln den Aufenthalt in Bruants Verbrecherlokal und fand es besonders chic, vom Hausherrn angepöbelt zu werden."[25] Sein Cabaret war außergewöhnlich geschmackvoll eingerichtet und mit vielen Bildern zeitgenössischer Maler wie Théophile-Alexandre Steinlen und Toulouse-Lautrec, dekoriert. In dieser reizvollen Atmosphäre war man auf einen prickelnden Abend in der Gosse gespannt und wartete auf Bruants 'Spezialität', seine Chansons über das Lumpenproletariat. War doch dieser außergewöhnliche Chansonnier selbst ein Kind des Volkes und wurde von den Zuhältern als einer der ihren geduldet. Bald entwickelte er bei seinen Liedern einen eigenen Stil, bei dem er die Randfiguren der Gesellschaft in den Mittelpunkt rückte. Damit führte er die Straßenpoesie und das gesellschaftskritische Lied, die einen wesentlichen Bestandteil des Cabaret-Repertoires ausmachten, zu ihrer zeitgenössischen Höhe.

'Le Mirliton', das Cabaret von Aristide Bruant im Jahr 1885

Seine Lehrer waren dabei die Randexistenzen der Gesellschaft: Vagabunden, Huren, Raufbolde, Entrechtete und Heimatlose. Damit gelang es ihm, die Kunst des Chansons zu dem zu machen, worunter man später die menschlichste aller Künste verstand. Für seine Auftritte warben „die berühmt gewordenen Plakate Toulouse-Lautrecs mit der scharf konturierten Silhouette des grimmigen Chansonniers im Havelock, mit Knotenstock, knallrotem Schal und dem breitrandigen Schlapphut."[26]

Als Wirt des 'Mirliton' findet Bruant bald heraus, dass die Bürger das Gruseln lernen möchten und sich gerne unsanft anfassen lassen. Gäste, Künstler, Schönheiten und vor allem die Halbwelt begrüßt und verabschiedet er in seinem Lokal mit kräftigen Slangausdrücken. Bruants beste Lieder beschwören das Straßenleben und sein hartes Milieu herauf. Dabei erinnert er immer wieder an die von Geburt an zum Elend Verdammten und an das Los derer, denen es am Notwendigsten fehlt, an Wärme, Wohnung und Brot. Sein typisches Sujet besingt den Müllplatz der Belle Epoque. Hier zeigt er die verarmten Randgruppen der Gesellschaft, „die Mädchen, die sich für ein paar Sous verkaufen müssen, die alten Pflastertreterinnen, die keinen Freier mehr finden, die Zuhälter und Messerstecher, die er als die 'letzten Ritter' bezeichnet. Auf dem Pflaster beginnen die meisten dieser Lebensläufe, im Armenhospital oder unter der Guillotine enden sie."[27]

Aristide Bruant nach einer Lithographie von Toulouse-Lautrec,
die ihn im 'Ambassadeurs' ankündigt

Charakteristisch für Bruants Chansons sind seine Vierzeiler mit einem kurzen Refrain. Die in Text und Melodie lokalgeographischen Kehrreimzeilen bezeichnen in ihrer Einfachheit Pariser Vororte, Plätze und Gefängnisse oder auch Orte am Rande der Gesellschaft. Seine großen Hits wurden die Chansons: *A la vilette*, *A Montparnasse*, *A la Bastille*, *Dans la Rue*, *A la Roquette*, *Les Piereuses* und vor allem *A Montrouge*, das später oft ins Deutsche übertragen wurde.[28]

A la Vilette	Im Vilette
Paroles et Musique de Aristide Bruant	

La dernièr' fois que je l'ai vu,	Das letzte Mal, da ich ihn sah-
Il avait l'torse à moitié nu,	Zur Hälfte nackt, so stand er da,
Et le cou pris dans la Junette	Dann schnallte man ihn auf ein Brett-
A la Roquette.	Das Richtbeil fiel – in la Roquette.[29]

Mit seiner radikalen Antibürgerlichkeit und nicht zuletzt mit seiner Solidarität mit den Dirnen und Verbrechern trifft Bruant den Zeitgeschmack der gelangweilten Pariser Halbwelt und Großbürger, die sich in seinem Kabarett auf den engen Bänken drängen. „Es ist verblüffend, wie unfähig und dumm Bruant seine eigenen Geschlechtsgenossen darstellt. Während die Frauen überlegen, klug, stark und gerissen sind, können die Männer eigentlich nichts, außer andere verprügeln oder niederstechen."[30]

Bei Wedekind finden wir diese Sichtweise nur in der Ballade *Der Tantenmörder*. Seine weiteren Bänkellieder und Gedichte beschäftigen sich dagegen mit dem erotischen Tabubruch, mit sozialkritischen Fragen oder der Aufwertung des Ungesetzlichen und Amoralischen.

Was Bruants Publikum als Spaß empfindet, ist im Grunde ernst gemeint. Am liebsten zeigt er sich seinen Zuschauern als ein Mann, der nicht nur dem Publikum, sondern der ganzen Welt den Rücken zukehrt. Eine Geste, die Frank Wedekind von ihm übernimmt und perfektioniert, wenn er sich später auf der Bühne bei stürmischem Applaus mit dem Rücken zum Publikum verneigt.

Bruants Lieder werden rasch außerhalb des 'Mirliton' bekannt und tragen zur Basis der Tradition des Cabaret-Chansons bei. Damit übt er nicht nur auf seine französischen Zeitgenossen, sondern auch auf die deutschen Kabarett-Autoren eine große Faszination aus. Als Begründer des Kults der Dirnen- und Verbrecherlieder wird er bald im deutschen Kabarett heimisch und beeinflusst nicht nur Wedekinds 'Elf Scharfrichter', sondern auch das Berliner 'Überbrettl'. Kennzeichnend für die Dirnenfiguren Bruants ist die Vermarktung ihres Körpers aus einer Notlage heraus. Anders ist dies bei Wedekind. Seine Dirnenlieder *Der Taler* oder *Ännchen Tartini* lassen zwar auch Kommerz, Vitalität und Sexualität in den Mittelpunkt des

Geschehens rücken, das Hauptanliegen bleibt jedoch die sexuelle Befreiung der Frau.

Im Künstlercabaret von Salis und Bruant dominierten ursprünglich die Chansoniers als Autoren, die ihre eigenen Lieder selbst vortrugen. Anders war dies in den Concert-Cafés, wo die Publikumswirksamkeit des Interpreten oder der Interpretin mehr gefragt war als der Umstand, ob der Vortragende das Chanson auch tatsächlich selbst geschrieben hatte. Hier war mehr die Vortragende also die Diseuse, Artistin und Tänzerin gefragt.

Yvette Guilbert grüßt das Publikum.
Lithographie von Henri de Toulouse-Lautrec, 1894

So sind denn auch erst durch den Vortrag einer Diseuse Bruants Lieder über die Grenzen hinweg berühmt geworden. Deshalb bedeutete es ein Meilenstein in der Karriere der anfänglich unbekannten Yvette Guilbert, dass sie seine Lieder vortragen durfte. Ihre ersten Auftritte im 'Eldorado' und 'Eden' waren nicht von Erfolg gekrönt, so dass erst das 'Moulin Rouge' ihren Bekanntheitsgrad förderte, verkehrten doch hier die großen Bohemien: Toulouse-Lautrec, der Grafiker Théophile-Alexandre Steinlen und der impressionistische Landschaftsmaler Alexandre Bloch. Von hier an war der Erfolg Yvette Guilberts als Diseuse vorprogrammiert. Das wesentliche Element ihrer Interpretationskunst war ihre Art zu singen beziehungsweise halb zu sprechen und halb zu singen. Diese Eigenart war eigentlich aus einer Not heraus geboren, die ihr zu Beginn ihrer Laufbahn in den Concert-Cafés für den Erfolg im Wege stand.

Im Gegensatz zu den anderen Sängerinnen hatte sie eine sehr dünne und schwache Stimme, so dass das Publikum an diese Art des Vortrags noch nicht gewöhnt war. Tatsächlich schuf sie durch ihre Art der Selbstinszenierung, durch Kleidung, Gestik und Figur sowie durch ihren Stil, ein Chanson zu interpretieren, nicht einfach eine neue Figur, sondern eine völlig andere Art der Darbietung, die sich auf ihre Cabaretinterpretation auswirkte. Damit kultivierte sie „einen neuen Vortragsstil, eine subtile Mischung von Singen und Sprechen, die geeignet war, alle Nuancen eines Textes auszudrücken."[31] Ihr unverkennbares Markenzeichen wurden ihre roten Haare und die schwarzen langen Handschuhe. Ihre heisere, ausdrucksvolle Stimme mit einem Anklang heilloser Hysterie verlieh Bruants Dirnen glaubwürdiges Leben. Aus der Not, dem Mangel einer Tingeltangel-Sängerin ohne Stimme wuchs die Kunstform der Diseuse, einer Schauspielerin des Chansons. Damit setzte sie den Maßstab und ihr Stil sollte für die nächsten Jahrzehnte tonangebend bleiben.

Dass Yvette Guilbert Bruants Lieder vortrug, bedeutete auch für ihn ein Meilenstein bei seinem Bekanntheitsgrad. Brachte sie doch diese Lieder aus den Schranken des 'Chat noir' heraus und machte sie populär. Das bekannteste Dirnenlied Bruants *A Montrouge* hat sie unter dem Titel *Rosa la Rouge*, in der Erzählperspektive leicht abgewandelt, auch in Deutschland vorgetragen:

'Rosa la Rouge'

Je suis Rosa..! c'est Bazouge, qu'est le mien	Ich bin die Rosa – mit Bazoug bin ich zur Stund'-
J'ai les cheveux roux un' tête d'chien…	Ich habe rotes Haar' ein Gesicht wie ein Hund-
Quand je pass on dit: v' là la Rouge,	Wenn ich vorbeigeh', sagt man: die Rote, ihr wißt,
A Montrouge!	Von Montrouge sie ist.
Y a des homm's qui voient tout en blanc,	S' gibt Männer, denen scheint alles himmelblau und gut,
J's en boulott'nt, i'sont pas d'sang	Sie dösen hin, haben kein Blut,
L'mien en a mais y voit tout rouge	Aber der Meine, sieht alles rot – ihr wißt,
A Montrouge!	Von Montrouge er ist.
Son daron voyait tout en noir	Sein Alter sah alles schwarz, er war
J' f'sait l' croqu' mort dans 'l'Assommoir'.	Wie der Leichenträger im 'Assommoir',
C'est pour ça qu'on l'apell' Bazouge,	Deswegen nennt man ihn Bazouge – ihr wißt,
A Montrouge!	Von Montrouge er ist.
V' là son blot: lui c'est mon pepin	Er hat so seine Ideen, das ist so sein Trick,
Y saigne un homm' comme un lapin	Er sticht 'nen Mann wie 'nen Hasen – auf einen Schlag-
Y a pas gras la nuit quand il bouge,	Nichts bleibt übrig, wenn er mal 'ran sich macht
A Montrouge!	Auf Montrouge zur Nacht.
Quand je tiens l'mosieu dans un coin	Hab' ich solch Herrchen im Winkel gestellt,
Il est a côte… pas ben loin	Er sich ganz dicht daneben hält,
Et l' lendemain l'sergot trouv' du rouge,	Und morgens sieht der Polizist blutig den Ort,
A Montrouge![32]	Auf Montrouge dort.

Bereits 1898 unternahm Yvette Guilbert Gastspielreisen in den deutschen Sprachraum. Ihre bedeutendste Tournee 'Montmartre en Ballade' fand im Frühjahr 1902 statt, ein Jahr nach der Gründung der 'Elf Scharfrichter' in München. Dass die Massen nach Pikanterie und Frivolität hungerten, wusste sie ebenso wie Wedekind. Dieses Verlangen des Publikums war natürlich durch die prüde Moral des 19. Jahrhunderts vorprogrammiert. Auch Guilbert schrieb in ihren Erinnerungen, dass sie ihren Erfolg in erster Linie den erotischen und pikanten Chansons zu verdanken hatte. Ein Blick auf ihr Programm belegt, dass eben diese Balladen und Chansons den Hauptteil ihres Repertoires ausmachten. In dieses Genre passt auch ihr Chanson *Die vier Studenten*. Alle verehren das gleiche Mädchen und übertreffen sich mit ihren Angeboten. Die vorliegende Bearbeitung des Textes ist leider in gereimter Form und kann deshalb nicht als Übersetzung, sondern nur als Nachdichtung bewertet werden. Dabei fallen natürlich wesentliche französische Doppeldeutigkeiten unter den Tisch. Hinzu kommt, dass die Strophen des Gedichtes variieren und nicht synchron übersetzt werden können. Was bleibt, ist lediglich die Gesamtaussage des Liedes:

Les Quatre-Z-Etudiants
Paroles de Xanrof

Je sais une complainte
De quatr'-z-étudiants,
Fait' pour donner la crainte
Des p'tit's femm's aux jeun's gens.

Ich weiß von vier Studenten
Ne schauerliche Mär...
Nehmt all' Ihr jungen Herren
Daran Euch eine Lehr'. – [...]

L'premier y offrit sa vie,
L'second y offrit son bras,
L'troisièm', sa bours' garnie,
L'quatrièm' ... je n'sais pas!

Der Erste bot ihr sein Leben,
Der Zweite bot ihr seinen Arm,
Der Dritte seine dicke Börse
Der Vierte... ich weiß nicht was.

En échang' la p'tit blonde
Son p'tit coeur leur donna:
La plus bell' fill' du monde
N'peut donne que c'qu'elle a! [33] [...]

Dafür gab die kleine Blonde
Ihnen ihr kleines Herz
Das schönste Mädchen der Welt
Kann nicht mehr geben als es hat! [...]

Die Ballade zeigt in kesser Weise, dass sich das Mädchen allen vier Studenten hingibt. Die kleine Modistin hat ihnen die Köpfe verdreht, so dass sie in Folge ihres ausschweifenden Lebens alle durch das Examen fallen und noch innerhalb eines Jahres sterben; ob an Sehnsucht oder an Syphilis, bleibt offen. Das Gedicht endet mit der Feststellung: 'Die Arbeit und die Liebe waren an dem Unglück schuld'. [34]

Auch wenn das Dirnenlied auf den ersten Blick niedlich und unschuldig erscheint, begegnen wir hier einer 'Femme fatale', die deutliche Parallelen zu Wedekinds Werk zeigt. Auch seine 'Lulu' stürzt alle vier Männer, die sie berühren, ausschließlich durch ihre Hingabe in Unglück und Tod.

Wenn uns heute die Doppelbödigkeit dieses Textes relativ harmlos erscheinen mag, erregte sie jedoch damals viele Gemüter. Yvette Guilbert berichtet in ihren Erinnerungen, dass sich die berühmte polemische Journalistin Séverine nach einer Aufführung wutentbrannt an Sie wandte und ihr drohte, einen vernichtenden Artikel über sie zu schreiben, weil sie über die Obszönität dieser Strophen sehr entrüstet sei.

Ohne die internationalen Tourneen von Yvette Guilbert hätten Bruants Chansons und Balladen nie diese Popularität und diesen Einfluss auf das deutsche Kabarett erreicht. Deshalb ist es erstaunlich, dass Marya Delvard 1901 bei den 'Elf Scharf-richtern' in München die erotischen Lieder und Balladen mit einer noch stärkeren Ausdruckskraft darbieten kann, als sie Frank Wedekind, Albert Langen, Marc Henry und Marya Delvard selbst auf dem Montmartre bei Yvette Guilbert gehört hatten.

Im Unterschied zu seinen Nachfolgern ging Bruant nicht auf Tournee, sondern zog sich nach seinen großen Erfolgen der 90er Jahre als Mitglied der 'Société des gens de Lettres' auf seinen Landsitz zurück. Nach über zwanzigjähriger Bühnenpause trat er noch einmal in einer Singspielhalle in Paris mit großem Pomp zwischen dressierten Pferden, englischen Clowns und Tänzerinnen auf. Tucholsky, der sich diesen Auftritt nicht entgehen ließ, schrieb begeistert über den Sänger: „Eine Legende ist noch einmal auferstanden. Aristide Bruant, den Steinlen auf die Plakate gezeichnet hat: Aristide Bruant singt in Paris!"[35]

3. Die Boheme in Paris und die Anfänge des 'Simplicissimus'

Fast zur gleichen Zeit wie Wedekind zieht es einen anderen jungen Mann aus Deutschland nach Paris. „Nach dem frühen Tod der Eltern ist der einundzwanzig Jahre alte und damit gerade volljährige Spross einer Kölner Industriellenfamilie aus der Zuckerbranche, die mit der völlig neuen Produktion des Würfelzuckers ein Vermögen macht, mit einer wahrhaft fürstlichen Erbschaft ausgestattet."[36] Der veritable Snob, der den Namen Albert Langen trägt und in Paris von seinen Freunden 'Petit Langène' gerufen wird, residiert am noblen 'Boulevard Malesherbes' in einer fürstlichen Suite. Sie ist mit einer Gemäldegalerie ausgestattet, die einem Ahnenschloss zur Ehre gereicht hätte. „Die Bildergalerie, die Langens Besucher beeindruckte, wies klingende Namen auf: Lucas Cranach und Adrian von Ostade, Frans Hals und Van Dyck schmückten die Wände, die französischen Maler Boucher, Fragonard und Millet sowie der Italiener Canaletto."[37] Hier verlebt Langen im Banne des skandinavischen Multitalents, Malers, Kunstfälschers und Schwindlers Willy Grétor von 1890 bis 1895 seine 'Pariser Lehrjahre', wie er sie selbst bezeichnet. Nach einer abgebrochenen kaufmännischen Lehre fühlt sich Langen als Maler, Künstler und Bohemien berufen und ist in erster Linie dabei, sein elterliches Erbe zu verprassen. Langen lernt auf dem Montmartre einen jungen Mann aus Lenzburg kennen, der hier ebenfalls seine Erbschaft durchbringt, jedoch nicht, um junge Künstler zu fördern, sondern um den sexuellen Verkehr mit Prostituierten zu pflegen; es ist Frank Wedekind.[38] Wedekind wird seine Erfahrungen mit den Prostituierten exemplarisch in seinem Tagebuch, literarisch in seinen Balladen, Bänkelliedern und Dramen aufarbeiten. Albert Langen jedoch wird zu einem bedeutenden europäischen Verleger werden, der innerhalb von zehn Jahren 78 Autoren mit 354 Titeln veröffentlicht. Seine erste entscheidende Begegnung macht er bereits im August 1893 mit Knut Hamsun, dessen zweiter Roman *Mysterien* aus Kostengründen im Fischer Verlag nicht angenommen wird. Langen erklärt sich kurzerhand bereit, das Buch ohne Druckkostenzuschuss zu verlegen.

Nur wenige Wochen später gründet Langen bereits seinen eigenen 'Verlag für Literatur und Kunst' in Paris. Auch Frank Wedekind gehört bei Langens Verlagsgründung zum jungen deutschen Autorenstamm, der sich täglich in den Künstlerkneipen des Montmartre trifft. „Hier entsteht auch die Idee, nordische Literatur der Gegenwart, die in Deutschland noch nicht bekannt ist, zu verlegen. Knut Hamsuns *Mysterien* folgt Björnson Björnstjerne mit seinem Band *Die neuen Erzählungen* und Selma Lagerlöff mit ihrem Kinderbuch *Die wunderbare Reise des kleinen Nils Holgersson mit den Wildgänsen*."[39] So kommt es, dass die moderne skandina-

vische Literatur in manchen Jahren über ein Drittel der Verlagsproduktion einnimmt.

Albert Langen 1902 in Paris

Langen gelingt es, innerhalb von zehn Jahren die bedeutendsten Literaten zu verlegen. Hierzu zählen neben den bereits erwähnten Schriftstellern Emile Zola und
Guy de Maupassant. Im Verlagsprogramm sind auch die in München lebenden
Autoren Hermann Hesse, Thomas und Heinrich Mann, Ludwig Thoma, Max Halbe
und Otto Julius Bierbaum vertreten.

Albert Langen ist nicht der Einzige, der in Willy Grétors Bann gerät. Auch
Frank Wedekind lässt sich auf Geschäfte mit ihm ein und arbeitet in Paris längere
Zeit als sein Privatsekretär. In einem Brief an Beate Heine, die Ehefrau des Leipzi-
ger Regisseurs Carl Heine, schreibt er am 15. Dezember 1898, „Grétor ist Cham-

pagner für meine Stimmung."[40] Jedenfalls üben die Großzügigkeit und der hochstaplerische, elegante Lebensstil dieses faszinierenden Geschäftsmannes auf beide Persönlichkeiten entscheidenden Einfluss aus. Für Wedekind wird Grétor sogar zum Vorbild für seine Figur des großen Schwindlers, die er in seinem Schauspiel *Der Marquis von Keith* zu neuem Leben erweckt. Albert Langen sucht in den Künstlerkneipen des Montmartre zielstrebig die Begegnung zu bedeutenden Literaten, die er später in seinen Buch- und Zeitschriftenverlag einbinden kann.

Willy Grétor in Paris

Die Kunst- und Literaturszene in Paris kennt Langen so gut wie kein anderer deutscher Verleger seiner Zeit, lebte er doch bereits bei seinem ersten Aufenthalt über vier Jahre in der französischen Hauptstadt unter Künstlern und Journalisten. Nur deshalb ist es ihm möglich, seinen Verlag aus einem spontanen Entschluss heraus zu gründen. Als Dilettant stürzt er sich ohne die geringste buchhändlerische

Erfahrung in dieses schwierige Unterfangen. Dabei eignet er sich in Paris auf spielerische Weise das Handwerkszeug für seine künftige Verlegertätigkeit an. Deshalb gelingt es ihm auch, den Geist, der in diesen Jahren in Paris durch zahlreiche Neugründungen von Satirezeitschriften aufflammte, in München wieder zu beleben und rasch junge, aufstrebende Künstler um sich zu scharen. Nachdem er sich 1895 mit seinem Verlag in Schwabing niedergelassen hat, gibt er bereits ein Jahr später das bedeutendste Satireblatt seiner Zeit, den 'Simplicissimus', heraus. Dabei dient ihm vor allem die Zeitschrift 'Chat noir', die Langen bei Salis in Paris kennen gelernt hatte, als Vorbild. Die 'Simplicissimus'-Redaktion und der 'Albert Langen Verlag für Literatur und Kunst' bilden in Schwabing das Zentrum für zeitgemäße Literatur und die Auseinandersetzung mit bürgerlichen Lebensformen. „Lachen, nicht Grinsen ist das Motto in Verlag und Redaktion, wie es der erste Redakteur Hartleben auf den Punkt brachte."[41] Der junge Verleger hatte seine Gabe bewiesen, im richtigen Moment die richtigen Leute zu finden und für eine gemeinsame Sache zu begeistern. Sein ursprünglicher Plan, den Maler Théophile-Alexandre Steinlen, den er aus Paris kannte, als Mitarbeiter zu gewinnen, schlug leider fehl. Steinlen konnte seinen Aufträgen in Frankreich kaum nachkommen, geschweige an einem deutschen Blatt mitarbeiten.

Um auf das Satireblatt aufmerksam zu machen, werden zahlreiche Werbeplakate ausgehängt, auf die das Signet mit der Schwanzspitze des Teufels gemalt ist. Die erste Nummer des 'Simplicissimus' kommt am 4. April 1896 mit einer riesigen Startauflage in den Handel. Dennoch kann nur ein kleiner Bruchteil der 'Illustrierten Wochenschrift', die zehn Pfennige kostet und zum Abonnementpreis von einer Mark fünfzig für das Vierteljahr erhältlich ist, verkauft werden, so dass Langen trotz aller Werbung auf dem größten Teil der Nummer sitzen bleibt.[42] Das Titelblatt der ersten Ausgabe zeigt eine nachdenkliche junge Frau, die in ihrem Nachthemd auf dem Bett sitzt. Dazu die Überschrift 'Die Fürstin Russalka'. Wedekinds gleichnamige Erzählung über die sexuellen Wirrnisse einer Adligen und ihren Weg zu Aufklärung, Frauenrecht und Sozialdemokratie bilden den Schwerpunkt dieses Blattes.

Ohne die lyrischen Beiträge Wedekinds und seine bissig-erotischen Abhandlungen hätten weder der 'Simplicissimus' noch später die 'Elf Scharfrichter' jemals ihren Bekanntheitsgrad erreichen können. Ab der fünften Ausgabe des 'Simplicissimus' erscheint die von der Kette losgerissene rote Bulldogge von Th. Th. Heine als das Wahrzeichen des Blattes. Gleichzeitig wird die bisher noch etwas biedere Zeitschrift deutlich bissiger.

1. Jahrgang Nr. 1.   **Preis 10 Pfg.**   4. April 1896

SIMPLICISSIMUS

Abonnement vierteljährlich (frei ins Haus gebracht)
Mf. 1.50   Illustrierte Wochenschrift   Inserate: Die dreisp. Nonpareille-Zeile
Mf. 1.50

(Alle Rechte vorbehalten)   Die Fürstin Russalka

Die erste Ausgabe des 'Simplicissimus'

Schon nach kurzer Zeit ist das jeweils dienstags erscheinende Blatt das Tagesgespräch in der Stadt. Prompt kommen auch zahlreiche Beschwerden und

Angriffe, so dass die Zeitschrift als pornographisch denunziert und mit sozialistischen Umsturzideen in Verbindung gebracht wird. Trotz zahlreicher Schwierigkeiten gelingt es den Redakteuren immer wieder, der Politik Kultur und Gesellschaft einen Spiegel vorzuhalten. Ihr charakteristisches und prägnantes Aussehen verdankt die Satirezeitschrift 'Simplicissimus' ihren großartigen Karikaturisten und Zeichnern; an erster Stelle Thomas Theodor Heine.

Thomas Theodor Heines Bulldogge, das
Markenzeichen des 'Simplicissimus'

Langen hatte mit Reznicek, auch in geschäftlicher Beziehung, einen Meistergriff getan. Reznicek brachte aus seinen zeichnerischen Anfängen beim Wiener 'Kikeriki' eine erotische Unbekümmertheit mit, die ihn bald zu einer großen Nummer im 'Simplicissimus' machte. Ein ebenso begnadeter Künstler war Eduard Thöny, der alleine über 5.000 Zeichnungen für den 'Simplicissimus' anfertigte. Karl Arnold wird das Bild des Münchner Grantlers prägen. Daneben sind Wilhelm Schulz, Ignatius Taschner, Bruno Paul, Rudolf Wilke und Max Slevogt mit von der Partie. Im Jahr 1902 wirbt Langen noch den Norweger Olaf Gulbransson an, der als Graphiker und Karikaturist bereits internationalen Ruhm genießt.

Thomas Theodor Heine 1910 in seinem Atelier

Verschiedene Konfiskationen, ein vorübergehendes Verkaufsverbot in Österreich und auf den preußischen Bahnhöfen tragen nicht unmaßgeblich zu der wachsenden Popularität der Zeitschrift bei. „Für die Jugend um die Jahrhundertwende bedeutete der Simplicissimus etwas Heroisches. Alles, was antiwilhelminisch, kämpferisch, liberal und sozial gesinnt war, bekannte sich spontan zu ihm. Er war keine 'Bayernverschwörung' gegen Preußen, sondern eine menschlich-europäische Auflehnung gegen Obrigkeitsstaat, Militarismus und Imperialismus, gegen Klassenherrschaft und Bürokratie, gegen Staatsdünkel und Orthodoxie kirchlicher und sonstiger Observanz."[43]

Als Autoren schreiben neben Frank Wedekind so unterschiedliche Charaktere wie Ludwig Thoma, Joachim Ringelnatz alias Hans Bötticher, Rainer Maria Rilke, Kurt Tucholsky, Christian Morgenstern, Alexander Sandor Rosenfeld alias Roda Roda, Korfitz Holm, Ernst von Wolzogen, Richard Dehmel, Gustav Meyrink, Hermann Bahr, Max Dauthenday, Max Halbe und viele andere mehr. „Im 'Simplicissimus' werden neben Gedichten junger deutscher Autoren auch Nachdichtungen und Übersetzungen von französischen Chansons abgedruckt."[44] Dazu gehören neben Balladen und Dirnenliedern von Aristide Bruant, die von Albert Langen und Franziska Gräfin zu Reventlow ins Deutsche übertragen wurden, zahlreiche Programmpunkte des 'Cabaret Montmartre'. Es ist kein Zufall, dass im 'Simplicissimus' bereits alle deutschen Kabarettschaffenden publizieren, die uns später bei den 'Elf Scharfrichtern' begegnen werden. Selbst die Kabarettisten aus dem 'Berliner Überbrettl' mit Ernst von Wolzogen und Otto Julius Bierbaum geben hier bereits ihr Debüt.

Die 'Simplicissimus'-Mitarbeiter Ignatius Taschner,
Eduard Thöny und Ferdinand von Reznicek

Durch die Arbeit für den 'Simplicissimus' bezieht Wedekind erstmals eigene Einkünfte und muss nicht mehr seinem Bruder oder seiner Schwester auf der Tasche liegen. Dennoch ist er mit seiner Situation stets unzufrieden und fühlt sich von Langen ausgebeutet. An seinen Freund Weinhöppel schreibt er in diesem Zusammenhang am 23. Dezember 1897: „Von mir kann ich Ihnen nur schreiben, daß ich in ekelhafter Weise Lohnsklaverei verrichte. [...] Weiß der Teufel, ich bin flügellahm von dem ewigen Reißen an meinen Ketten."[45]

Wedekind war immer eine Ausnahmeerscheinung und hat sich bereits in jungen Jahren von der Masse der Künstler und Literaten bewusst abgehoben. Max Halbe hat ihn bei seinem ersten Kontakt in München, Wedekind zählte sechsundzwanzig, er fünfundzwanzig Jahre, treffend beschrieben: „Frank Wedekind gehörte bereits seit 1890 der Münchner Atmosphäre an, wenn auch nur in einem weiteren Sinne, indem er auf seiner damaligen Kometenlaufbahn öfters unversehens auftauchte, allerlei Unruhe und Verwirrung um sich verbreitete, wie es nun einmal Kometenart ist, und ebenso plötzlich wieder auf geraume Zeit verschwand."[46] Hieraus entwickelte sich im Laufe der Jahre ein enges, aber ambivalentes Verhältnis, das von starker Zuneigung und zugleich von abgrundtiefem Hass geprägt war. Es gipfelte darin, dass es eines Tages in der Kegelgesellschaft 'Unterströmung' zum Exzess kam und Max Halbe Wedekind vor versammelter Mannschaft ohrfeigte. „Einem herbeieilenden Freund hat Halbe ebenfalls eine runtergehauen, während Wedekind dem hilfsbereiten Sekundanten schlagfertig zurief: Er hat dich geschlagen, du musst ihn fordern!"[47]

„Als Wedekind 1895 von Paris nach München zurückkehrt, kann er entscheidende Impulse des Pariser Cabarets an den dortigen Schriftstellerkreis weitergeben. So erkundigt er sich sofort nach Möglichkeiten, um ein Café als intimes Theater für Gesellschaftssatiren, Couplets, Lieder und Pantomimen einzurichten. Leider ohne Erfolg. Enttäuscht reist er nach Berlin und nimmt Kontakt mit dem dortigen Künstlerkreis um Gerhart Hauptmann auf. Otto Julius Bierbaum unterstützt hierbei seine Bestrebungen mit der Forderung, das Varieté der Zukunft als eine Schaubühne, die keine moralische, sondern eine ästhetische Einrichtung sein will, aufzufassen. Ein Teil von Wedekinds Gedankengut, das später in Berlin zur Gründung von Wolzogens 'Überbrettl' führt, ist in Otto Julius Bierbaums Buch *Stilpe-Roman aus der Froschperspektive* festgehalten. Wedekinds Begabung, verbunden mit seiner ironischen und weltmännischen Skepsis prädestinieren ihn geradezu zur Varietékunst in ihrer feinsten Blüte. Doch bevor Wolzogen das notwendige Kapital zur Gründung seines Kabaretts beisammen hat, kehrt Wedekind wieder nach München zurück, um seinem Broterwerb nachzugehen und seine politischen Verse für Albert Langens satirische Zeitschrift zu schreiben. Mit vierundzwanzig Beiträgen gehört er ab 1896 zu den meistvertretenen Autoren und hat wie kein anderer dem 'Simplicissimus' mit seinen Gedichten, Erzählungen und Interviews eine besondere Note gegeben."[48]

Zu Wedekinds großen Balladen, mit denen er auch bei den 'Elf Scharfrichtern' sein Publikum begeistert, zählt vor allem *Brigitte*. Der Erstdruck des Gedichts erscheint am 8. August 1896 im 'Simplicissimus' mit einer pfiffigen Karikatur von Thomas Theodor Heine.

Mit dem schauerlichen Ereignis und der dramatischen Zuspitzung des Geschehens erfüllt diese Ballade alle klassischen Kriterien, wie sie bei einer volkstümlichen Moritat mit epischem Charakter erwartet werden. Im Rahmen der 'Simplicissimus'-Beiträge soll das Gedicht, das später im Repertoire der 'Elf Scharfrichter' stets ein besonderer Hit ist, an dieser Stelle ohne Interpretation wiedergegeben werden. Eine ausführliche Textanalyse findet sich bei den balladesken Beiträgen Wedekinds im 6. Kapitel.

Brigitte

Ein junges Mädchen kam nach Baden,
Brigitte B. war sie genannt,
Fand Stellung dort in einem Laden,
Wo sie gut angeschrieben stand.

Die Dame, schon ein wenig älter,
War dem Geschäfte zugethan,
Der Herr ein höherer Angestellter
Der königlichen Eisenbahn.

Die Dame sagt nun eines Tages,
Wie man zu Nacht gegessen hat:
Nimm dies Paket, mein Kind, und trag es
Zu der Baronin vor der Stadt.

Auf diesem Wege traf Brigitte
Jedoch ein Individuum,
Das hat an sie nur eine Bitte,
Wenn nicht, dann bringe er sich um.

Das Mädchen, völlig unerfahren,
Gab sich ihm mehr aus Mitleid hin.
Drauf ging er fort mit ihren Waren
Und ließ sie in der Lage drin.

Sie konnt' es anfangs gar nicht fassen,
Dann lief sie heulend und gestand,
Was sie sich hat geschehen lassen,
Was die Madam begreiflich fand.

Daß aber dabei die Tournüre
Für die Baronin vor der Stadt
Gestohlen worden sei, das schnüre
Das Herz ihr ab, sie hab' es satt.

Brigitte warf sich vor ihr nieder,
Sie sei gewiß nicht mehr so dumm;
Den Abend aber lief sie wieder
Zu jenem Individuum.

Und als die Herrschaft dann um Pfingsten
Ausflog mit dem Gesangverein,
Lud sie ihn ohne die geringsten
Bedenken abends zu sich ein.

Sofort ließ er sich alles zeigen,
Den Schreibtisch und den Kassenschrank,
Macht die Papiere sich zu eigen
Und zollt ihr nicht mal seinen Dank.

Das Mädchen, als es nun geschehen,
Was sein Verhältnis angericht',
Entwich auf unhörbaren Zehen
Dem Ehepaar aus dem Gesicht.

Vorgestern hat man sie gefangen,
Wo, sagt das Redaktionsbureau,
Dem Jüngling, der die That begangen,
Dem ging es gestern ebenso.[49]

Als Kaiser Wilhelm II. mit seiner Gattin und einem stattlichen Gefolge im Oktober 1898 in den Orient reist, um das Ansehen des Deutschen Reiches durch Waffenexporte in die Türkei zu fördern, verfolgt die internationale Presse dieses Ereignis mit höchstem Interesse. Auch wenn sich der Kaiser auf den Stationen der Kreuzzüge als frommer Pilger gebärdet, hinterlassen seine nationalpathetischen Reden einen beunruhigenden Eindruck. Wenige Tage vor des Kaisers Einzug in Jerusalem verfasst ein gewisser 'Hieronymus' zu diesem Thema ein kritisches Gedicht, das mit einer treffenden Karikatur von Eduard Thöny im 'Simplicissimus' veröffentlicht wird.

Am 29. Oktober 1898 findet die Premiere von Wedekinds *Erdgeist* im Münchner Schauspielhaus statt, zu der der Oberregisseur Georg Stollberg den Autor als Dramaturg und Schauspieler engagiert hatte. Da erfährt der Prokurist des 'Simplicissimus', Korfiz Holm, durch einen wohlwollenden Schwabinger Polizeikommissar von der bevorstehenden Festnahme Wedekinds und weiterer Verlagsmitglieder durch die Staatsanwaltschaft Leipzig.[50] Anlass ist ein Gedicht, das Wedekind in der so genannten 'Palästina-Nummer' unter dem Pseudonym 'Hieronymus' veröffentlicht hatte. Für den Leipziger Untersuchungsrichter war es ein Leichtes, herauszufinden, was ganz München längst wusste, dass nämlich der anonyme 'Hieronymus' und Wedekind ein und dieselbe Person sind. Obwohl Wedekind aus Angst vor der Staatsanwaltschaft seine politischen und sozialen Gedichte stets mit den unterschiedlichsten Pseudonymen unterschrieben hatte, nutzt es ihm nichts.

In der Erstausgabe der *Gesammelten Werke*, die 1924 bei Georg Müller erscheint, lässt sich Wedekinds Taktik auch heute noch nachvollziehen. Hier verwendet er bei den sogenannten 'Simplicissimusgedichten' die abenteuerlichsten Namen wie: Kaspar Hauser, Hermann, Hieronymus Jobs, Benjamin, Hugo Freiherr von Trenck, Räuberhauptmann, Ahasver, Cornelius Mine-Haha und Müller von Bückeburg, um nur einige zu nennen.[51]

Im Heiligen Land

Der König David steigt aus seinem Grabe,
Greift nach der Harfe, schlägt die Augen ein,
Und preist den Herrn, daß er die Ehre habe,
Dem Herrn der Völker einen Psalm zu weihn.
Wie einst zu Abisags von Sunem Tagen
Hört wieder man ihn wild die Saiten schlagen,
Indeß sein hehres Preis- und Siegeslied.
Wie Sturmesbrausen nach dem Meere zieht.

Willkommen, Fürst, in meines Landes Grenzen,
Willkommen mit dem holden Eh'gemahl,
Mit Geistlichkeit, Lakaien, Exzellenzen,
Und Polizeibeamten ohne Zahl.
So freuen rings sich die histor'schen Orte
Seit vielen Wochen schon auf deine Worte,
Und es vergrößert ihre Sehnsuchtspein
Der heiße Wunsch, photographiert zu sein.

Ist denn nicht deine Herrschaft auch so weise,
Daß du dein Land getrost verlassen kannst?
Nicht jeder Herrscher wagt sich auf die Reise,
Ins alte Kanaan. Du aber fandst,

Gottfried von Bouillon: „Lach' nicht so dreckig, Barbarossa! Unsere Kreuzzüge hatten doch eigentlich auch keinen Zweck."

Du seist zu Hause momentan entbehrlich;
Der Augenblick ist völlig ungefährlich;
Und wer sein Land so klug wie du regiert,
Weiß immer schon im Voraus, was passiert.

So wird die rote Internationale,
Die einst so wild und ungebärdig war,
Versöhnen sich beim sanften Liebesmahle
Mit der Agrarier sanftgemuten Schar.
Frankreich wird seinen Dreyfus froh empfangen,
Als wär' er auch zum heilgen Land gegangen.
In Peking wird kein Kaiser mehr vermißt
Und Ruhe hält sogar der Anarchist.

So sei uns denn noch einmal hoch willkommen
Und laß dir unsre tiefste Ehrfurcht weihn,
Der du die Schmach vom heilgen Land genommen,
Von dir bisher noch nicht besucht zu sein.
Mit Stolz erfüllst du Millionen Christen;
Wie wird von nun an Golgatha sich brüsten,
Das einst vernahm das letzte Wort vom Kreuz
Und heute nun das erste deinerseits.

Der Menschheit Durst nach Thaten läßt sich stillen,
Doch nach Bewundrung ist ihr Durst enorm.
Der du ihr beide Durste zu erfüllen
Vermagst, seis in der Tropen-Uniform,
Sei es in Seemannstracht, im Purpurkleide,
Im Rokokokostüm aus starrer Seide,
Sei es im Jagdrock oder Sportgewand,
Willkommen, teurer Fürst, im heilgen Land!

Hieronymus[52]

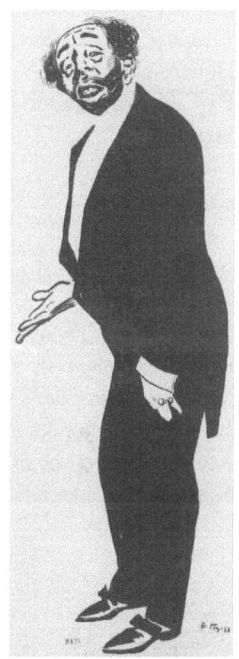

Wozu reisen de Leut'
nach Palästina?

Nach Aussagen Wedekinds entstand das Gedicht im Oktober 1898 und wurde noch im gleichen Monat im 'Simplicissimus' veröffentlicht. Ob für den Druck Änderungen am Manuskript vorgenommen wurden, muss offen bleiben. Ludwig Thoma berichtet: „Das bekannte Palästinagedicht hatte ursprünglich eine schärfere Fassung. Wedekind verstand sich erst auf Ersuchen Langens und der Redaktion zu Milderungen und Streichungen."[53] Wie Thoma weiter ausführt, hat er Langen vor dem Erscheinen der Palästinanummer dringend gewarnt, da sie seiner Meinung nach unweigerlich zu einem Majestätsbeleidigungsverfahren führen würde. Der Rechtsberater von Langen war jedoch der Meinung, man müsse in dem Gedicht nur einige Spitzen abfeilen, dann hätte der Staatsanwalt das Nachsehen. Hier täuschte er sich jedoch. Die Aufregung in der Redaktion war deshalb groß. Langen, der die höchste Strafe zu erwarten hatte, macht sich als Erster auf die Flucht und setzt sich mit einem Umweg über Wien und Zürich nach Paris ab. Noch während im Schauspielhaus das Premierenpublikum bei der Aufführung von Wedekinds *Erdgeist* applaudiert, verschwindet der Autor und Schauspieler durch den Hintereingang, um bei Nacht und Nebel mit dem ersten Zug seinem Verleger ins Exil zu folgen. Der Redakteur Ludwig Thoma reimt den Flüchtlingen spöttisch hinterher:

> Wer reist so spät durch Nacht und Wind?
> Herr Langen und Herr Wedekind!
> So nachts zu reisen ist kein Genuss,
> Und das kommt vom Hieronymus.[54]

Auch Eduard Thöny nimmt in der nächsten Ausgabe des Satireblattes Stellung zu dem Geschehen in der Redaktion. Er stellt die Übeltäter Heine, Langen und Wedekind unter der Überschrift 'In Castans Panoptikum' als Wachsfiguren vor den legendären Schinder Hannes. Auch der Mops, der Vierte im Bunde, blickt uns als Konserve aus einem Einmachglas deprimiert entgegen. Darüber schreibt der Karikaturist: 'Der Ritt auf dem Rasiermesser', 'Nur für Nervenstarke'.

'In Castans Panoptikum: Die neuesten Erwerbungen für die Schreckenskammer'.
Titelblatt des Simplicissimus mit einer Zeichnung von Eduard Thöny, 1898

Auch das Titelblatt der nächsten Ausgabe, das mit 'Nordwind' überschrieben ist, beschäftigt sich mit der Konfiskation der Zeitschrift. Es zeigt in einer Karikatur von Bruno Paul den Teufel, der den Mops unter seinem Mantel verborgen hält. Die Unterschrift lautet: 'Es weht ein scharfer Wind von Norden, nur gut, daß wir beide feste Knochen haben, sonst könnten wir uns den schönsten Rheumatismus holen.' Auf Grund der aktuellen Ereignisse steigt die Auflage der Zeitschrift schlagartig auf über 67.000 Exemplare.

Wedekinds Hoffnungen, als Dramatiker in Paris zu Erfolg zu kommen, erfüllen sich nicht. Nach Abschluss des Schauspiels *Der Marquis von Keith* wird er des Davonlaufens überdrüssig, reist im Juni 1899 nach Deutschland zurück und stellt sich der Polizei. Nach langer Untersuchungshaft wird er in erster Instanz zu sieben Monaten Gefängnis verurteilt. Durch Gnadenerlass des Königs von Sachsen wird die Strafe in Festungshaft umgewandelt, die er auf der Burg Königstein bei Dresden verbüßt. Als er am 21. September 1899 dort eintrifft, erwartet ihn bereits sein Kollege Thomas Theodor Heine, der wegen seiner Karikatur zu der 'Palästina-Nummer' ebenfalls sechs Monate Haft verbüßt – allerdings zu ganz anderen Bedingungen, wie Wedekind hier erfährt. Er beschwert sich deshalb in einem Brief vom 28. September 1899 bei Bjoernstierne Bjoernson, dem Schwiegervater von Albert Langen: „Den Ausweg aus der Falle zu finden, in die ich geraten war, war für mich keine leichte Aufgabe, die mir indessen gelungen ist bis auf die Unannehmlichkeit, daß ich mich nach der dreimonatigen Gefängnisstrafe und in Folge der noch fortdauernden Festungshaft erwerbsunfähig fühle. Zum Glück traf ich hier noch Th. Th. Heine, der die Verhältnisse aus der Redaction des Simplicissimus, weil er ununterbrochenen mit ihr in Beziehung gestanden hatte, genau genug kannte, um sich die Auszahlung seines monatlichen Gehaltes von M. 700 kontractlich auch für den Fall zu sichern, daß er in's Gefängnis kommt und nicht arbeiten kann. Während er sich durch den Proceß finanziell recreieren konnte, erwarten mich, wenn ich nach München zurückkehre, dort nur Schulden, die ich auf meine Anstellung am Theater hin contrahirt hatte.[...] Daß ich Sie heute in meiner Tathlosigkeit um Ihre Unterstützung bitte, zeigt Ihnen, wie wenig ich mich in dem Vertrauen, das ich Ihnen bereits vor Jahren entgegenbrachte, habe beirren lassen. Wollen Sie mir noch einmal ein gütiger Mentor sein, wie Sie das so oft waren in Zeiten, wo ich Ihrer Ermunterung weniger bedurfte."[55]

Die Haftstrafe wirft Wedekind als Dramatiker um Jahre zurück. Dennoch sind die Bedingungen komfortabel. Er verfügt nicht nur über Zigarren, Zigaretten und Wein, sondern erhält eine ausgezeichnete Kost, so dass er nicht nur gewaltig an Körperfülle zulegt, sondern auch die notwendige Muse findet, um an seinem dramatischen Werk weiterzuarbeiten. Dabei gelingt es ihm sogar, die Haft aus der Distanz zu sehen, wie die folgende Postkarte an die Redaktionsmitglieder beweist.

Postkarte an die 'Simplicissimus'-Redaktion

Die Festungshaft jedenfalls hat auf Wedekind nicht besonders einschüchternd gewirkt. Kaum ist er entlassen, schreibt er ein Spottgedicht auf Wilhelm II. und die Justiz. Es trägt den frohgemuten Titel *Der Zoologe von Berlin* und wird nur wenig später, von ihm zur Laute bei den 'Elf Scharfrichtern' vorgetragen, einem frenetisch jubelndem Publikum zur Attraktion des Abends werden. Siehe auch Seite 121.

Alleine der Verleger Langen zieht sich am elegantesten aus der Affäre. Nach über vierjährigem Exil in Paris und einer Geldbuße von 30.000 Mark kehrt er als unbescholtener Bürger nach München zurück. Bedingt durch den 'Palästina-Skandal' und das Geschick des jungen Prokuristen Korfiz Holm, der ab 1898 die Redaktion leitet, wächst der 'Simplicissimus' zu einer Satirezeitschrift ersten Ranges. Die wöchentliche Auflage steigt auf 85.000 Exemplare und manche Sondernummer erreicht sogar die magische Zahl von 100.000 Stück. „Über Holm, der als Schüler ein Gymnasium in Lübeck besuchte, kam sogar ein ehemaliger Mitschüler namens Thomas Mann zum Langen-Verlag. Für kleine Hilfstätigkeiten und Korrekturlesen bekam er zu jener Zeit einhundert Mark im Monat."[56] Holm wird 1900 als Chefredakteur von Dr. Ludwig Thoma abgelöst, der 1899 seine Anwaltskanzlei in München aufgibt und fortan als fester Mitarbeiter des 'Simplicissimus' tätig ist. Seine Veröffentlichungen erscheinen jetzt in der Satirezeitschrift nicht mehr unter dem Pseudonym 'Peter Schlemihl', sondern unter seinem Namen. Thoma schreibt bis 1921 für das Blatt und verfasst 832 Artikel, Gedichte und Kurzgeschichten.

Nachdem Albert Langen wieder nach München zurückgekehrt war und seine neue Villa in der Mandlstraße bezogen hatte, dirigiert er von hier aus sein Unternehmen. Er gibt Anregungen, spendet Lob, gleicht Rivalitäten aus und hält Umschau nach neuen Talenten. Gleichzeitig prüft er die Grenzen des gegenüber der Obrigkeit noch Tragbaren. Nachdem es sich bei den Mitarbeitern herumgesprochen hat, dass es sich bei dem 'Simplicissimus' mittlerweile um ein ausgesprochen lukratives Unternehmen handelt, akzeptieren sie nicht mehr, dass sämtlicher Gewinn in die Taschen des Verlegers fließt. Im Jahr 1906 ist es dann so weit, dass es zur 'Palastrevolution' kommt. Die wichtigsten Redakteure und Zeichner haben sich zusammengetan und drohen bei Ablehnung ihrer Forderungen, gemeinsam die Redaktion zu verlassen und das Konkurrenzblatt 'Till Eulenspiegel' zu gründen. Langen ist auf das brillante Team angewiesen und muss nachgeben. So werden seine Mitarbeiter zu Teilhabern an der 'Simplicissimus-Verlag GmbH' und halten zusammen mehr als 50 Prozent der Anteile. Da Langen Wert auf ein gutes Verlagsklima legt und engen Kontakt zu seinen Mitarbeitern pflegt, ist es für ihn wichtig, alle gesellschaftlichen Ereignisse mit seinen Mitarbeitern zu feiern. Hierzu zählen auch die ausgelassenen Münchner Faschingsfeste.

Die Mitarbeiter des 'Simplicissimus' beim Kostümfest im Arzberger Keller

In diesem Zusammenhang muss auch das spontane und großzügige Verhalten des Verlegers erwähnt werden, auch wenn dieser Punkt von Wedekind immer wieder anders dargestellt wird. Als Langen nach seiner Rückkehr aus dem Exil mit seinen Mitarbeitern den Anbruch einer besseren Zeit am Vierwaldstätter See gefeiert hatte, stand man auf dem Bahnsteig in Altdorf, um den Zug zurück nach München zu erwarten. Da wurde der Gotthard-Express gemeldet. Ein fragender Blick der Mitarbeiter und schon stand Langen am Schalter und löste für alle die Fahrkarten nach Locarno. Ohne Wäsche und ohne Gepäck stieg die ganze Redaktion in den Speisewagen des eleganten Schnellzugs. „Eine laue Frühlingsnacht in Locarno, ein fröhliches Suchen nach Quartieren, Freude an allem, was man sah. Wie war das schön! Auf dieser Fahrt, der schönsten in meiner Erinnerung, lernte ich Langen als heiteren guten Kameraden kennen"[57], so berichtet uns Ludwig Thoma in seinen Erinnerungen.

Trotz aller Überzeugungsversuche der Redaktionsmitglieder bleibt Wedekind als einziger bei seiner vorgefassten Meinung, von Langen systematisch ausgebeutet und schlecht honoriert worden zu sein. Wie Ludwig Thoma schreibt, „glaubte er fest daran, dass die Majestätsbeleidigung, die er doch selbst begangen hatte, ausschließlich ein Geschäftskniff des Verlegers zur Hebung der Auflage gewesen sei. Absichtlich habe man seinen Namen dem Gericht preisgegeben, davon ließ er sich nicht abbringen."[58]

Verbittert rechnet er deshalb 1908 mit dem Herausgeber des 'Simplicissimus' ab. Als erstes gibt er sein Bühnenstück *Oaha* bei Bruno Cassirer heraus, ohne Langen über seine Pläne zu informieren. Dann rollt er nochmals minutiös alle Ereignisse um die Majestätsbeleidigungsaffäre auf. Dabei wird Langen die zweifelhafte Ehre zuteil, als Georg Sterner zur Bühnengestalt zu werden. Wedekind zeichnet hier das wenig schmeichelhafte Bild eines mit allen Hunden gehetzten und allen Wassern gewaschenen Verlegers, der die Staatsanwaltschaft für seinen Geldbeutel mobil macht. Dass der 'Simplicissimus' Wedekind berühmt gemacht hat und er für seine zahlreichen bei Langen verlegten Werke fast wöchentlich nicht unerhebliche Tantiemenzahlungen kassiert, spielt für ihn offenbar keine Rolle mehr. Akribisch hat er alle Vorkommnisse notiert, ordnet den Protagonisten leicht durchschaubare Pseudonyme zu und skizziert fünf Akte mit der Frage: Was muss gesagt werden? „Alle Kränkungen einer langen Verbindung kommen jetzt zur Sprache: Die 'Palästina-Nummer' des 'Simplicissimus', das gebrochene Bein, der zu tiefe Sessel im Büro Langens, Wedekinds Bitten um Geld, seine Abhängigkeit vom Verleger. Die 'Simplicissimus'-Zeichner, durchweg Künstler von internationalem Ruf, verkommen in seinem Schauspiel zu Karikaturen: Thöny hat Mundgeruch, Heine ist geldgierig, Reznicek vergräbt seine Nase in Damenunterwäsche und Ludwig Thoma ist ein bayerischer Grobian, der alle und jeden 'auf die

Kirchweih läd.' Die künstlerische Freiheit, von Berufssatirikern aufs Korn genommen zu werden, verblasst hinter Wedekinds unerbittlichem Hass auf alle Gegner, die eigentlich gar keine sind."[59]

Die Seitenhiebe treffen Langen dennoch nicht und seine Wertschätzung zu Wedekind bleibt unerschüttert. Im Gegenteil bricht er in schallendes Gelächter aus, als er liest, wie er und Björnson in dem Schauspiel lächerlich gemacht werden.

Auch bei anderer Gelegenheit zeigt sich Wedekind als Außenseiter unter den Mitarbeitern des Verlags. Hier war ein ständiges Kommen und Gehen von jungen Autoren. Nachdem Langen zur Ankurbelung des Umsatzes noch einen Preis für die beste Novelle ausgeschrieben hatte, wurden Körbe voll Manuskripte in die Redaktion geschleppt und die Unruhe eskalierte. In dem großen Redaktionszimmer saßen in allen Ecken die Verlagsautoren und lasen. Es war die Gelegenheit, bei der Arthur Holitscher seine erste Begegnung mit Wedekind hatte. Nichts ahnend trat er in den Raum, da flogen ihm aus der entferntesten Ecke ein paar beschriebene Blätter in hohem Bogen entgegen: „Bockmist! In jener Ecke saß Wedekind, feierlich schwarz angezogen, mit vielen Bärten, die ihm von Kinn und Backen niederhingen. Er hasste diese Betätigung, zu der er sich keineswegs verpflichtet fühlte, wie er übrigens den ganzen Literaturbetrieb hasste und verachtete, in dessen Mitte er sich versetzt sah. Er war Mitarbeiter aus Not, sehr gegen seinen Geschmack, Redakteur aber ganz und gar nicht."[60]

Das Geheimnis für den Erfolg von Langens Satirezeitschrift lag wohl darin, dass es ihm und seinen Mitarbeitern immer wieder gelang, mit spitzer Feder die Gesellschaft in ihrer gesamten Breite humorvoll zu karikieren. Dabei wurden zur Zielscheibe seines Spotts nicht nur hohe Offiziere, der Adelsstand, die Geistlichkeit und Politiker sondern auch Bauern, Prostituierte und der einfache Landser.

Es wundert nicht, dass die meisten Künstler, die Langen für sein junges Satireblatt rekrutiert hatte, später auch bei der Gründung der 'Elf Scharfrichter' vertreten waren. Bereits im Sommer 1898 hatte er die Gründung eines 'Literatur-Varietés' nach französischem Vorbild aus dem Kreise seiner Münchner Mitarbeiter ins Auge gefasst, was jedoch nicht zustande kam. Erst unter der drohenden Gefahr der 'Lex Heinze' entstand schließlich 1901 das erste Münchner Brettl. Damit wurde der 'Simplicissimus' zum Vorreiter des deutschen Kabaretts.

4. Das literarisch-künstlerische Kabarett und der Münchner Sittlichkeitskampf

Zur Jahrhundertwende ist München das künstlerische Zentrum Deutschlands. Hier im malerischen Schwabing, nahe dem Englischen Garten, sammeln sich die Musensöhne. Zu ihnen zählen Musiker, Maler, Weltverbesserer, Sektierer und Originale der verschiedensten Couleur, die sich in den zahlreichen Cafés und Weinstuben ihr Stelldichein geben. Schwabing erlebt seine große Zeit. Thomas Mann hat gerade seinen Roman *Buddenbrooks* beendet und Ludwig Thoma schreibt sein erstes Theaterstück *Die Lokalbahn*. Bei Karl Wolfskehl in der Leopoldstraße treffen sich die 'Kosmiker' mit Stefan George und in der Gisela-straße entwickelt Wassily Kandinsky einen neuen Malstil. Zur gleichen Zeit ist dieses Bohemeviertel, das an Montmartre erinnert, auch Zufluchtsstätte verschie-dener Heimatloser. Trotz gelegentlicher Strafprozesse wegen Majestätsbeleidigung, Gotteslästerung oder wegen Verstößen gegen die herrschende Sexualmoral entwickelt sich hier eine Literatur- und Kunstszene von Weltrang. Hier rebelliert die Avantgarde stürmisch gegen veraltete Traditionen. Als Zeichen dafür hat sie eine eigene Sezession gegründet. Die viel zitierte Zeitschrift 'Jugend', die dem 'Jugendstil' ihren Namen gibt, steht hier in voller Blüte, und wird durch den satirischen 'Simplicissimus' nochmals ergänzt. München ist vom Fieber der künst-lerischen Renaissance befallen, trotz der zahlreichen einschneidenden Beschrän-kungen durch wilhelminische Gesetze, oder vielleicht gerade deshalb.

München hat zu dieser Zeit als Ventil seinen Fasching, diesen alljährlichen Karneval im Vorfrühling, der alle Welt in seinen Strudel zieht. Zumindest während dieser kurzen Zeit ist die Münchner Gesellschaft bei Mummenschanz, Maskentrei-ben und Gelächter glücklich vereint. Man hat dann nur Possen, Bälle und Umzüge im Sinn. Dabei scheinen die sexuellen Schranken vergessen, der Fasching regiert, und mit ihm Musik, Volkstheater und freiwillige Narrheit. Der Spaßmacher, der sich über alles lustig macht, ist Herr der Stunde. Mit seiner gelösten Stimmung und Ausgelassenheit und einer Vielfalt von Darbietungen, bei denen Zuschauer und Mitspieler oft eins werden, erweist sich der Münchner Fasching geradezu als Vorläufer des Kabaretts.[61]

Trotz des ausgelassenen Treibens schwebt über den Künstlern das Damokles-schwert in Form eines Strafgesetzentwurfs. Es ist der Maulkorberlass des 'Lex Heinze'. Dabei handelt es sich nicht um ein neues Gesetz, sondern um Ergän-zungen zum bestehenden Strafgesetzbuch, denen die Bekämpfung der Unsittlich-keit zugrunde liegt. Ursprünglich sollte die nach dem Zuhälter Heinze bezeichnete

Gesetzesvorlage ausschließlich Unsittlichkeit im Zuhälter- und Dirnenmilieu reglementieren. Bereits im Zuge der Beratung war vom Bayerischen Landtag ein Zusatzantrag zum Reichs-Straf-Gesetz-Buch beantragt und eine Verschärfung und Erweiterung des §184 gefordert worden. Die Erweiterung dieses Gesetzes zielt vor allem auf Unsittlichkeit in der Kunst. Durch diesen Zusatz ist die Keimzelle für alle jene Paragraphen gelegt, die später zum offenen Angriff auf die Freiheit der Künstler auswuchern werden. Damit können im Deutschen Reich Abbildungen, Darstellungen oder Beschreibungen, die das Scham- und Sittlichkeitsgefühl verletzen, strafrechtlich verfolgt werden. Darunter fallen natürlich auch Aktbilder und antike Statuen, die in den Münchner Museen zur Genüge vorhanden sind. Besonders in Bayern erblickt man hier eine Gefahr für die heranwachsende Jugend. Dass diese Gesetzeserweiterung nicht durchführbar sei, erkannte man in Berlin rechtzeitig. „In Bayern wirkten jedoch noch religiöse Kräfte, die andernorts längst verstummt waren."[62] So war es nicht verwunderlich, dass man in München dem Problem der nackten Statuen sehr offensiv begegnete. Der Münchner Professor und spätere Biograph Wedekinds, Artur Kutscher, berichtet über einen solchen Fall. „In der Glyptothek erwuchsen antiken Plastiken über Nacht philiströse Feigenblätter aus Papier. Ich hatte eines dieser fraglichen Tarnobjekte entwendet und führte diese Stilblüte bayerisch-klerikaler Reaktion meinen Studenten über zwei Generationen genüsslich am Katheder vor."[63] Auch für den 'Simplicissimus'-Grafiker Thomas Theodor Heine waren diese Auswüchse Anlass zum Lästern, so dass er für Reichstagsabgeordnete mit leicht erregbarer Sinnlichkeit eine spezielle Schutzbrille entwarf.

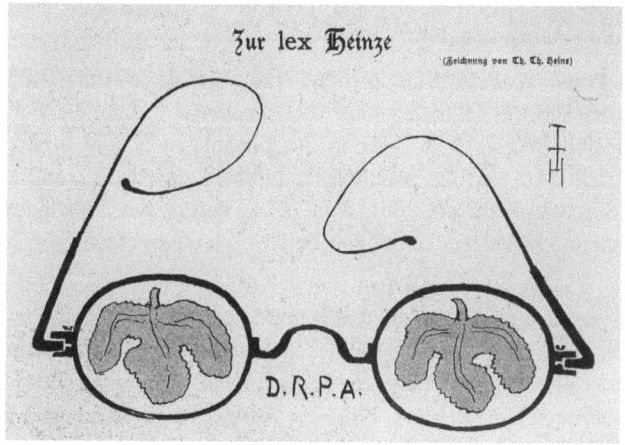

Schutzbrille für Reichstagsabgeordnete mit leicht erregbarer Sinnlichkeit

Der Gesetzentwurf 'Lex Heinze' richtet sich jedoch nicht nur gegen die bildende Kunst, vielmehr soll er auch auf das Gebiet des belletristischen Schrifttums ausgedehnt werden. Dass in Bayern bezüglich der Sittlichkeit die Suppe nicht nur heiß gekocht, sondern auch heiß ausgelöffelt wurde, zeigt sich am Beispiel von Ludwig Thoma. Wegen Beleidigung von Vertretern der 'Sittlichkeitsvereine' musste er „1906 eine sechswöchige Haftstrafe in Stadelheim absitzen". [64]

In dieser Gängelung der Bildenden Künste liegt die Keimzelle für die Münchner Kabarettbewegung. Unabhängig davon versucht man in Berlin fast zeitgleich ein literarisches Varieté zu gründen und bittet Wedekind um seine Unterstützung. Noch aus der Festungshaft schreibt er am 28. Dezember 1899 an Beate Heine: „Nun eine heikle Angelegenheit, über die ich Sie ersuchen möchte möglichst mit niemandem zu sprechen. Martin Zickel bittet mich um Beiträge und Mitwirkung zu einem literarischen Varieté in Berlin. Ich denke nicht im Traum daran, darauf einzugehen, da ich Herrn Doktor Heine im Herbst auf die gleiche Anfrage beinahe einen Korb gegeben. Selbst wenn das nicht der Fall wäre, würde ich mich von der Sache, die meines Erachtens in einem großen Kladderadatsch ausläuft, fernhalten. Diese meine Ansicht aber unter dem Siegel der tiefsten Verschwiegenheit. Ich ersehe nun aus allerhand Feuilletons aus der Provinz, die mir ein Journalist zugeschickt, dass seit Monaten mein Name aufs engste mit diesen Bestrebungen verknüpft ist. Wenn ich also dabei bin, dann werde ich den ganzen Kladderadatsch ausfressen müssen. Bin ich aber nicht dabei, so wird man sagen, dass meine Abwesenheit an dem Kladderadatsch schuld war. Wird es aber ein Kladderadatsch oder nicht, auf alle Fälle bleibt das Berliner Unternehmen die allerwirksamste Reklame für ein gleiches nachfolgendes, das man später mit viel geringeren Mitteln in einer anderen Stadt beginnen könnte." [65]

Kaum ist Frank Wedekind am 3. März 1900 aus der Festungshaft entlassen, schließt er sich sofort in München einer Schriftstellergruppe an, die sich täglich im Café des Operettentenors José Benz in der Leopoldstraße und in der Gaststätte 'Dichtelei' trifft. Man verfolgt bahnbrechende Ideen zur Realisierung eines literarisch-künstlerischen Kabaretts mit dem Ziel, gegen das Spießbürgertum zu demonstrieren und künstlerische Aspekte zeitkritisch umzusetzen.

Gegen die 'Lex Heinze' schließen sich in München unter dem Ehrenvorsitzenden Paul Heyse die Koryphäen aus Kunst und Literatur, von Bruno Paul bis Franz von Lenbach, von Max Halbe bis Frank Wedekind, zu einem Bund zum Schutz der freien Kunst und Wissenschaft zusammen. Max Halbe initiiert eine erste Protestversammlung am 7. März 1900 im 'Bürgerlichen Brauhaus'. Zwei Tage später ist es dann im kleineren Kreis im 'Café Gisela' in Schwabing so weit, dass der 'Goethebund' gegründet wird. Im ersten Paragraphen der Statuten heißt es: „Unter dem Namen 'Goethebund zum Schutz der freien Kunst und Wissenschaft' ist mit dem Sitz in München ein Verein begründet worden, welcher den Zweck verfolgt, die Freiheit der Kunst und Wissenschaft im Deutschen Reich gegen Angriffe jeder Art zu schützen."[66] Einer der drei Schriftführer ist der Student und Regisseur Otto Falckenberg. Er gehört zusammen mit seinem Freund Leo Greiner einer Gruppe junger Schauspieler und Studenten an, die wie viele andere gegen den Gesetzentwurf Sturm laufen.

Den auslösenden Anlass zu den vielseitigen Aktionen liefert der bereits erwähnte Fasching des Jahres 1900, der durch die 'Lex Heinze' stark belastet war. Die Münchner Boheme ist aufgebracht. Im Faschingstrubel veranstaltet sie Proteste, die vom 'Simplicissimus'-Herausgeber Albert Langen und Frank Wedekind tatkräftig unterstützt werden. So kommt es, dass in Schwabing maskierte Maler, Dichter, Musiker und Schauspieler mit einem satirischen Plakat und höhnischen Gesängen gegen das unbeliebte Gesetz in bester Karnevalslaune durch die Straßen ziehen. „In ihrem Kampfgesang in Anspielung auf den verhassten Paragraphen hieß es, dass sie bereit seien, vor nichts zurück zu schrecken."[67] Diese Drohung lässt die arrivierten Dichter und Künstler wie Max Slevogt, Lovis Corinth, Franz von Lenbach, Max Halbe und Josef Ruederer aufhorchen, so dass sie sich entschließen, die jugendlichen Vorkämpfer in ihren Aktivitäten zu unterstützen.

Faschingstreiben auf dem Odeonsplatz um 1900

Auch im Treffpunkt der Schwabinger Boheme, dem 'Café Stefanie', das in Künstlerkreisen auch 'Café Größenwahn' genannt wird, diskutieren Mitarbeiter des

'Simplicissimus' mit Schauspielern vom 'Akademisch-Dramatischen Verein' und jungen Malern der 'Sezession' über diesen Plan. Wedekind hat sich hier einer Gruppe angeschlossen, die sich nachmittags um fünf Uhr trifft. Zu diesem Kreis gehören „Max Halbe, ein geselliger gutmütiger Mann, der in der von ihm gegründeten 'Unterströmung' kegelt, außerdem Kurt Martens, der Wedekind nach Leipzig geholt hat und inzwischen Redakteur bei den 'Münchner Neuesten Nachrichten' ist, und Arthur Holitscher, Spross einer jüdischen Handelsfamilie aus Budapest mit einer ähnlichen Vita wie Wedekind. Senior der Gruppe ist Eduard Keyserling, baltischer Graf, ein Erzähler von hohen Graden, der an seinem Talent zweifelt und das Schreiben immer wieder aufgibt.“[68] In den Diskussionen zeigt sich, dass das künstlerische Vorbild für die Gründung einer Kleinkunstbühne nur das Pariser Cabaret 'Chat noir' sein kann. Hier im 'Café Stefanie' entsteht schließlich das Konzept für das erste deutsche Kabarett, noch ehe Ernst von Wolzogen in Berlin sein 'Überbrettl' gründen kann.

Wie Wedekind in einem weiteren Brief vom 20. März 1900 an Beate Heine schreibt, trifft er in München Wolzogen, der ihn unbedingt für sein Tingeltangel in Berlin gewinnen möchte: „Ich habe nach wie vor wenig Zutrauen zu dem Unternehmen, nun erst recht, wo Wolzogen an der Spitze steht, dem alles Verständnis für Humor fehlt.“[69]

Ende des Jahres steht Wedekind nochmals mit Wolzogen in Kontakt, da das Münchner Kabarett noch immer in der Diskussionsphase steckt. Im Falle einer Zusage erhofft er sich, dass in Berlin eines seiner Dramen auf die Bühne kommt. Doch auch dieses Mal führt die Zusammenarbeit mit Wolzogen nicht zum Erfolg und Wedekind versucht sich zu entziehen: „Ich habe ihm meine Mitwirkung zugesagt, hauptsächlich im Hinblick auf meinen *Rabbi Esra* und einige ähnliche Dinge; nun macht er aber seit Monaten eine für meinen Geschmack so ekelhafte und meines Erachtens so mörderisch schädliche Reklame, dass mir alle Lust vergangen ist und ich fest entschlossen bin, mich um dieses gefährliche Vergnügen zu drücken.“[70] Nachdem auch der *Marquis von Keith* und der *Kammersänger* in Berlin nicht angenommen werden, bricht Wedekind die Verhandlungen ab und schreibt an den Regisseur Martin Zickel: „Denken Sie sich in meine Lage, der ich mich dem Berliner Publikum als Spaßmacher und Hanswurst vorstellen soll, während mir als ernster Mensch, mit dem Besten, was ich zu sagen habe und was mir selber heilig ist, der Mund verschlossen bleibt.“[71]

Zeitgleich nahmen die Diskussionen zur Kabarettgründung in München konkretere Formen an. Entscheidend ist die Initiative, die von dem Regisseur Otto Falckenberg und dem Kritiker Leo Greiner ausgeht. Mit im Bunde sind: „der Bildhauer Wilhelm Hüsgen, der Gesangslehrer und Komponist Hans Richard Weinhöppel, der Rechtsanwalt Robert Kothe und, nach Pariser Art in feierlichem

Zylinder, ein Franzose mit dem pompösen Namen Achille Georges d'Ailly-Vaucheret, weswegen er sich schlicht Marc Henry nannte. Er lebte als Student und Korrespondent französischer Blätter in München und gab seit 1897 eine 'Revue Franco-Allemande' heraus, an der auch Leo Greiner mitarbeitete. Was ihn dem Gründungskomitee unentbehrlich machte, war seine frühere Tätigkeit als Conférencier und Chansonnier im Pariser 'Chat noir'. Dem Redeschwall des Franzosen gelang es, die tatendurstige Versammlung mit dem Geist des Pariser Cabarets zu infizieren. Außerdem brachte er ein weiteres französisches Element als ideelles Gründungskapital in Gestalt seiner Freundin Marya Delvard mit ein. Beide hatten sich in München kennen gelernt, wo die gebürtige Lothringerin seit 1896 an der Musikhochschule studierte."[72] Der 'Scharfrichter' Robert Kothe erinnert sich an ihn: „Marc Henry war ein lebendiger, humorvoller Mensch, der häufig nach Pariser Sitte den Zylinderhut trug und immer guter Dinge war. Was ihn von Paris trennte, wusste niemand. Er erzählte von dem eigenartigen Reiz der Pariser Cabarets und gab den letzten Anstoß zur Gründung einer Kleinkunstbühne. Es sollte eine Pflege-stätte für eine neue Lyrik werden, für kleine, ernste und heitere Stücke, für Kritik und Satire, für Parodie und Scherz; für alte und neue Lieder, für deutsche und französische Chansons. Natürlich sollten auch Lieder mit szenischer Umrahmung, Tanzszenen, Schattenbilder und Balladen dargeboten werden."[73] Alle Akteure sind übereinstimmend der Meinung, dass das Münchner Kabarett neben der Darbietung verschiedenartigster dichterischer und musikalischer Kleinkunst vor allem auch eine freimütige Kritik an allen Zeiterscheinungen üben sollte.

Als unmittelbares Ergebnis dieses Faschingsprotestes und der Gründung des 'Goethebundes' beschließen die elf Gruppenmitglieder, ein Kabarett ins Leben zu rufen, das den Kampf gegen eine überalterte Moral und die unsinnigen Konventio-nen des Establishments aufnehmen sollte. Dabei besinnt man sich der Möglichkeit eines Staates im Staat, einer eigenen Gerichtsbarkeit, unabhängig von der offiziel-len Staatsmacht. Die Richter des Kabaretts sollten all jene verurteilen, die die Freiheit der Kunst zu beeinträchtigen versuchten. Vor allem sollten sie Recht über Frömmelei, Misanthropie und Prüderie sprechen.

Auf der Suche nach einem geeigneten Namen einigt man sich schließlich, nach-dem die Mitglieder des zukünftigen Kabaretts feststehen – elf an der Zahl –, auf den Namen 'Die elf Scharfrichter'. Dies war die Geburtsstunde des ersten deutsch-sprachigen Kabaretts.

5. Die 'Elf Scharfrichter', ein Kabarett nach französischem Vorbild

Nachdem sich die Gründungsmitglieder der 'Elf Scharfrichter' nach geeigneten Räumlichkeiten umgesehen hatten, hatte man im rückwärtigen Teil eines Hauses in der Türkenstraße 28 neben einem Pferdestall und der Werkstatt eines Sargtischlers einen leerstehenden studentischen Fecht- und Paukboden entdeckt. Dieser gehörte zum Gasthaus 'Zum Goldenen Hirschen', in dem vor allem Schwabinger Arbeiter, Droschkenkutscher, Dienstleute und Soldaten aus der gegenüberliegenden Kaserne verkehrten. Die Gelder für das geplante Unternehmen beschaffte man sich kurzerhand durch Sammlungen und den Verkauf von Anteilscheinen, wobei selbst der aus wohlhabendem Hause stammende Otto Falckenberg es sich nicht nehmen ließ, mit der Sammelliste beim Münchner Geldadel hausieren zu gehen. Das Startkapital in Höhe von einigen tausend Mark war bereits nach kurzer Zeit vorhanden.[74] Der junge Architekt Max Langheinrich entwarf die Inneneinrichtung des Saales und stattete den Raum mit einer Guckkastenbühne aus. „Das Theater hatte bereits ein versenkbares Orchester, was damals eine Novität war, und eine ausgetüftelte Beleuchtungsanlage, die sich für Spezialeffekte und Schattenspiele besonders eignete. So konnte man auch ohne großartige Kulissen originelle und überraschende szenische Effekte erzielen. Technisch stand dieses Theater damit auf der Höhe der Zeit."[75] Das Einzige, was fehlte, war eine Drehbühne, die bei manchmal bis zu vierzig Mitwirkenden auf und hinter der Bühne von Vorteil gewesen wäre. Zusätzlich befanden sich im Obergeschoss bescheidene Räumlichkeiten für die Verwaltung und direkt hinter der Bühne ein kleines Maleratelier für Kulissen und Requisiten.

In der Mitte des kleinen Saals, der mit modernen Graphiken sowie Wilhelm Hüsgens Groteskmasken der 'Elf Scharfrichter' ausgestattet war, stand beherrschend ein 'Schandpfahl', an dem die jeweiligen Zensurbescheide oder andere aktuelle Ärgernisse angenagelt waren. Über dem Pranger befand sich das Wahrzeichen, ein beilzersplitterter Philisterschädel mit Zopf und Richterperücke, Symbole des fortschrittshemmenden Geistes der Zeit. Eine zusätzlich grausliche Note kam durch die Folterwerkzeuge und Richtschwerter auf, die von den 'Elf Scharfrichtern' in das dramatische Geschehen mit einbezogen wurden.

Den besten Eindruck über die Atmosphäre dieser Kleinkunstbühne vermittelt uns ein Bericht von Otto Falckenberg: „Ein kleiner Vorraum wird, nachdem man hier die Garderobe abgegeben hat, durchschritten, und man tritt in den Saal. Wer ein großes prachtvolles Theater mit hohen Pfeilern und vergoldeten Stuckornamenten erwartet hat, sieht sich enttäuscht. Mehr als hundert Personen haben hier nicht Platz. Die glatten Wände sind bis zu halber Höhe mit Holz getäfelt. Darüber befinden sich die Porträtmasken der 'Elf Scharfrichter' sowie auserlesene Gemälde, Lithographien, Radierungen und Zeichnungen moderner Meister. Zu beiden Seiten des Eingangs treffen wir auf zwei behagliche Logen. Der Raum hat eine einfache, bequeme Bestuhlung und passende Tische. Dem Eingang gegenüber befindet sich die Bühne, das ist das Scharfrichtertheater."[76]

Das Gasthaus 'Zum Goldenen Hirschen', das Vereinslokal der 'Elf Scharfrichter'

Da man wusste, dass die Zensur bei einer öffentlichen Aufführung sofort gegen die Mitglieder des Kabaretts einschreiten würde, tarnte man sich als 'Klub', der einmal in der Woche vor geladenen Gästen spielte, und verfasste eine Vereinssatzung mit folgenden Statuten:

„Der Verein Die Elf Scharfrichter hat seinen Sitz in München und bezweckt, ähnlich wie das Kunstgewerbe die bildenden Künste dem praktischen Leben dienstbar gemacht hat, alle Kunstgattungen zugleich in den Dienst der leichten Muse zu stellen. Es gilt, für diese Art theatralischer Unterhaltung einen eigenen, der Gegenwart organisch entwachsenen Stil zu schaffen, ähnlich dem der Pariser Cabarets und dennoch unabhängig im deutschen Boden wurzelnd. Diese Aufgabe gedenkt der Verein durch Gründung einer diesen Zwecken angepassten intimen Bühne zu lösen, auf welcher u.a. das künstlerische Schattenspiel, die literarische Parodie, die moderne Pantomime, das psychologische Couplet, die Revue, die plastische Karikatur, der Farbentanz und der Volksgesang gepflegt werden soll. Mit Rücksicht auf den intimen Charakter der Aufführungen hat sowohl die Bühne als auch der Zuschauerraum bescheidene Ausmaße. Zu den Aufführungen haben nur geladene oder eingeführte Gäste zutritt. Der Zweck des Vereins ist nicht auf einen wirtschaftlichen Vorteil für den Verein selbst oder seine Mitglieder ausgerichtet. Bei Festsetzung der Eintrittsgelder ist deshalb davon auszugehen, dass durch sie primär eine Deckung der Auslagen erreicht werden soll. Darüber hinaus soll ein Vermögensstock erwirtschaftet werden, der die finanzielle Sicherstellung des Vereins gewährleistet. Die Verteilung eines möglichen Gewinnes an die Mitglieder ist nur insoweit zulässig, als dieselbe eine angemessene Entlohnung für die dem Verein gewidmeten Dienste und Bemühungen darstellt. Der Verein soll in das Vereinsregister eingetragen werden."[77]

Ende März 1901 ist es dann so weit, dass die 'Elf Scharfrichter' an prominente Münchner Persönlichkeiten wie Sponsoren, Freunde und Rezensenten der Presse die nachfolgende Einladung für die Eröffnungsveranstaltung verschicken:

„Euer Hochwohlgeboren
beehren wir uns hierdurch zum Besuche unserer Veranstaltungen für diese Saison ergebenst einzuladen.

Es werden wöchentlich drei Vorstellungen (Exekutionen) stattfinden. Anfang 8 Uhr abends.

Die erste Exekution wird am Dienstag, 9. April, vor sich gehen. Der Eintritt ist bei Entrichtung einer Garderobengebühr von 2 Mk. 99 Pfg. frei.

Vormerkungen und Vermittlung von Einladungen in der Hofbuch- und Kunsthandlung von Karl Schüler (Ackermanns Nachfolger), Maximilianstraße 2, in der Musikalienhandlung von Jos. Seiling, Dienerstraße 16, und von 11 Uhr morgens ab im Theaterraum (Türkenstraße 28).

Studierende der wissenschaftlichen und künstlerischen Hochschulen erhalten gegen Vorweis ihrer Legitimation an den Spielabenden von ½8 Uhr abends ab an der Garderobenkasse Kategoriekarten zu 99 Pfg.

Andere einem künstlerischen Berufe angehörige Herren und Damen, die auf Kategoriekarten reflektieren, wollen sich persönlich an unser Sekretariat (im Theatergebäude, Eingang Hof rechts) wenden.

Wir erlauben uns, gleichzeitig mitzuteilen, dass unser Lokal täglich von 11 Uhr morgens ab unseren Gästen und allen von diesen eingeführten Personen als Café-Restaurant offen steht. An den Spielabenden sind jedoch sämtliche Plätze von 7 Uhr ab für die Besucher der Exekutionen reserviert.

Der Verein stellt den Gästen eine reiche Auswahl von Blättern, besonders alle bedeutenden literarischen und künstlerischen Zeitschriften des In- und Auslandes zur Verfügung.

Weitere Auskünfte durch die Presse oder im Sekretariat (täglich zwischen 2 und 4 Uhr nachmittags).

N.B. Bei Eröffnung und bei jedem Programmwechsel finden Gala-Exekutionen zu erhöhten Preisen statt.

Hochachtungsvoll
Die 11 Scharfrichter (E.V.)"[78]

Am Freitag, dem 13. April 1901 – der Termin musste mehrmals verschoben werden – beginnen die 'Elf Scharfrichter' ihre erste Spielzeit mit einer 'Ehrenexekution'. „Stolze 9 Mark 99 kostet die Premierenkarte, und auch der Preis für eine normale Vorstellung war mit 2 Mark 99 nicht gerade billig. Dabei war der Eintritt frei, die Gebühr wurde als Garderobenpreis berechnet. Doch der inzwischen nicht mehr besonders originelle Trick wird bald von der Münchner Polizei durchschaut. Schon ab Oktober 1901 werden die 'Elf Scharfrichter' aufgefordert, die Exekutionen als öffentliche Veranstaltungen zu behandeln und eine Theater-Konzession zu beantragen. Damit unterliegen ihre Aufführungen automatisch der polizeilichen Zensur."[79] Dass Zuwiderhandlungen gegebenenfalls streng geahndet werden, gewährleisten als Zuschauer getarnte Polizeispitzel, die von Anfang an über das Wohlergehen der 'Elf Scharfrichter' wachen. Ihre Beobachtungen zur Einhaltung der feuerpolizeilichen Vorschriften, zur Frage der Öffentlichkeit und vor allem zum Geschehen auf der Bühne teilen sie der königlichen Polizeidirektion mit.

Ihrem blutigen Gewerbe entsprechend hatten sich die 'Elf Scharfrichter' provozierende Decknamen zugelegt. Hinter diesen Pseudonymen verbargen sich:

Balthasar Starr:	Marc Henry,	Journalist und Chansonnier
Dionysius Tod:	Leo Greiner,	Kritiker und Lyriker
Peter Luft:	Otto Falckenberg,	Schriftsteller und Regisseur
Hannes Ruch:	Richard Weinhöppel,	Komponist
Max Knax:	Max Langheinrich,	Architekt
Frigidius Strang:	Robert Kothe,	Rechtsanwalt und Lautensänger
Kaspar Beil:	Ernst Neumann,	Maler und Graphiker
Till Blut:	Wilhelm Hüsgens,	Bildhauer
Serapion Grab:	Willi Örtel,	Maler
* Gottfried Still:	Viktor Frisch,	Maler und Graphiker
* Willibaldus Rost:	Willy Rath,	Schriftsteller[80]

Schon die kurze erste Saison brachte personelle Veränderungen: Der Maler und Graphiker Viktor Frisch alias *Gottfried Still und der Schriftsteller Willy Rath alias *Willibaldus Rost scheiden aus. Der Verlust von Frisch bleibt weitgehend unbemerkt, da er bei der Vereinsgründung zum Schriftführer bestellt worden war und künstlerisch nicht im Vordergrund stand. Das Ausscheiden von Willy Rath jedoch führte zu einer öffentlich ausgetragenen Kontroverse. Weil sein Ehrgeiz, die Leitung der 'Elf Scharfrichter' zu übernehmen, unbefriedigt geblieben war, hatte er, unterstützt durch den Bildhauer und Henkersknecht Waldemar Hecker, eine eigene Brettlgründung vorbereitet und sich erfolglos bemüht, die wichtigsten Kräfte der 'Elf Scharfrichter' abzuwerben. Sein 'Lyrisches Theater' wird im September 1901, in einem Saal des Hotels Trefler an der Sonnenstraße, tatsächlich eröffnet.

Otto Falckenberg erinnert sich: „Am Abend seiner Eröffnungsvorstellung zogen wir uns bei der Türkenstraße alle die roten Röcke an – was wir damals nur zu besonderen Anlässen taten – und es wurde in feierlicher Zeremonie mittels einer

Leiter die Hüsgensche Maske Willibaldus Rosts von der Wand heruntergeholt, mit einem Trauerflor umhüllt und so wieder an ihrem Platz aufgehängt."[81] An Stelle der Ausgeschiedenen zählen jetzt Frank Wedekind und Hanns von Gumppenberg zur Kernmannschaft der 'Elf Scharfrichter' und treten im April bei ihnen auf. Das 'Lyrische Theater' jedoch muss bereits im Januar 1902 wieder schließen.

Titelblatt der Eröffnungsvorstellung der 'Elf Scharfrichter'
aus dem Archiv der Polizeidirektion München

Frank Wedekind verzichtet als einziger auf einen Künstlernamen. Falckenberg erinnert sich: „Gefragt, welchen Namen er annehmen möchte, antwortete er: Wozu ein Pseudonym? Wenn man dabei ist, ist man es, nicht um sich zu verstecken, sondern um bekannt zu werden. Er allein ist mit Person und Name 'Scharfrichter' gewesen. Und der Name Frank Wedekind – der Name des Mannes, der wegen Majestätsbeleidigung verurteilt worden war und das skandalöse Theaterstück *Erdgeist* geschrieben hatte – versprach mindestens so viel Nervenkitzel wie die Namen Dionysius Tod, Kaspar Beil oder Till Blut. Stand doch bereits damals Wedekind im Ruf eines 'Bürgerschrecks', da er seine Lieder so gekonnt und auf Effekt berechnet vortrug, dass er diesen Ruf nie verlor. Wie Wedekind in einem Brief an Carl Meinhard schrieb, kam er „am 15.04.1901 von einer Italienreise zurück."[82] Aus diesem Grund ist er bei der ersten Aufführung persönlich nicht anwesend. An seiner Stelle trägt deshalb Maria Delvard das Lied *Ilse* vor, das sofort zum Publikumserfolg wird. Als radikaler dramatischer Neuerer und Poet ist Wedekind für seine Freunde eine Mischung aus Anarchist und Heiligem. Seine eiskalte Durchleuchtung der menschlichen Triebe, seine freizügige Beschwörung der Sexualität, seine Entlarvung der herrschenden bürgerlichen Moral, all das musste die Spießer aus ihrer selbstgefälligen Ruhe aufschrecken. Da er kein Liebling der Zensur war, konnte kaum eine seiner Arbeiten ohne Skandal über die Bühne gehen. Damit gewannen die 'Elf Scharfrichter' mit Wedekind einen der bedeutendsten Brettlsänger seiner Zeit.

Hanns von Gumppenberg, der erfolgreiche 'Hauspoet' Jodok, gibt auf dem Brettl allerdings nur ein kurzes Gastspiel. Er hält seine Mitgliedschaft bei den 'Elf Scharfrichtern' mit dem Amt des Theaterkritikers bei den 'Münchner Neuesten Nachrichten' für unvereinbar. Willy Rath hatte dieses Amt nach der Gründung des 'Lyrischen Theaters' 1903 niedergelegt und ihm angetragen. So kommt es, dass der Verein der 'Elf Scharfrichter' bereits am Ende der ersten Saison nur noch zehn Mitglieder zählt.

Wedekind hebt sich nicht nur mit seinen Texten, sondern auch mit seinem Äußeren bewusst von seiner Umgebung ab. Der seltsame Mann mit seiner 'aufreizenden Erscheinung' und der 'penetranten Eleganz' ist in München stadtbekannt. Denn Wedekind ist mit seinem glatt nach vorne gekämmten Haar eine bizarre und snobistische Erscheinung. Meist trägt er einen Zylinder und zum eleganten schwarzen Anzug glänzende Lackschuhe und einen Zwicker an der Schnur. Als ihn Max Halbe zum ersten Mal in München trifft, ist Wedekind mit einem grauen Gehrock, einer auffallenden gelbkarierten Pepitahose und dazu passenden gelben Glaceehandschuhen bekleidet.

Nicht selten verbringt der 'riesige Nachtvogel' und 'ungekrönte König von Schwabing' den halben Tag in einer der zahlreichen Gaststätten der Stadt. So ist er häufig in der für seinen Tiroler Rotwein bekannten 'Strasser'schen Weinstube' am Viktualienmarkt anzutreffen, wo er schon mal ein Ständchen zum Besten gibt, oder er spaziert bei schönem Wetter zum Biergarten des 'Hofbräukellers' am Wiener Platz. Für lange Jahre hält er einen stadtbekannten Stammtisch in der 'Torggelstube' und ist regelmäßig Gast im 'Café Stefanie', im 'Café Luitpold' und in der 'Dichtelei', wo er auch Erich Mühsam kennen lernt. Im 'Café Luitpold' gelingt es ihm sogar, für seinen Tisch eine Ausnahme von der Sperrzeitregelung zu erreichen.[83]

Neben dem reinen Männerbund von Scharfrichtern gab es auf der Münchner Kleinkunstbühne von Anfang an drei Frauen, die zur Kernbesatzung gehörten: Yelle Wagner, Olly Bernhardi und Marya Delvard, die bald zum Brettlstar des kleinen Theaters avancierte. Scharfrichter konnten allerdings nur Männer werden. Da sich indes bald mehr talentierte Mitarbeiter einfanden, die magische Zahl elf jedoch nicht überschritten werden durfte, führte man den Stand der 'Henkersknechte' ein. Zu ihnen zählte auch der neunzehnjährige Geometerstudent Heinrich

Lautensack, Mädchen für alles, Dramaturg, Stückeschreiber, und genial-grotesker Lyriker. Henkersknechte waren auch Paul Schlesinger, der später unter dem Pseudonym 'Sling' ein namhafter Ullstein-Journalist wurde. Auch der Münchner Jungverleger Reinhard Piper gehörte zur Truppe und führte die von Waldemar Hecker modellierten Puppen.[84] Zu nennen ist noch Ludwig Scharf, der später auch in der Künstlerkneipe 'Simplicissimus' zu hören ist und bereits hier seine revolutionären Gedichte vorträgt.

Mit Sorgfalt vorbereitet und durch effektvolle Plakate von Künstlerhand angekündigt verlief die Eröffnungsexekution bei ausverkauftem Haus sehr erfolgreich, wenngleich die Mitwirkenden sich ans öffentliche Auftreten erst noch gewöhnen mussten und daher an jenem Abend bei allem Wagemut noch eine gewisse Unsicherheit zeigten, die nicht so recht zu ihrem Henkerstitel passen wollte, erinnert sich Hanns von Gumppenberg.[85]

„Bei der Einweihung des Kabaretts erschien Marc Henry als Conférencier und Ansager elegant im Frack und mit Gel im schwarzen Haar auf der Bühne. In einer amüsanten Mischung aus Französisch und Deutsch führte er schlagfertig und charmant durch das Programm. Auf der obersten Stufe jener kleinen Seitentreppe, die vom Saal zur Tür neben der Bühne empor führt, sagte er die einzelnen Nummern in einem Deutsch an, von dem man nie wusste, ob es aus mangelhafter Sprachkenntnis oder aus wohl berechnetem Raffinement so liebenswürdig gesprochen war.“[86]

Die Bühne der 'Elf Scharfrichter' auf einer Postkarte von 1901

56

Und alsbald erschienen die elf verschworenen Gesellen, das große Henkersbeil geschultert, in ihren scharlachroten Kapuzengewändern. Zu den Klängen des schaurig schönen Scharfrichtermarsches für Orchester und Chor von Hannes Ruch, zu dem Dyonisius Tod den Text geschrieben hatte und der von den 'Elf Scharfrichtern' gesungen und getanzt wurde, umkreisten sie in ihrer Henkerstracht einen schwarzen Block und stimmten das Leitmotiv an.

Chor
Erbauet ragt der schwarze Block,
Wir richten scharf und herzlich,
Blutrotes Herz, blutroter Rock,
All unsere Lust ist schmerzlich.
Wer mit dem Tag verfeindet ist,
Wird blutig exequieret,
Wer mit dem Tod befreundet ist,
Mit Sang und Kranz gezieret.
Solo
Wie Rausch verrinnt der bunte Sand
Der Zeit, die uns mit Nacht umwand,
Doch unsre Fackeln stehn im Land,
Hoch ihrem Flug zu lodern.
Wir leuchten dem, was rasch verfällt,
Was kaum ein Tag im Licht erhält.
Mag uns der tolle Gott der Welt
Vor seinen Richtstuhl fordern.
Chor
Ein Schattentanz, ein Puppenspott!
Ihr Glücklichen und Glatten,
Im Himmel lenkt der alte Gott
Die Puppen und die Schatten.
Er lenkt zu Leid, er lenkt zu Glück,
Hoch dampfen die Gebete,
Doch just im schönsten Augenblick
Zerschneiden wir die Drähte.
Wer mit dem Tag verfeindet ist,
Wird blutig exequieret,
Wer mit dem Tod befreundet ist,
Mit Sang und Kranz gezieret.[87]

Der Einzug der 'Elf Scharfrichter' in einer Aufnahme der SZ von 1902

„Alsdann begann die 'Exekution", erzählt Falckenberg, „teils zur Austilgung der an der Schandsäule angenagelten und von uns verdammten Ärgernisse, teils der Zelebrierung reiner und höchster Kunst gewidmet. Wir führten das politische Puppenspiel *Die feine Familie* auf, das von Willy Rath alias Willibaldus Rost in launigen Knittelversen geschrieben war und den Untertitel 'ein europäisches Drama in drei Sensationen und einem Prolog' trug. Der Bildhauer Waldemar Hecker, der zusammen mit Wassily Kandinsky an der Münchner Kunstschule 'Phalanx' unterrichtete und zu einem der ersten Stummfilmregisseure in Berlin avancierte, entwarf und formte die rund ein Meter großen Figuren, deren Gesichter Karikaturen von bekannten Politikern darstellten. Die fast lebensgroßen Puppen stiegen aus dem offenen Bühnenboden auf – blitzscharf karikierte Köpfe der politischen Welt. Sie zeigten uns in dem politischen Spiel eine Vorahnung der Weltkriegskatastrophe. Dabei verwies der Text vor allem auf die Burenkriege in Afrika und den Boxeraufstand in China."[88] Diese beißende Satire gegen die hypertrophen Großmachtträume Wilhelm II. mit der kühnen Behauptung, Deutschlands Zukunft läge in der Marine, bot den Scharfrichtern und ihren Henkersknechten genügend Anlass zu Spott und Hohn. Kein Wunder, dass es der Münchner Polizei bereits nach der ersten Aufführung gelang, dass *'Die feine Familie'* vom Programm gestrichen wurde.

Hanns von Gumppenberg, alias Jodok, hatte für die Eröffnungsvorstellung das Mystodrama *Der Veterinärarzt* mit dem Untertitel 'Ein deutscher Zwischenaufzug' beigesteuert. Dabei verulkte er die total unverständliche, aber wichtigtuende Geheimniskrämerei, die bei den Anhängern Ibsens und Maeterlincks zum Thema geworden war. Statt der Personen agierten 'fragende Seelen' mit Namen: Benedikt

58

Rummel, Blumenhändler, Pastor Zwielicht, die Kuchenliese, der schwarze Sepp, der Herr in Grau und Kurt, ein Künstler. Wie ein satirischer Hinweis auf dem Programmzettel verriet, musste im letzten Augenblick eine völlige Umbesetzung vorgenommen werden, da die ursprünglich zur Aufführung gewonnenen Künstler nach einer Reihe von Proben der irrenärztlichen Beobachtung übergeben werden mussten. „Der Inhalt des mystisch-symbolischen Zwischenaufzugs erklärt sich eigentlich selbst. Es ist die Abstraktion des Blödsinns in gefälliger Form. Der Scharfrichter Jodok schwingt dabei sein scharfes Beil und spricht: Kopf ab der Verlogenheit! Kopf ab dem Wortgeklingel! Kopf ab der Pose! Mystizismus und Symbolismus müssen mit Feuer und Schwert gerichtet werden! Lasst uns für die Wahrheit in der Literatur kämpfen!"[89]

Im Anschluss sang Friederike Gutmann-Umlauft das von Weinhöppel vertonte Grotesklied *Lucrezia*. Ein weiteres Lied, das sie mit Gitarren- und Violinbegleitung vortrug, hatte den Titel *Die Dirne* und stammte aus der Feder von Paul Henckell. Hier waren die Vorbilder zum französischen Kabarett und zu Guilberts Chanson *La Pierreuse* nicht zu übersehen. Anschließend folgte ein Text von Detlev von Liliencron in der Vertonung von Hannes Ruch mit der Bezeichnung *Die Musik kommt*. Dabei exekutierte Scharfrichter Ruch selbst mit Gesang und Gitarre. Die Musik, die er dazu komponiert hatte, bewegte sich in leichten Rhythmen; sie tänzelte von Vers zu Vers mit derselben Grazie, die dem Dichter vermutlich zur Seite stand, als er die Zeilen niederschrieb. Es schloss sich *Des Pfarrers Tochter von Taubenheim* aus *Des Knaben Wunderhorn* an. Otto Julius Bierbaum hatte den Titel *Rosen* und Jodok *Babette* beigesteuert. Starken Beifall erntete Hannes Ruch mit seinem Lautenlied *Bruder Liederlich*, das nach dem Text von Detlev von Liliencron vertont war. Dieses Stück war kaum zu Ende, als bereits die Beleuchtung etwas Außergewöhnliches ankündigte. Bis zu diesem Zeitpunkt war das Auditorium zwar aufmerksam gefolgt, aber es herrschte noch keine außergewöhnliche Begeisterung. Als jedoch der 'Bühnenvamp' Marya Delvard erschien, breitete sich eine ungeheure Spannung aus. Sie war dünn, lang, rothaarig, zerbrechlich, weiß geschminkt mit blutrotem Mund und hatte die Leidensmine der großen Tragödin. Dabei trug sie ein schlichtes, enganliegendes, schwarzes Kleid, das oben den Hals umschloss und unten schleppte; und sie fing an, leise und eindringlich die Worte von Wedekinds *Ilse* vorzutragen:[90]

Ilse

Ich war ein Kind von fünfzehn Jahren,
Ein reines unschuldsvolles Kind,
Als ich zum erstenmal erfahren,
Wie süß der Liebe Freuden sind.

Er nahm mich um den Leib und lachte
Und flüsterte: O welch ein Glück!
Und dabei bog er sachte, sachte
Den Kopf mir auf das Pfühl zurück.

Seit jenem Tag lieb' ich sie alle,
Des Lebens schönster Lenz ist mein;
Und wenn ich Keinem mehr gefalle,
Dann will ich gern begraben sein.[91]

Ein elektrischer Schock durchraste das Publikum. Der Erfolg der 'Elf Scharfrichter' war vorprogrammiert. Selbst Marya Delvards Lebensgefährte Marc Henry war bei der Eröffnung nicht auf das Improvisationstalent der jungen Diseuse gefasst. Otto Falckenberg erinnert sich, dass das Premierenkleid der Delvard in der Aufregung vor der Premiere von Kopf bis Fuß zerriss. Da der Schaden beim besten Willen nicht kurzfristig zu beheben war, musste die schlanke Sängerin in ihrem Alltagskleid auftreten, das der Mode gemäß ziemlich eng anlag. Marc Henry steckte es raffiniert noch etwas körpernäher und ließ die Sängerin während ihres Auftritts in violettes Licht tauchen, so dass der Bühneneffekt perfekt war. Diese Aufmachung betonte noch ihre Blässe und erzielte eine Schockwirkung ähnlich der, die das erste Auftreten einer Frau in Hosen auslöste. Hans Carossa berichtet als Augenzeuge: „Auf einmal schwebte das kleine Theater in magischem Lilalicht und wie aus ihrem Sarge aufgestiegen stand Marya Delvard vor dem fahlen Vorhang. Es wurde still, wie in der Kirche, kein Teller klapperte, sie war entsetzlich bleich und man dachte unwillkürlich an Sünde, vampirisch zehrende Grausamkeit und Tod."[92] Wie sie selbst berichtet, eroberte sie mit diesem Lied im Handumdrehen ganz München: „Der Saal tobte, die Leute stiegen auf die Bühne, um mir zu gratulieren, und Hannes Ruch schrie zu den Scharfrichtern: Schafsköpfe! Ich hab's euch doch gleich gesagt – sie ist noch besser als die Guilbert!"[93] Damit hatte Marya Delvard schlagartig ihr unverwechselbares Image gefunden.

Bierbaums *Lied in der Nacht* mit seiner zarten lyrischen Stimmung verlangte von Delvard eine ganz andere Art der Wiedergabe als Wedekinds Spottlied. Auch hier übertraf sie sich mit ihrer künstlerischen Gestaltungskraft, wenn sie die ganze Skala der Empfindungen, von der Verzweiflung bis zur überschäumenden Freude, in zwei kurze Verse gedrängt, zu einer dramatischen Steigerung brachte. Ähnlich verhielt es sich mit ihrem anschließenden Vortrag aus 'Des Knaben Wunderhorn' *Die Judentochter*, der ebenfalls von Hannes Ruch vertont war.

Nicht nur Hannes Ruch, auch viele andere Quellen verglichen Marya Delvard mit Ivette Guilbert: Ihr Äußeres, ihre Bewegungen, aber auch ihre Technik des 'gegen die Musik Singens' waren bewusst diametral gegen den Inhalt gerichtet.

Durch die Inszenierung mit violettem Licht und ihrem bleichen Gesicht wurde das leichte und lebensfrohe Mädchen zu einem zugrundegehenden Vamp.

Max Halbe schreibt: „Musste nicht jedem Kenner von selbst der Name der Guilbert über die Lippen kommen, wenn er ihre Erscheinung in ihrem tiefvioletten röhrenartigen Kleid bei den Scharfrichtern auftreten sah und sie sentimental-schaurig-groteske Balladen halb singen, halb deklamieren hörte? Aber man hätte ihr doch Unrecht getan, sie nur eine Nachbeterin der Guilbert zu nennen. Sie war zwar aus dieser Schule hervorgegangen, aber sie war doch eine ganz auf sich selbst gestellte Persönlichkeit, ein tragisch-kapriziöses Talent mit einer eigenen Empfindungssprache, die von keiner ihrer Nachfolgerinnen auf dem Brettl und Überbrettl erreicht worden war."[94]

Wie auch Hans Carossa festhält, wird Marya Delvard meist als vampirhafte, dämonische, aber zugleich zerbrechliche Bühnenfigur beschrieben. Darin liegt eben ihr besonderer Reiz und zugleich der Widerspruch zwischen der 'Femme fatale' und der 'Femme fragile', den Ariane Thomalla als erste in ihrer Typologie beschreibt. Sie ist nicht Täterin, sondern Opfer. Sie ist kränkelnd, schwach, kindlich-zart und trägt aristokratische Züge. Sie zerbricht an der Welt und geht an ihr zu Grunde. Dabei ist sie immer von einem leichten Hauch des Todes umgeben.[95] Die gleiche Verschmelzung findet sich auch im Text von *Ilse*. Das tändelnd Träumerische, 'ich war ein Kind von sechzehn Jahren' und der Blick auf den Tod aus einer vordergründigen Haltung heraus – 'wenn ich keinem mehr gefalle, dann will ich gern begraben sein' – weisen jugendstilhafte, zerbrechliche Züge einer 'Femme fatale' auf. Dies wird besonders deutlich, wenn sie singt: 'Seit jenem Tag lieb ich sie alle'. Genau dieser Gegensatz spiegelt sich in der eintönig fahlen Vortragsweise, die von Delvard nach den Aussagen von Carossa zeitweise mit einem 'wilden Aufschrei' unterbrochen wurde. Damit wird die Erotik nicht offen und plump ausgespielt, vielmehr bleibt sie dezent unter der Maske verborgen. In der Verschiebung, weg von der gefährlichen 'Femme fatale' hin zur 'Femme fragile' des Jugendstils, finden wir eine Weiterentwicklung vom Interpretationsstil der Guilbert, der noch fatalistisch und blutrünstig geprägt war. Damit ändert sich zugleich das Weiblichkeitsbild in der Literatur. Man unterscheidet nicht mehr zwischen entfesselter und zerbrechlicher Frau, also zwischen Hure und Heiliger, sondern findet genau an den Frauen gefallen, die beide Seiten in sich tragen.

Bezeichnend für das von Marya Delvard bewusst aufgebaute Image des 'verruchten Vamp' ist auch die Tatsache, dass sie während der gesamten Münchner Scharfrichterzeit vorgibt, mit ihrem Freund Marc Henry in wilder Ehe zu leben. Dass beide in Wirklichkeit ganz normal mit Trauschein verheiratet waren, blieb der Öffentlichkeit bis zuletzt verborgen. Die bürgerliche Wohlanständigkeit hätte möglicherweise ihrem Image geschadet. Durch Ernst Sterns schemenhafte Zeichnung wurde Delvard zum Emblem der 'Elf Scharfrichter'. Darüber hinaus hat Th. Th. Heine ihre unvergessliche Erscheinung auf zahlreichen Plakaten und Programmen verewigt.

Marya Delvard nach einer Zeichnung von Th. Th. Heine

Anlässlich der Eröffnung des Münchner Kabaretts spricht die Presse von einem großen Erfolg dieser Kleinkunstbühne. „Mit einem kräftigen Henkersmarsch stellten sie sich vor. In roten Gewändern, bei roter Beleuchtung. Alles Blut und bengalische Flamme. Da schwangen sie lustig die Schwerter, dass es in den Kulissen krachte und rauschte. Aus ihrer Lustigkeit klang so etwas heraus wie echte Begeisterung. Das freute; denn da alles echt empfunden war, gewannen sie leicht Freunde unter denen, die gekommen waren, um der ersten Ehrenexekution beizuwohnen."[96]

„Bereits im Aprilprogramm stand Wedekind auf der Bühne und sang seine Balladen und Lieder zur Gitarre. Als autodidaktischer Komponist liebte er den einfachen Satz mit unmittelbaren Übergängen musikalisch-origineller Art. Durchlaufende Vertonungen waren nicht seine Sache. Er verwendete die alte strophische Liedform, höchstens fasste er einmal zwei Strophen leicht variierend zusammen und verband sie durch einen Kehrreim. Seine Begleitung erschöpfte keineswegs die Möglichkeiten des Instruments, sie hielt sich fern von Virtuosität und Tonfülle. Wedekind wusste, wie sehr es darauf ankam, nirgends mit dem Saitenklang den Sington zu verdecken und vom Text abzulenken. Seine Stimme war spröde, doch fein pointiert und rhythmisierend, sein Vortrag von höchster Prägnanz, von Eindringlichkeit und mitreißender Beschwingtheit. Seine Mimik war verhalten, aber überlegen. Ganz im Banne von Melodie und Dichtung stand er da, mit geschlossenen oder über sein Publikum hinweg suchenden, unheimlich flackernden Augen. So trug er am meisten dazu bei, diese oft diabolische Stimmung hervorzubringen, die über dem einfachen Brettl lag."[97]

Das Einmalige an Wedekinds Vortrag bestand wohl darin, dass er einer der wenigen war, der für seine Lieder nicht nur den Text und die Notation geschrieben hatte, sondern beides überzeugend vortragen konnte. Dadurch ist er in seine Rolle als Bänkelsänger hineingewachsen und fühlte sich wie kein Zweiter auf dem Brettl zuhause. Hier war der Ort, an dem er endlich seine Zirkusbegeisterung ausleben konnte. Dabei nutzte er die ganze Palette kecker, greller und bisweilen giftiger Farben. Immer dynamisch, schlagkräftig, pointiert und profiliert setzten seine Strophen ihre jähen Akzente, hämmerten sich ins Gehör und Gedächtnis ein und hatten zeitgemäße Popularität gewonnen. Wie die Presse berichtet, begann Wedekind seine Vorträge meist mit den Worten: „Ich singe zunächst die Lieder, die von der Polizei erlaubt sind, und später diejenigen, die von der Polizei verboten sind."[98] Seine Einnahmen, die er penibel notierte, betrugen anfangs pro Auftritt etwa zehn Mark, an guten Tagen dreißig. Damit verdiente er zwar kein Vermögen, aber doch so viel, dass er seinen Geschwistern zumindest nicht mehr auf der Tasche liegen musste.

Mit der Eröffnung der 'Elf Scharfrichter' hatte in München und Berlin über Nacht die große Zeit des literarischen Kabaretts begonnen. Viele jungen Dichter, Dramatiker, Maler und Musiker, die sich gegen den erstarrten Naturalismus und Symbolismus auflehnten, sahen im Kabarett ihre Chance, eine alternative und publikumsnahe Kunst zu praktizieren.

In der Blütezeit des Naturalismus bleibt Wedekind anfänglich der Erfolg seiner Bühnenstücke versagt. Deshalb wundert es umso mehr, dass er zu seinem lyrischen Werk ein ausgesprochen ambivalentes Verhältnis hat. Zu Beginn der Scharfrichterzeit ist er vom Kabarett noch hellauf begeistert, bietet es ihm doch erstmals Gelegenheit, seine Stücke einem breiten Publikum zu Gehör zu bringen. Am 1. Mai 1901 schreibt er an Beate Heine: „Heute singe ich im hiesigen Überbrettl meine Gedichte und Kompositionen und schlage die Gitarre dazu. O quae mutatio rerum!"[99] Auch ein Brief an seine Mutter vom 11. Januar 1902 stellt die positiven Seiten seiner Arbeit heraus: „Mit meinem Auftreten bei den Scharfrichtern verdiene ich mehr, als mir bis jetzt jemals die edle Muse eingetragen hat."[100] Deshalb ist es verwunderlich, dass er an den befreundeten Schriftsteller, Dramaturgen und Spielleiter Carl Heine fast zeitgleich schreibt, dass er mit dem Kabarett alleine nicht glücklich werden könne: „Das Balladensingen hängt mir schon jetzt gewaltig zum Halse heraus. Ich werde Gott danken, wenn die ganze Brettlbewegung abgewirtschaftet hat, und tue meinerseits auch jetzt schon mein Möglichstes, um diesen Prozess zu beschleunigen."[101] Bei oberflächlicher Betrachtungsweise könnte man vermuten, dass Wedekind das Kabarett nur als Mittel zum Zweck für seinen Broterwerb benutze oder aber als Druckmittel, um als Autor auf den großen Bühnen anerkannt und aufgeführt zu werden. Beide Aussagen sind jedoch falsch, da wir wissen, dass sich Wedekind bereits während seiner Lenzburger und Aarauer Schulzeit begeistert als Liedermacher betätigte und von seinen Kameraden nicht umsonst 'Bänkelsänger' gerufen wurde. Auch noch auf einem der letzten Fotos, das ihn im Kreise seiner Familie zeigt, findet sich bezeichnenderweise im Mittelpunkt des Bildes eine Laute.

Walter Rösler bemerkt deshalb sehr richtig, dass man Wedekinds abschätzige Haltung gegenüber dem Kabarett nicht ernst nehmen darf: „Obwohl es zahlreiche Äußerungen von ihm gibt, in denen er sein Auftreten als Brettl-Sänger durchaus als 'Nebenberuf' betrachtet wissen möchte, besorgt, man könnte über den Brettlsang die Hauptsache, nämlich seine dramatischen Interessen vergessen, hat der Dichter seine Verse nicht nur aus zeitweiliger Notwendigkeit zum Broterwerb mit Musik versehen und vorgetragen. Die Wurzeln liegen viel tiefer. Sie sind in dem inneren Bedürfnis nach Selbstdarstellung und direktem Kontakt mit dem Publikum zu suchen, jenem Bedürfnis, das Wedekind auch zum Auftritt als Schauspieler in den eigenen Stücken veranlasst hat."[102] Dies ist auch der Grund, warum er selbst nach seinen großen Erfolgen als Dramatiker, Regisseur und Schauspieler immer wieder als Bänkelsänger zur Laute greift. Auch nachdem sich die 'Elf Scharfrichter' bereits aufgelöst hatten, geht er alleine oder mit seiner Frau Tilly auf Tournee durch den gesamten deutschsprachigen Raum, um seine Balladen weiterhin vorzutragen.

In diesem Zusammenhang schreibt Wedekind am 28. Juli 1906 an Beate Heine, dass er wieder ein Engagement in einem Tingeltangel angenommen hat und vor großem Publikum in Breslau die Laute schlagen wird. Vernichtend fährt er fort: „Mit der Literatur bin ich fertig. Die halsstarrige Abneigung des großen Publikums gegen mich würde ich auch in den kommenden zehn Jahren durch die heißesten Kämpfe kaum besiegen, und was hätte ich dann vom ganzen Leben gehabt! Ich wiederhole mir täglich mit dem großen Gefühl der Erleichterung, dass mir von jetzt an die Literatur den Rücken hinunterrutschen kann. [...] Jetzt glaube ich ja den Ausweg gefunden zu haben, das Gitter öffnet sich, ich steige zum Licht empor; Freiheit, dein Name ist Tingel-Tangel."[103]

Da ihm als Schriftsteller durch Zensurverbot und die naturalistische Aufführungspraxis der Schauspielhäuser viele Jahre der Durchbruch versagt blieb, fand er erstmals Anerkennung, nachdem er seine Stücke selbst auf die Bühne brachte. An Herbert White, den Präsidenten der Philosophischen Gesellschaft Dublin, schreibt er am 24. November 1912: „Da die deutschen Schauspieler meine Dramen nicht spielen wollen, bin ich genötigt, sie selber darzustellen. Das ist mein Beruf, von dem ich seit fünfzehn Jahren lebe."[104] Die gleiche ernüchternde Tendenz entnehmen wir auch zwei Jahre später einem Schreiben an Joachim Friedenthal vom 4. Mai 1914: „Spiele ich meine Stücke selber, dann bin ich wenigstens ein geachteter Schriftsteller. Spiele ich meine Stücke nicht, dann bin ich auch heute noch als Schriftsteller ein jämmerlicher Dilettant."[105]

Eine Beschreibung Heinrich Manns über den Vortragstil Wedekinds bei den 'Elf Scharfrichtern' lässt vor unseren Augen ein plastisches Bild seiner Persönlichkeit entstehen: „Damals war sein Auftreten nie gesehen, von nahezu schauriger Niegesehenheit. Die bebänderte Laute in schwerfälligen Händen, trat vor die schöne Welt jenes ästhetisierenden Zeitabschnittes eine mit allen Wassern gewaschene Erscheinung, von Gott weiß wo herbei gefahren in dieses bäuerliche Lokal. Seine Schritte, 'Ich komme, ihr entgeht mir nicht'. Untersetzt, ein scharfgeschnittener Kopf mit Cäsarenprofil, die Stirn unheilverheißend gesenkt und von geschorenen Haaren ausgezackt. Augen aber, die anzüglich aufzuckten, unbekannt warum. Auch zuckte Gereiztheit mit, und gleich danach verstummten sie schwermutsvoll. Klimpern, wie gereizt, dann der Vortrag. Nasal, scharf, schallend, in vielsagenden Pausen aber ab und an krümmte sich der Sänger unter den eigenen Hintergedanken. Er ertrug nur schwer sich selbst und fast nicht mehr sein Publikum. Plötzlich forderte seine Mimik es schamlos heraus. Zu frech beweglich der Mund für einen, dessen Augen solche Tiefen verraten. Wer fasste den Sinn seiner Lieder, seiner Augen? Man lächelte."[106]

Auch der Eindruck, den Franz Blei in einer Rezension festhält, stimmt in den wesentlichen Punkten mit dem der anderen Zeitzeugen überein: „Er war kein guter, nicht einmal ein interessanter Schauspieler. Aber wenn er mit Intensität sein soziales Schönheitsprogramm vortrug, nahm man seine schauspielerische Unzulänglichkeit hin, weil kein anderer inbrünstiger diese Glaubenssätze sprechen konnte als ihr Erfinder und Verkünder. Nur aus seinem Munde kommend, behielten diese Bänkellieder ihren Zynismus und ihre volkshafte Anmut. Er war kein Tänzer, also auch kein Schauspieler. Und war schüchtern bis zur Feigheit."[107] „Dass seine Bänkellieder dennoch aus der großen Flut der parodistischen Unterhaltungsdichtung herausragten, lag nicht alleine an seinen Texten, sondern vor allem an dem Stil und der Kunst seines Vortrags."[108]

Frank Wedekind 1902

Korfitz Holm, mit dem Wedekind mehrere Jahre in der Redaktion des 'Simplicissimus' zusammengearbeitet hatte, rundet das Bild des großen Mimen mit einer, wenn auch sehr vordergründigen, Beschreibung ab. Dennoch bestätigt auch er, dass von Wedekind eine unglaubliche Dämonie und Glorie der Lasterhaftigkeit ausging: „Seine sehr ansehnliche Nase war zwischen den Augen eingesattelt und lief weiter unten erst zu einer kühn gewölbten Krümmung aus, so dass sie etwa einem Geierschnabel glich. Die hellblauen Augen hatten von Natur wohl einen sanft verträumten Blick. Er gab sich aber Mühe, einen damit herausfordernd und stechend anzusehen. Der an sich fein geschnittene Mund schien durch das künstliche Gebiss entstellt, das er mit seinen zweiunddreißig Jahren damals schon trug und das ihm keineswegs durch einen Meister seines Faches angemessen war. Da es sich immerfort vom Gaumen loslöste, zog Wedekind, um es wieder an den rechten Platz zu bringen, seinen Mund minütlich in die Breite und die Oberlippe stramm, baute jedoch, dass man den Zweck dieser Grimasse nicht merkte, sie geschickt zu einem lächerlichen Grinsen aus. Auch seine Zungenspitze wurde häufig bei der Bändigung seines Gebisses bemüht; dies zu maskieren, leckte er sich dann frivol die Lippen wie ein blutdürstiger Tiger der Erotik und schuf sich aus dieser Not zwar keine Tugend, aber eine Dämonie und eine Glorie der Lasterhaftigkeit."[109]

Der junge Bertolt Brecht, der sich selbst als Schüler und Verehrer Wedekinds bezeichnete, stand ebenfalls ganz im Banne dieser Persönlichkeit. Vom frühen Tod des Schriftstellers, Bänkelsängers und Schauspielers erschüttert, schrieb er am 12. März 1918 in den 'Augsburger Neuesten Nachrichten' seinen berühmt gewordenen Nachruf: „Seine Vitalität war das Schönste an ihm. Ob er einen Saal, in dem hunderte von Studenten lärmten, ob er ein Zimmer, eine Bühne betrat, in seiner eigentümlichen Haltung, den scharfgeschnittenen, ehernen Schädel etwas geduckt vorstreckend, ein wenig schwerfällig und beklemmend: es wurde still. Obwohl er nicht sonderlich gut spielte – er vergaß sogar das von ihm selbst vorgeschriebene Hinken immer wieder und hatte den Text nicht im Kopf -, stellte er als Marquis von Keith manche Berufsschauspieler in den Schatten. Er füllte alle Winkel mit sich aus. Er stand da, hässlich, brutal, gefährlich, mit kurzgeschorenen roten Haaren, die Hände in den Hosentaschen, und man fühlte: Den bringt kein Teufel weg. Er trat in rotem Frack als Zirkusdirektor vor den Vorhang, Hetzpeitsche und Revolver in den Fäusten, und niemand vergaß je wieder diese metallene, harte, trockene Stimme, dieses eherne Faunsgesicht mit den 'schwermütigen Eulenaugen' in den starren Zügen. Er sang vor einer Woche noch in der Bonbonniere zur Gitarre seine Lieder mit spröder Stimme, etwas monoton und sehr ungeschult: Nie hat mich ein Sänger so begeistert und erschüttert. Es war die enorme Lebendigkeit dieses Menschen, die Energie, die ihn befähigte, von Gelächter und Hohn überschüttet, sein ehernes Hoheslied auf die Menschlichkeit zu schaffen, die ihm auch diesen persönlichen Zauber verlieh. Er schien nicht sterblich. [...] Er gehörte mit Tolstoi und Strindberg zu den großen Erziehern des neuen Europa. Sein größtes Werk war seine Persönlichkeit."[110]

Bei einem so genialen Dramatiker, großartigen Mimen und Bänkelsänger war zu erwarten, dass das Münchner Kabarett schon bald nach seiner Eröffnung zur Hochform auflaufen musste. Deshalb konnte auch keine andere Kleinkunstbühne mit den 'Elf Scharfrichtern' konkurrieren, wenn es um das künstlerische Niveau, die Darbietung der Akteure und die Vielseitigkeit des Programms ging. Ein besonderer Clou waren die Schattenspiele, die man bisher in München noch nicht kannte. Kaspar Beil schnitt hierzu, wie die Kabarettgründer des 'Chat noir' in Paris, die Silhouetten aus Blech. Dabei entstanden für das Stück von Jodok *Truppeneinzug in*

Berlin kunstvoll gestaltete Figuren und Landschaften, die mittels entsprechender Lichttechnik zu traumhaften Kulissen wurden. Die Presse war begeistert. Leider ist nur noch ein Theaterzettel verfügbar, der keinen Hinweis auf das Bühnenbild erlaubt. Einen Eindruck über die künstlerische und gestalterische Ausdruckskraft vermittelt jedoch eine Szene aus einem anderen Schattenspiel.

Szene aus einem Schattenspiel

Bedauerlicherweise wurde das Marionettenspiel trotz positiver Resonanz vom Publikum bereits nach den ersten Versuchen wieder aufgegeben. Sogar der Coupletgesang auf politische Aktualitäten, verbunden mit phantasievollen Schattenspielen, hielt sich nur kurze Zeit, da die Zensur, der ja sämtliche Texte vorgelegt werden mussten, diese Art von Scharfrichterei bald mit besonderer Strenge ahndete und den Künstlern damit die Produktionslust nahm.[111]

Auch das 'automatische Zeichnen', das bei den späteren Dadaisten eine bedeutende gestalterische Rolle übernahm, war bereits hier zu einem wichtigen Teil des vielfältigen Programms geworden. Dabei ist bemerkenswert, dass sich sogar ein Kabarettbesucher namens Wassily Kandinsky von dieser Darbietung beeindruckt zeigte. Franz von Stucks Assistent, Ernst Stern, dem zahlreiche Karikaturen über die Stammgäste des 'Kaffee Stephanie' zu verdanken sind, schreibt in seinen Erinnerungen: „Man gab mir ein Stück Kohle und ein riesiges Blatt Papier von zwei Metern Länge und anderthalb Metern Breite, und während die Musik mich berieselte, skizzierte ich alles, wozu mich meine Sinne in diesem Stimmungsrausch inspirierten. Nicht nur das, sondern meine Linien bewegten sich im Takt der Musik: Zu einem Walzer tanzten sie anmutig; zu einer Polka hüpften sie; zu einem Marsch kamen sie forsch daher, und so fort. Sobald eine Skizze fertig war, wurde das Blatt weggerissen, und darunter kam ein weiteres für den nächsten Versuch zum Vorschein."[112]

Trotz aller Modernität des Aufführungsstils gehörten zum Programm der 'Elf Scharfrichter' neben Satiren, Parodien, Bänkelliedern, Sketchen, Tanzgrotesken, Puppen- und Schattenspielen auch Einakter und Ein-Satz-Theaterstücke zeitgenössischer Autoren. Die meisten dieser Stücke waren von den Vortragenden selbst geschrieben, komponiert und inszeniert. Hinzu kamen Übersetzungen und Nachdichtungen aus dem französischen Cabaret. Darüber hinaus benutzte man ganz bewusst Elemente aus dem Volkstheater, der 'Wiener Volksstücktradition' und dem 'Münchner Volkssängertum' der Jahrhundertwende.[113]

Bereits nach sechs Wochen, am 15. Mai 1901, wartete man mit dem zweiten Programm auf. Im Mittelpunkt stand jetzt das Schatten-Epos *Die Sphynx*, zu dem Georges Fragerolles die Musik komponiert hatte. Für die Bühnendekoration hatte Vignola phantastische Hintergründe und Schatten geschnitten. Zu einer Tanzgroteske von Peter Luft mit dem Titel *Der Verliebte* hatte Serapion Grab das Bühnenbild entworfen. Die tänzerische Darstellung lag in den Händen von Hansi Rolf. Aus dem Zyklus der Überdramen brachte man das Etepetetedrama *Die Verlobung* von Hanns von Gumppenberg alias Jodok auf die Bühne, in dem acht zaghafte Menschen agierten. Der melodramatische Spuk mit dem Titel *Der böse Traum* war zunächst verboten. Der Text stammte vom Scharfrichter Peter Luft, Paul Schlesinger hatte das musikalische Arrangement geschrieben. In diesem kuriosen Spuk ohne Worte agierten zwei leibhaftige Menschen gegen neun Traumerscheinungen. Besonders wirksam erwies sich auch das Monodrama in einem Satz *Der Nachbar* mit sieben schweigenden und einem redenden Menschen. Dieser Ulk hätte dem Bildhauer Hüsgen, der darin das Dienstmädchen spielte, beinahe das Leben gekostet. Auf einer Gastspielreise der Scharfrichter nach Darmstadt versagte im entscheidenden Augenblick die Vorrichtung, die die Erhängungsaktion vortäuschen sollte. Der Schauspieler hing bereits einige Sekunden leblos in der Schlinge. Wäre seine Notlage nicht in letzter Sekunde bemerkt worden, hätte er sein schauspielerisches Engagement mit dem Tode bezahlen müssen. Erwähnenswert ist noch ein Logodrama in drei Syllogismen und zwei Erfahrungstatsachen mit dem Titel *Das Spitzhütlin*, das in dem Studierzimmer des Amsterdamer Philosophen van Zwyvels um die Mitte des 17. Jahrhunderts spielt. Kräftigen Beifall gab es auch für einen Dialog von Otto Falckenberg nach einem unveröffentlichten Manuskript des Kardinals Bibbiena mit dem Titel *Das Geständnis*. Absoluter Höhepunkt waren natürlich wieder die von Marya Delvard vorgetragenen Lieder. Hierzu gehörten *Die Bekehrte* nach einem Text von Johann Wolfgang von Goethe und *Des alten Weibleins Lied vom Schwager Tod* in der Fassung von Otto Julius Bierbaum, wozu Hannes Ruch die Musik geschrieben hatte:

Des alten Weibleins Lied vom Schwager Tod

Es fährt ein Postillion durchs Land,-
Oh, der ist höflich und galant!
Nimmt alle Leute bei der Hand,
Hilft ihnen in den Wagen.
Will keinen Lohn,
Fährt schnell davon;
Wohin – will er nicht sagen.

Die Peitsche knallt,
Herr Schwager, halt!
Seht her, hier steht noch Eine;
Heut' fahr ich mit,
Ob Trab, ob Schritt,
Denn müd' sind meine Beine.

Dank, Schwager! So! Und nun fahr zu,
Blast euer Liedel tututu!
Es geht zum Schlafen, geht zur Ruh,
Es geht ins endlich – Gute;
Lebt wohl! Ade!
Mir ist nicht weh,
Nur wundermüd zu Mute.[114]

„Im November 1901 gelangte vom Scharfrichter Hannes Ruch das Schlaf-Duett *Der Tannenzapf* auf die Bretter der Bühne. Zur gleichen Zeit lief es in Wolzogens Buntem Theater in Berlin unter dem Titel *Der Triumph des Naturalismus*. Die abenteuerlichen Mitwirkenden waren neben einem Baron ein Tenor, ein Sopran, ein Souffleur, ein Diener, zwei Bierfilze, ein Pantoffel und eine lange Latte.“[115]

Die Resonanz beim Publikum und die Berichterstattung in der Presse sind zu Beginn des neuen Programms ausschließlich positiv. Dies belegt auch die folgende Rezension: „Das aktuelle Programm der 'Elf Scharfrichter' erhält diesmal sein charakteristisches Gepräge durch Frank Wedekind, der gleich mit zwei größeren Beiträgen vertreten ist. Er glänzt mit seinem Prolog aus seiner Tragödie *Die Büchse der Pandora* und dem Dialog seiner Erzählung *Rabbi Esra*. In dem Prolog, der – mutatis mutandis – die Exekution der Scharfrichter einleitet, wie das Vorspiel auf dem Theater die Fausttragödie, predigt Wedekind als Tierbändiger verkleidet den blasierten Theaterbesuchern ein 'Kehrt zur Menagerie zurück!' Der didaktische Dialog des *Rabbi Esra* ist eine echt Wedekind'sche Mischung aus Weisheit und Bosheit, von Poesie und Sarkasmus. Der Dichter bietet übrigens in der kleinen Szene auch als Schauspieler ein Kabinettstück. Ein gelungener dramatischer Scherz ist *Die Melodie*; gewissermaßen eine 'Tragödie des Überbrettls'. Peter Luft weiß die Verzweiflung des von einer Melodie zur Raserei gebrachten sehr wirkungsvoll umzusetzen. Die Einzelvorträge bieten auch diesmal viel Vorzügliches und Einmaliges. Das *Lied des Meißner Porzellanfigürchens,* das von Fräulein Bernhardi vorgetragen wird, gehört zum Besten, was das künstlerische Brettl bisher hervorgebracht hat. [...] Frigidius Strang, der uns schon oft als Sänger erfreute, zeigt sich diesmal auch als Lyriker. Er singt zwei Pierrotlieder, die von ihm selbst gedichtet und von Hannes Ruch feinsinnig vertont sind. Scharfrichter Starr gibt uns wieder einige höchst charakteristische Proben von französischer Lyrik und vom Pariser Tingeltangel. Das von ihm vorgetragene süß-melodische bretonische Dudelsacklied verdiente auch bei uns bekannt zu werden. Für die richtige Schluss-Heiterkeit sorgt Argus Troll mit seinen scharf pointierten humoristischen Vorträgen. Das Programm der 'Elf Scharfrichter' zeigt auch diesmal wieder die Lebensfähigkeit und Berechtigung dieses originellen Unternehmens. Selbst wenn man sich einige Nummern wegdächte, blieben die mannigfaltigen Darbietungen immer noch in ihrer Qualität und Quantität hervorragend. Wedekinds Leistungen sind alleine schon wert, dass man die Scharfrichter besucht."[116]

In Anlehnung an das Cabaret auf dem Montmartre wurde im Februar 1902 Aristide Bruants *Rosa la Rouge* von Jodok ins derb Bayerische übersetzt und vorgetragen:

Dö fuchsate Rosl

Dö Rosl bin i, da Sepp is mei' Schatz,
Hob' a Gfries wiar a Hund, rothe Hoor wiar a Kotz'l
Bal' s' mi' seg'n, sog'n s': do kimmt s',
diesöll Fuchsata. schau,
Vo' der Au!

Mecht's Monsbilda sei', und seid's allawei guat?
Ös Leetschfeig'n, ös habt's ja koa Schneid und koa Bluat!
Da mei', der haut ois bluatig und blau
In der Au!

Woasst, der hot Finess'n! wia's der a so mocht,
Do giebt's koane Würschtl'n, bal' er kimmt bei der Nocht!
Der stiecht enk an Mensch'n akrat wiar a Sau
   In der Au!

Bal' i miet an fein' Herrn in an Winkel drin bi',
Is er aa scho glei' do, und der andere hi'!
In der Fruah schaugt' si' 's Bluat on da Schandarm, da Wauwau
   In der Au.[117]

In der gleichen Spielzeit wird zum Schluss der Vorstellung regelmäßig noch der populäre Ohrwurm *Schwalanscher* – nach der Bezeichnung 'Chevauxleger' für die leichten Reiter – von Ludwig Thoma mit der Musik von Hannes Ruch angestimmt. Bei diesem Hit schwappt die Stimmung jedes Mal über.

Das ganze Lokal steigt auf die Stühle und singt begeistert mit:

Der Bayerische Chevauxleger

Wir sind so froh und heiter
Wir kennen's kein Beschwer
Wir sind die leichten Reiter,
Die boarischen Schwalanscher.

Wir ziehen in der Frühe
Das Rösslein aus dem Stall
Und reiten ohne Mühe
Wohl über Berg und Tal.

Wenn die Trompeten blasen,
Traut sich kein Feind nicht her,
Denn es stehen auf dem Rasen
Die boarischen Schwalanscher.[…]

Ja, das Soldatenleben,
Das freut uns alle sehr:
Drum vivat hoch soll leben
Der boarische Schwalanscher.[118]

Auch zahlreiche alte toskanische Volkslieder und natürlich viele französische Chansons, die von Marc Henry überzeugend vorgetragen wurden, begeisterten das Publikum. Eines der eher stillen, aber dafür schönsten und eigenwilligsten Kabarett-Lieder stammt aus der Feder des in Passau geborenen Dichters und 'Henkersknechts' Heinrich Lautensack und hat den Titel *Der Tod singt*. Nach der Melodie von Hannes Ruch trägt der ins Dunkel gehüllte und im Kreise herum wandelnde

Nachtwächter Emanuel Franz die musikalisch-dramatische Szene vor, die auch heute noch die Poesie der damaligen Aufführungen erahnen lässt:

Der Tod singt
Löscht aus –
Zuviel des Lichts und Weins –
Und träumt von Sinn und Ziel des Seins!
Und einer träumt sich kalt und bleich
und ist am Morgen im Himmelreich...
Löscht aus.

Löscht aus –
Und faltet die armen Händ'
und betet – just wie ihr beten könnt!
Und morgen steigt ein Licht herab
und morgen legen wir ihn ins Grab...
Löscht aus.

Löscht aus –
Gerade Mitternacht –
da wird ihm ein Kind zur Welt gebracht –
Wie er so recht im Sterben ist.
Und das Kind hat die Augen Herrn Jesus Christ...
Löscht aus.

Löscht aus –
Und ich muß wachen und gehen –
muß sterben und gebären sehn!
Löscht aus – zu viel des Lichts und Weins –
und träumt von Sinn und Ziel des Seins ...
Löscht aus! [119]

Lautensack, Lyriker, Erzähler und einer der ersten Drehbuchautoren und Filmemacher in Berlin, bezeichnet sich selbst als Schüler Wedekinds. Bei dessen Beisetzung am 12. März 1918 auf dem Waldfriedhof in München bricht seine schwere Krankheit erstmals aus, als er filmend in das offene Grab seines Lehrers springt und ruft: 'Meister, ich folge dir!' Bereits ein Jahr später hat ihn seine tödliche Geisteskrankheit mit 38 Jahren, hinweggerafft.

Im März 1902 wird auch die Uraufführung von Wedekinds Pantomime *Die Kaiserin von Neufundland* in großer Inszenierung auf die Bühne gebracht. In drei Bildern klagt die Kaiserin Filissa XXII. ihrer Oberhofmeisterin ihre seelischen Leiden, welche Heilmittel ihr Leibarzt Prof. Dr. Didi Zeudus dagegen verordnet und welche absonderliche Wahl die Kaiserin zur Begründung ihres Lebensglückes trifft. Erst 1923, lange nach dem Tod des Autors, gelingt es dem Regisseur Otto Falckenberg nochmals, die komplette Fassung der Tanz-Pantomime in den Münchner Kammerspielen zu inszenieren.

Im Gegensatz zu den meisten Scharfrichtern gab Wedekind auf den Programmzetteln weder die Themen seiner Vorträge bekannt noch veröffentlichte er die Inhalte seiner Texte. Dies war sein letzter Versuch, die Zensur zu umgehen, der jedoch nur selten gelang. Die Programmauswahl und die Vortragsfolge wurde dann kurz vor Beginn der Veranstaltung in Absprache mit dem Conférencier des Abends, Marc Henry, mit Otto Falckenberg oder Leo Greiner getroffen. Polizeilich verbotene oder beim Publikum durchgefallene Nummern wurden ersetzt und Erfolgsstücke früherer Programme wieder aufgenommen. Deshalb ist zu den Darbietungen des Scharfrichters Wedekind immer nur ein Beiblatt zu finden, in dem pauschal angekündigt wird, dass er eine Erzählung oder eine Ballade zur Gitarre vortragen wird, wie das Beispiel zeigt.

Programmeinlage zu den Balladen des 'Scharfrichters' Wedekind

Wie aus den bereits erwähnten Stücken hervorgeht, war auch das Programm der zweiten Spielzeit sehr erfolgreich. Auch die Puppenbühne war wieder vertreten und überzeugte mit der Vorstellung *Prinzessin Pim und Laridah ihr Sänger* mit dem Untertitel 'Große Kartoffel-, Rettig-, Rüben- und Apfeltragödie'. Der Klamauk war von Peter Luft inszeniert und mit lebensgroßen Obst- und Gemüsepuppen von Paul Larsen auf die Bühne gebracht. Als 'Persönchen' traten auf: Der König von Puhan, Prinzessin Pim, seine Tochter, Fass-an, sein Diener, Schmuhu, ein reicher, aber hässlicher Prinz sowie Laridah, ein fahrender Sänger.[120] Nach dieser Lachnummer folgte das Lied *Der Erzbischof von Salzburg*. Der Text von Otto Julius Bierbaum, zu dem Hannes Ruch die passende Musik komponiert hatte, wurde bald zu einem Ohrwurm.

Der Erzbischof von Salzburg

Der Erzbischof von Salzburg,
ein gar ein stolzer Mann,
der liebt die schönen Jungfräulein
und sieht sie freundlich an.
Er streichelt sie am Kinne,
tut ihnen gar nicht weh –
es herrscht Frau Venusinne
im Schlosse Mirabel, juhe!
es herrscht Frau Venusinne
im Schlosse Mirabel.

Der Erzbischof von Salzburg,
ein gar ein strenger Mann,
der bindet die schnöden Ketzer
an glühende Ofen an.
Er lässt sie weidlich schwitzen,
derweil erkühlt am See
er sich von Liebeshitzen
im Schlosse Mirabel.

Der Erzbischof von Salzburg –
O wehe, was geschah –
traktieret nicht mehr Minne,
traktieret Dogmatica.
Man setzte ihn gefangen
zu seinem großen Weh –
wie gern wär er gegangen
zum Schlosse Mirabel.

O Erzbischof von Salzburg,
dir ist ganz recht geschehn,
es soll ein großer Kleriker
nicht zu den Mädchen gehen.
Die blühen für den Laien.
sogar für Ketzer, weh –
ich selbst erfuhrs im Maien
im Schlosse Mirabel![121]

In den nächsten Vorstellungen trug Marya Delvard den althebräischen Gesang aus dem Hohen Liede Salomonis mit dem Titel *Sulamith* vor, der von Emil Mantels bearbeitet und von Leonhardt Bulmans vertont worden war. Gleichzeitig sorgte wieder ein Dialog des Scharfrichters Frank Wedekind mit dem Titel *Hanns und Hanne* für Aufsehen. Er wurde jedoch von der Zensur verboten.

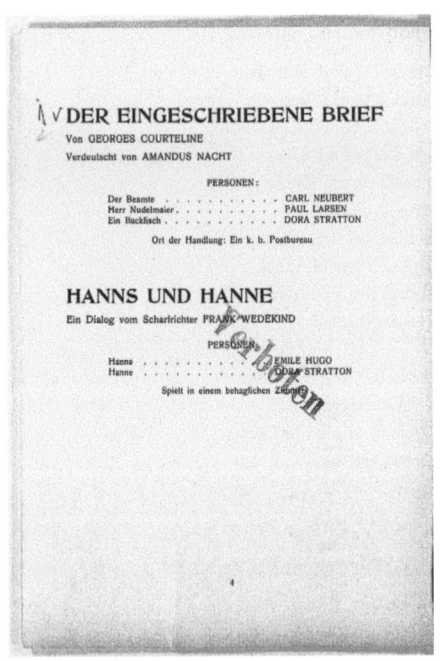

Programmzettel der von der Zensur verbotenen
Aufführung 'Hanns und Hanne'

Die Eigenproduktion der Münchner Künstlergruppe wechselte mit Dramatolets anderer deutscher Moderner, mit Übertragungen und Bearbeitungen geeigneter französischer Stücke und mit literarischen Ausgrabungen ab. So gab man, um nur einiges zu nennen, Goethes *Satyros,* H.L. Wagners *Evchen Humbrecht* und Hans Sachsens *Der Bauer im Fegefeuer.* Weitere Erfolgsstücke waren die Schauerscene *Verstörtes Fest* von Louis Marsolle und *Die goldene Hochzeit* von Georges Courteline in der Bearbeitung von Leo Greiner. Auch das Armeleutestück *Unter sich* von Hermann Bahr und ein grotesker Einakter mit dem Titel *Die schwarze Flasche* von Eduard Keyserling waren bei den Zuschauern gerne gesehen. Zur Aufführung gelangten auch kleinere Bühnenstücke von Otto Falckenberg. Hierzu zählten der Dialog *Das Geständnis* und die Zwischenaktskomödie *Die Premiere.* Sigmund Schlesinger griff die Wagnerfrage auf und steuerte ein Musikdrama mit dem Titel *Die Meisterdichter von Berlin* bei. Daneben gab es noch eine ganze Reihe von Überdramen, die sich in tollen Zerrbildern über die Stilexperimente der aktuellen Literatur lustig machten.

Von den anderen populären Überdramen waren auch das dem Räuber Kneisel gewidmete Juristodrama *Die glückliche Kur* und das Leitmotivdrama *Das Glück im schiefen Winkel* mit seiner Kollektivverulkung von Richard Wagner und Henrik Ibsen erfolgreich. Das überlakonische Fünfminutendrama *Bella* führt in ebenso vielen Akten wie Minuten den moralischen Verfall einer Tochter aus guter Familie vor, die nach entsprechenden Abenteuern in Paris und London schließlich Jack dem Aufschlitzer in die Hände fällt. Hanns von Gumppenberg berichtet in seinen Erinnerungen: „An die vormittägige Hauptprobe der Aufführung dieses Stückchens, in dem Leo Greiner mit grimmigem Schlachtermesser bewaffnet den Jack gab, blieb mir bis heute eine drollige Erinnerung. Wedekind, der sich sonst nur um seine eigenen Nummern zu kümmern pflegte und mein neues Stück nicht kannte, war zufällig anwesend und sah sich, neben mir sitzend, das Spiel an. Er zeigte dabei von Akt zu Akt mehr stumme Betroffenheit. Als ich ihn nach der Ursache fragte, erklärte er mir, dass es ja sein Stück, *Die Büchse der Pandora* sei, das ich böswillig parodiert und falsch dargestellt hätte. Ganz davon abgesehen zählte *Bella* zu den schwächeren Stücken meiner Groteskmuse."[122]

Neben allerlei gefälligen, eigenwilligen und provozierenden Darbietungen bot die Kleinkunstbühne der 'Elf Scharfrichter' sogar die Möglichkeit zur Uraufführung von Wedekinds *Erdgeist*, von dem der Prolog und der erste Akt mit Jella Wagner als 'Lulu' und Otto Falckenberg sowie Frank Wedekind in den weiteren Hauptrollen in der zweiten Saison 1901/1902 gespielt wurde.

Die erfolgreich begonnene Spielzeit lobt auch der Literaturkritiker Eduard Engels in höchsten Tönen: „Die Elf Scharfrichter haben wieder ein neues Repertoire einstudiert, das sie gestern ihren Ehrengästen vorspielten. Mit ungewöhnlichem Enthusiasmus wurde sodann Marya Delvard gefeiert, von der mein Nachbar zu erzählen wusste, dass sie wieder einmal einen Antrag von einem auswärtigen Brettl erhalten habe und wohl eben deshalb die Anhänglichkeit der Münchner in Freiheit vorgeführt bekomme. Das Chanson *D'une morte* von Maeterlinck, zu der Bullmanns eine schöne Musik geschrieben hat, stand ihrem schwarzen Kleid und ihren welken Gebärden ganz vorzüglich zu Gesicht. Auch das textlich nicht ganz einwandfreie Wiegenlied von Lautensack ist nicht umsonst Marya Delvard zu eigen. Ganz entzückend sang Frigidius Strang im Aufputz des Wanderburschen, mit dem Felleisen auf dem Rücken, drei Lieder von Eichendorff. Sehr pariserisch, man könnte sagen: pariserischer als die Pariser mimte und sang Monsieur Henry ein halbes Dutzend französischer Lieder. Und dann Wedekind! Mir ist, als ob ich ihm die Hände aufs Haupt legen sollte, betend, dass der Teufel ihn erhalte, als einen so verruchten Kerl, wie er eh schon ist! Von seiner Hamburger Ballade, mehr noch seiner Heilsarmee, am meisten von der Tragödie der beiden Dicken, kann man kaum ausführlich genug berichten. Eine prachtvolle Wedekind'sche Sache war auch die Pantomime *Die Kaiserin von Neufundland*. Durch die athletische Mitarbeit von Heinrich Kunold, als stärkstem Mann der Welt, hat die Groteske zu einem lauten übermütigen Erfolg geführt. Es war halb Eins, als die Vorstellung noch nicht zu Ende war. In Anbetracht dieser Tatsache darf ich wohl den Leser bitten, sich das Urteil über das neue Programm selbst zu bilden."[123]

Die gleiche Begeisterung vermittelt auch ein Artikel aus den 'Münchner Neuesten Nachrichten': „Den Elf Scharfrichtern kann das Kompliment nicht verweigert werden, dass sie zwar das kleinste, aber dafür auch das originellste und rührigste Theaterunternehmen Münchens sind. Die Scharfrichter haben keine Abonnenten und bei ihren Henkersmahlzeiten können sie uns nicht immer dieselbe Speisenfolge vorsetzen. Sie bringen immer nur Eigenbau auf den Tisch, dichten, komponieren, illustrieren und inszenieren ihre Sachen selbst. Welch eine fieberhafte Tätigkeit das erfordern mag, errät man, wenn man sich die Fülle und Mannigfaltigkeit des gegenwärtigen Programms vor Augen führt. Bei der Ehrenexekution am Dienstag folgte Schlag auf Schlag. Frank Wedekinds Pantomime *Die Kaiserin von Neufundland* erforderte alleine ein 18-köpfiges Personal. Sie ist wohl das Kunterbunteste, was Wedekind je geschaffen hat. Wedekind könnte sich für dieses Produkt seines verruchten Humors gar keine bessere Darstellung wünschen."[124]

Wie die einzelnen Programmpunkte belegen, gestaltete sich der dramatische Spielplan auch in der Folgezeit sehr vielseitig. In den Jahren 1901 und 1902 entstanden kurz hintereinander sieben neue Programmfolgen. Bis zur Auflösung des Kabaretts 1903 waren es nochmals drei, so dass insgesamt fünfzehn Programmhefte über die Veranstaltungen der 'Elf Scharfrichter' Rechenschaft ablegen.[125]

Programmzettel des 14. Programms vom Oktober 1903

In der letzten Saison 1903/1904 werden noch zwei Erzählungen Wedekinds, *Der Liebestrank* und *Die Fürstin Russalka,* inszeniert. Daneben kommen zahlreiche seiner früh entstandenen Gedichte und Balladen zu Gehör. Hierzu zählen *Die Keuschheit* und *Ein Nachtabenteuer.* Ersteres wurde auch unter dem Titel *Schimmernd fülle sich der Teller* bekannt.[126]

Eine von Jodok geschriebene Parodie in drei Aufzügen verulkte im Oktober 1903 die Münchner Aufführung des bekannten Sensationsstücks von Maeterlinck *Monna Nirwana* und führte zu lautem Lacherfolg. Höhepunkte des Programms waren immer wieder die erwähnten Ein-Minuten-Theaterstücke unter dem Sammelbegriff 'Überdramen'. Auch Heinrich Lautensacks Zwischenspiel *Glühhitze*, das mit den Verlobten Grete und Hans auf dem Heuboden eines norddeutschen Herrengutes spielte, trug zur Erheiterung bei.[127]

Besonders reich und bunt gedieh das lyrische Programm. Staunenswert war da namentlich die Produktivität, die Weinhöppel als Hauskomponist entfaltete. Sein liebenswürdiges Talent schuf charakteristische und einschmeichelnde Melodien zu allen möglichen älteren und neueren, in- und ausländischen Liederdichtungen. So vertonte er Texte von Goethe, Eichendorff und Heine. Auch Dehmel, Bierbaum, Henckell, Hugo Salus, Börries von Münchhausen, Greiner und Jacobowski, Béranger, Verlaine und Minchiewicz dienten ihm als Vorlage. Als Spezialität pflegten die 'Scharfrichter' das in szenischem Rahmen und Kostüm gesungene, also zugleich schauspielerisch dargestellte Lied. Auch für diese Gattung besorgte Weinhöppel stets eine gelungene Vertonung.

Marc Henry brachte als gewandter Sänger die ganze Schar der Pariser Kabarettpoeten zur Geltung: Léon Xanrof, Théodore Botrel, Georges Fragerolle, Edmond Blanguernon, Henri Bernard und noch andere. Auch eigene Chansons, die sprachlich elegant und wirksam pointiert waren, gehörten zu seinem Programm.

Auch das britische Idiom fehlte nicht, nachdem selbst Dora Stratton ihre *English Songs* auf die Bühne brachte. Wie diese Vielseitigkeit erkennen lässt, war es ein Anliegen der Münchner Kleinkunstbühne, sich ein internationales Gepräge zu geben. Alleine die Rezitationskünstler bevorzugten das sentimental Pathetische, namentlich Hofmannsthal, der sich damals besonderer Wertschätzung erfreute.

Höhepunkt jeder Vorstellung waren natürlich die frechen Chansons Wedekinds mit der Prostitutionsthematik. Die berühmtesten dieser Lieder wurden bereits 1901 in der Sammlung 'Deutsche Chansons' bei Otto Julius Bierbaum einer breiteren Öffentlichkeit mit Text und Notation präsentiert.[128] Um seinem umfangreichen lyrischen Schaffen bei den 'Elf Scharfrichtern' gerecht zu werden, wurde seinen dort vorgetragenen Bänkelliedern im Rahmen dieser Arbeit ein eigenes Kapitel gewidmet.

Dass Wedekind der richtigen Interpretation seiner Balladen besondere Bedeutung beimaß, belegt ein Brief an seinen Freund Karl Roeßler vom 12. Januar 1901. Hier versucht er mit allen Mitteln zu verhindern, dass Karl Roeßler das Gedicht 'Der Tantenmörder' in Berlin zur Aufführung bringt. Er schreibt: „Ich muß Dich sehr eindringlich bitten, das Gedicht *Der Tantenmörder* auf keinen Fall auf dem Ueberbrettl vorzulesen. Du weißt, dass ich damit beschäftigt bin, für meine Gedichte entsprechende Vortragsweisen zu schaffen. Wenn mir ein Fremder die Gelegenheit, damit an die Öffentlichkeit zu gelangen, vor der Nase wegschnappt, dann kann ich mich nicht dagegen wehren. Vor seinen Freunden sollte man aber vor solchen Streichen sicher sein. Dazu kommt folgendes, dass der 'Tantenmörder' ausgesucht das Bedenklichste und Gefährlichste meiner Sachen ist. Ich würde mich damit eventuell hervorwagen, wenn ich das Publikum durch vorhergegangene Produktionen vollkommen in meiner Gewalt hätte und sicher wäre, ihm etwas Starkes zumuten zu können. Wenn Du mich aber mit dem Gedicht beim Publikum einführst, so kann mir das auch beim besten Erfolg nur schaden. [...] Ich habe Deinen Brief Halbe und Keyserling gezeigt, die Dein Vorhaben für ebenso taktlos und rücksichtslos halten wie ich. Solltest Du meine Bitte nicht berücksichtigen, dann gebe ich Dir mein Wort, dass ich Dich in der Presse desavouieren werde."[129] Dieser Brief hatte durchschlagenden Erfolg, so dass Roeßler von der geplanten Aufführung Abstand nahm.

Wedekinds Beitrag zur Erneuerung der deutschen Ballade spiegelt sich in den humorig grotesken Wirkmitteln, die er in seinen Gedichten einsetzt. Verbunden mit der speziellen Dirnen- und Verbrecherthematik, die den Blick hinter die Unnatur des Menschen lenkt, zeigt er uns eine völlig neue Sichtweise. Seine durch triviale Muster inspirierten Moritaten und Bänkellieder haben damit entscheidenden Einfluss auf das deutsche Kabarett und die deutsche Lyrik des Vor- und Frühexpressionismus. Anstelle eines Leierkastens brilliert Wedekind mit seiner Gitarre, mit der er seine Balladen und erotischen Dirnenlieder vorträgt. Dabei reicht das Spektrum seiner Darbietungen oft bis zur Perversität.

Seine vielseitigen balladesken Beiträge können nicht nur einer Gattung zugeordnet werden, sondern müssen in den sozialen Kontext zwischen Bänkelsang, Kabarettpoesie, politischem Chanson, Zeitungslied, Moritat, Couplet und politisch engagiertem Lied eingeordnet werden. "Mit der Erneuerung des Bänkelsangs und der Moritat bringt er im zwanzigsten Jahrhundert einen neuen Typus in die deutsche Lyrik ein, dessen bedeutendster Verfechter Bertolt Brecht werden wird."[130]

Das Programm der 'Elf Scharfrichter' fesselt während seines zweieinhalbjährigen Bestehens immer wieder das Publikum. Von Exekution zu Exekution wächst der Beifall. Stimmung und Behagen stellen sich ein, und bald ziehen die Kenner einen Abend bei den 'Scharfrichtern' anderen Genüssen vor. Der gewonnene Kontakt äußert sich auch darin, dass manche Gäste noch über den Vorstellungsschluss hinaus bleiben und sich an der zwanglos vergnügten Geselligkeit beteiligen, zu der sich die Künstler nach getaner Arbeit vereinen.

Nach dem Durchbruch in der Münchner Kunstszene versuchte man sich selbst zu übertreffen. In immer kürzeren Abständen folgte das nächste Programm. Anfangs spielte man nur einmal wöchentlich, dann dreimal und schließlich sogar 'jeden Abend 8 Uhr', wie dem nachfolgenden Plakat zu entnehmen ist, das am Eingang des Münchner Künstler-Brettls hing.

Plakat am Eingang zum Münchner Künstler Brettl

Fast jeden Monat gab es künftig ein neues Programm, zu dessen Premiere inzwischen regelmäßig auch die Kunstprominenz von Stuck bis Lenbach anwesend war. Dazu lag ein Programmheft mit einer originellen Umschlagszeichnung vor, das einleitend die Titel und Komponisten der Ouvertüre nannte. Dann folgten meist die Theaterzettel der dramatischen Szenen, Puppen- und Schattenspiele und zuletzt unter Angabe der Autoren, Komponisten und Interpreten die Texte der musikalischen und sonstigen Darbietungen. Alleine Wedekind machte keine Angaben zu seinem Programm.

In der ersten Spielzeit war der Scharfrichtersaal außerhalb der Proben und Exekutionen als Café-Restaurant geöffnet. Ein paarmal in der Woche wurde vor dem Publikum gespielt, an den anderen Tagen probte man. An diesen Tagen hatte jeder aus der Kunstszene Gelegenheit, auf die Bühne zu steigen, zu singen, zu tanzen oder zu rezitieren, ohne sich einen Zwang anzutun. Die künstlerische Leitung lag seit Beginn bei Marc Henry und die musikalische Leitung hatte Richard Weinhöppel. In der zweiten Spielzeit wurde er durch Kapellmeister Leonhardt Bulmans unterstützt. Regie führten abwechselnd Otto Falckenberg und Leo Greiner.

Nach den ersten beeindruckenden Erfolgen werden die Pläne der 'Elf Scharfrichter' immer gewagter. Schon im Sommer 1901 will man das Theater erheblich erweitern und aus diesem Grunde das gesamte Anwesen in der Türkenstraße 28 kaufen. Neben dem Projekt zum Theaterumbau denkt man auch an die zusätzliche Errichtung einer Ausstellungshalle mit Schwerpunkt 'Kunst des Jugendstils'. Außerdem möchte man noch eine schöngeistige Zeitschrift auf den Markt bringen. Doch dann werden die hochfliegenden Pläne des jungen Kabaretts bereits ab der zweiten Saison durch finanzielle Fehlspekulationen, geschäftliches Missmanagement und die Zensur gewaltig gedämpft, so dass erhebliche finanzielle Probleme auftreten. Im April 1902 wird das Unternehmen an den Leipziger Musikalienhändler Wilhelm Salzer verkauft. Er arrangiert sich mit den Gläubigern und bringt das erforderliche Kapital ein, das zur Erfüllung der feuerpolizeilichen Auflagen erforderlich ist. Gleichzeitig übernimmt er die geschäftliche Leitung. Der 'Verein der Elf Scharfrichter' wird aufgelöst und am 25. Mai 1902 im Münchner Vereinsregister gelöscht. Hinzu kommt noch ein gravierender Personalwechsel. Nicht nur die beiden Maler Ernst Neumann und Willy Örtel, sondern auch der Bildhauer Wilhelm Hüsgens und der Architekt Max Langheinrich scheiden aus. Damen und Henkersknechte nicht mitgerechnet, sind am Ende der zweiten Spielzeit von einmal elf Scharfrichtern nur noch sechs übrig geblieben. Zusätzlich leitet die Münchner Anwaltskammer gegen den Rechtsanwalt Robert Kothe wegen seines Auftretens auf dem Brettl ein Ehrengerichtsverfahren ein. Er verzichtet jedoch künftig auf seine Zulassung als Rechtsanwalt und zieht es vor, sich auch weiterhin ganz dem Gesang zur Laute und der Kunst zu widmen.

Die Hauptursache für die wirtschaftlichen Schwierigkeiten des Unternehmens ist das zwischen Eintrittsgeldern und Produktionskosten entstandene Missverhältnis. Nach wie vor fasst der Scharfrichtersaal nur etwa einhundert Zuschauer. Da der in der zweiten Saison aufgenommene allabendliche Spielbetrieb von den verbliebenen Scharfrichtern und Henkersknechten nicht mehr alleine bestritten werden kann, müssen kurzerhand zusätzliche Künstler engagiert werden. Wie Heinrich Lautensack berichtet, sind es im Winter 1901/02 dreiunddreißig zusätzliche Mitarbeiter. Hierzu zählen neben dem Rezitator Emil Mantels mehrere Sänger, Sängerinnen und Schauspieler. Darüber hinaus ergänzen einige vielseitige Talente das Ensemble. Es sind der Kapellmeister, Komponist und Tenor Leonhardt Bulmans, der Schriftsteller und Darsteller Paul Schlesinger, der Schauspieler und Tenor Hans Dorbe sowie der Komiker Paul Larsen.[131]

Dennoch gelingt es trotz aller Bemühungen nicht mehr, das Unternehmen profitabel zu führen. Auch künstlerisch kommt das Ensemble an seine Grenzen. Der Scharfrichter Robert Kothe erinnert sich an den Niedergang: „Die Münchner warteten mit Ungeduld auf die Premieren, der Saal war übervoll. Aber es blieb mir nicht verborgen, dass künstlerisch eine Krise nahte. Jeden Monat ein neues Programm, das musste zu einem inneren Zerfall führen. Es überstieg die Kräfte aller und musste in der künstlerischen Eigenproduktion zu Flachheit und Effekthascherei verleiten. Zudem brachte der Zuschauerraum selbst bei völlig ausverkauftem Haus viel zu geringe Einnahmen.“[132]

Um die Investitionen des neuen Geldgebers rentabel zu machen, spielt man nicht nur täglich, sondern gibt auch zusätzlich zahlreiche Gastspiele in anderen Städten. So werden Phantasie und Ideenreichtum in zunehmendem Maße durch Disziplin und Geschäftssinn ersetzt. Hinzu kommen finanzielle Streitereien unter den Ensemblemitgliedern. Während in der ersten Zeit einheitlich jeder Scharfrichter einhundert Mark monatliche Gage erhält, sind die Forderungen der Stars bereits im zweiten Jahr bis auf 600 Mark gestiegen. Die Folge ist, dass die weniger populären Mitglieder verärgert sind und das Kollektiv auseinanderbricht. Zu all diesen Kümmernissen und Schwierigkeiten kommt der Ärger mit der Münchner Zensur. Insbesondere der Zentrumsabgeordnete Xaver Schädler ereifert sich unaufhörlich gegen die Münchner Unsittlichkeit und wettert gegen den verderblichen Einfluss des Kabaretts. In Folge dessen werden 1903 ganze Programmteile der 'Elf Scharfrichter' von der Zensur gestrichen.

Dennoch gelten die 'Elf Scharfrichter' als das ruhmvollste literarische Kabarett im wilhelminischen Deutschland. Sie bleiben bis heute die einzige Künstlergruppe, die alle auf einer Kleinkunstbühne anfallenden schöpferischen, gestalterischen und technischen Aufgaben in Eigenregie erfüllen konnte. Ob es sich um den Entwurf und die Einrichtung des Zuschauer- und Bühnenraums handelte, die künstlerischen Plakate oder die originell gestalteten Programmhefte; die Akteure scheuten vor keiner Herausforderung zurück. Hinzu kam, dass alles höchste Perfektion ausstrahlte. Ebenso selbstverständlich war es für die Künstler, dass sie die Dekorationen, Requisiten und Kostüme selbst anfertigten oder die Regie, die Maskenbildung und Beleuchtungseffekte in Eigeninitiative lösten. Der Höhepunkt der kreativen Arbeit war natürlich das Anliegen, die eigenen Texte und Musikstücke selbst vorzutragen und somit ein einmaliges Gesamtkunstwerk darzubieten.

Im Laufe des Jahres 1903 scheidet allmählich ein Scharfrichter nach dem anderen aus. Die ersten sind Hans Richard Weinhöppel, Otto Falckenberg und Leo Greiner. In der letzten Saison versuchen nochmals Leonhardt Bulmans und Hans Steiner die musikalische Leitung zu perfektionieren. Auch Franz Blei, der für die Regie zuständig ist, versucht sein Möglichstes zu tun.

Im November 1903 läuft dann, nach drei Jahren, endgültig die letzte Vorstellung im Theatersaal in der Türkenstraße und das idealistische Unternehmen muss sich besiegt erklären. Im darauf folgenden Jahr wird die Bühne, deren Eingang das Ensemble der 'Elf Scharfrichter' mit einem hängenden Beil unter einer roten Laterne zierte, geschlossen. Eine Tournee durch Holland, Norwegen und die Schweiz endet im Herbst 1904 in Wien und setzt zugleich den Schlusspunkt der Existenz der 'Elf Scharfrichter'.

Schließlich reisen nur noch Marya Delvard und Marc Henry unter dem alten Namen bis 1906 von Ort zu Ort. Marya Delvard berichtet: „Marc Henry und ich trugen die ganze Verantwortung und meine Wohnung wurde gepfändet. Nur ein Koffer mit Manuskripten und Musikalien blieb mir. Acht Varieté-Engagements waren nötig, um die letzte Mark zur Schuldentilgung aufzubringen. Trotz großer Erfolge in Wien bei den Freunden Klimt, Kolo, Moser, Kokoschka und Arthur Schnitzler ist mir die Scharfrichterzeit in München eine liebe Erinnerung geblieben."[133]

Während der drei Jahre ihres Bestehens brachten die 'Elf Scharfrichter' in vier Spielzeiten und fast sechshundert Vorstellungen sechzehn verschiedene Programme auf die Bühne. Besonders erfolgreiche Nummern wurden auf vier Gastspielreisen durch Deutschland und Österreich immer wieder variiert.

Artur Kutscher, ein mit Wedekind befreundeter Professor für Literaturgeschichte in München, beschreibt rückblickend die Gründe für das Scheitern der 'Elf Scharfrichter': „Zugrunde gegangen sind die Elf Scharfrichter daran, dass sie sich, um größere Einnahmen zu erzielen, entschlossen, täglich zu spielen; das war schaffenden Künstlern auf die Dauer unmöglich, weil es zu Überdehnung der Kraft führte und die Produktion lahm legte. Daneben kommt auch in Betracht, dass eine künstlerisch und geschäftlich in gleichem Maße fähige Persönlichkeit fehlte, die auch das Schwächliche und Dilettantische rechtzeitig eindämmte."[134]

Und wieder ist es das ambivalente Verhältnis Wedekinds zu seinem Gesamtwerk, das es uns fast unmöglich macht, seinen persönlichen Standpunkt zum Kabarett auszuloten. Nachdem er die nächsten Jahre bis zu seiner Verehelichung im Mai 1906 alleine weiter tingelt, schreibt er am 28. Juli des gleichen Jahres an seine persönliche Ratgeberin Beate Heine, dass er wieder ein Engagement in einem Tingeltangel in Breslau angenommen habe. Dabei legt er großen Wert auf die Feststellung: „Mit der Literatur bin ich nun endgültig fertig."[135] Bedingt durch seine Bühnenerfolge konnte er diese Einstellung bereits drei Monate später revidieren. Entgegen den Ausführungen an Beate Heine trennt er sich nun doch leichten Herzens vom Kabarett, um sich uneingeschränkt seiner schriftstellerischen Tätigkeit als Dramatiker und Regisseur zu widmen und die schauspielerische Umsetzung seiner Dramen zu verfolgen. Dies belegt ein Brief an Karl Kraus vom 18. Oktober 1906, in dem er zum Schluss schreibt: „Und das Kabarett ist doch nun einmal das in Musik gesetzte Pech. Ich habe vier Jahre lang davon gelebt und danke Gott, dass ich es nun los bin."[136]

Dennoch steht aus heutiger Sicht fest: Dem Kabarett und dem Bänkelsang hatte sich Frank Wedekind bis an sein Lebensende verschrieben.

6. Wedekinds balladeske Beiträge bei den 'Elf Scharfrichtern'

Wie wir zeigen konnten, setzte sich das künstlerische Spektrum der Münchner Kleinkunstbühne aus den verschiedensten Darstellern zusammen, zu denen sowohl Schriftsteller, Musiker, Komponisten, Sänger, Tänzer und auch Maler gehörten. In diesem Kapitel möchten wir uns nun ausschließlich den Liedern zuwenden, die Frank Wedekind bei den 'Elf Scharfrichtern' zur Laute vorgetragen hat. "Der inhaltlichen Struktur nach lassen sich seine Bänkellieder in drei Gruppen unterteilen: Moritaten politischen, sozialen und erotischen Inhalts."[137] Eine separate Betrachtung innerhalb dieser Gruppen soll hier nicht erfolgen. Obwohl Wedekind neben den politischen und sozialen Gedichten mehr als zweihundert Lieder und Balladen für den Vortrag auf dem Brettl geschrieben hat, kam in München nur ein kleiner Teil aus diesem reichhaltigen Repertoire zum Vortrag.

Nicht nur im Rahmen der Brettlbewegung, sondern auch bei der Entwicklung der deutschen Ballade nimmt Frank Wedekind als Lyriker und Interpret eine entscheidende Rolle ein. Seine durch triviale Muster inspirierten, zur grotesken Schockpoesie voll irritierender Komik gesteigerten Moritaten und Bänkellieder haben auf die Kabarettpoesie maßgeblich eingewirkt.[138] Wedekind greift bei seinen Balladen immer einen Fall aus dem Leben heraus, den er in einer bestimmten Beleuchtung darstellt. Bezeichnend ist dabei die innere Kälte, die dem Leben mit kaltem Zynismus und Verzweiflung gegenübersteht und alle bürgerlichen Werte in Frage stellt. Oft handelt es sich bei seinen Versen um passive Lyrik, die Stimmungen, Liebesglück und Todesleid vermittelt. Dabei verbirgt sich hinter der Ironie eine herbe Verbissenheit und eine Perversität der Gefühle, die einen tragischen Schleier über das Geschehen legt. Dies ist auch der Grund, warum seine Gedichte ebenso wie seine Dramen von Seiten der Tugendwächter oft Anstoß erregt haben. Auch wenn sich Wedekind ein Leben lang aus unberechtigter Angst gewehrt hat, als Brettl-Sänger zu gelten und als bedeutender Dramatiker verkannt zu werden, war er letztlich doch einer der begnadetsten Bänkelsänger, den das deutsche Kabarett je gesehen hat.

Die Erstveröffentlichung seiner Gedichte und Balladen ist zusammen mit acht Kurzgeschichten und drei Pantomimen, 'Seelenergüsse', wie sie Wedekind nannte, im Sammelband *Die Fürstin Russalka* im Juni 1897 erschienen. Hier sind die Gedichte unter dem Titel *Die Jahreszeiten* vier entsprechenden Zeitabschnitten zugeordnet. Separat erschien diese Gedichtsammlung erstmals 1905 unter der Bezeichnung *Die vier Jahreszeiten*. Um die Balladen als Bänkellieder vortragen zu können, hat Wedekind die Notation meist zu einem anderen Zeitpunkt nachgeholt.

Der Literaturkritiker Joachim Friedenthal nahm bereits 1914 zu der Jugendlyrik von Frank Wedekind Stellung: „Seine Weltbetrachtung spiegelt sich durch mannigfaltige Facetten schon in seinen frühen Versen, die er getrennt nach verschiedenen Lebensabschnitten unter dem Titel *Die vier Jahreszeiten* gesammelt hat. Die entgötterte Welt zeigt erschreckend ihr entschleiertes Antlitz. In den Gärten der Jugend schreitet man bereits über gestürzte und zerbrochene Götterstatuen. Ein grelles Lachen klingt in den Gängen auf, und es ist oft nichts anderes als ein verbissenes Weinen. Nur Satyros allein ist lebendig und grinst hohnvoll aus den Büschen. Hier spricht ein Unerbittlicher, kein Unmoralischer! Alle Schleier sollen zerrissen am Boden liegen, und gerade die rosenroten sollen verblassen neben dem glühenden Rot empörten Blutes. Das ist der Grundton. Aber der Empörer kennt auch die lieblichen Lautenschläge der Abendstunde, den fröhlichen Rundgesang zynisch betonter Lebensweisheit. Er weiß, ohne im Grunde ein reiner Lyriker zu sein, ein so wundervolles Lied wie das Gedicht *Ilse* zu finden; und er ist in manchen Versen sogar von einer biblischen Gleichnishaftigkeit und Plastik des Bildes. Seine 'Bänkelsänge', manchmal nichts anderes als versifizierte, ironisierte und glorifizierte Gerichtssaalnotizen der Zeitungen, finden nicht leicht ihres gleichen. Das Fragment *Felix und Galathea,* Verse des siebzehnjährigen Gymnasiasten leiten die Abteilung 'Frühling' ein. [...] Er berichtet von der Qual des menschlichen Gebundenseins, von dem faustischen Weh, nicht über sich selbst hinaus zu können. Und der zwischen Gott und Tier Gefangene fühlt den Abgrund zwischen beiden und fühlt die Ketten. Aber zwischen Leben und Kunst weiß er andere Brücken, hochgeschwungene, jedem Strom sich bietende. Die Tragikomödie des Künstlers im Leben charakterisiert in einer dem Leben fast kongenialen Art die Bänkelballade *Das Lied vom armen Kind.* Von den Bänkelsängerballaden nenne ich noch als besonders köstlich *Brigitte B., Das arme Mädchen* und die Tragikomödie bürgerlicher Sittlichkeit *Die Hunde.* Das sind meistens nicht mehr Gedichte, es sind moderne Moritaten, sind ernsthafte soziale Stehgreifbetrachtungen in gelungenster und bissiger satirischer Form. Auch ganz reine, liedhafte Lyrik findet sich ebenfalls bei ihm, wenn auch selten. Hierzu zählt vor allem *Ilse.* Hier triumphiert der Chorus der schönen Sinnenfreude. Und sie führt zu Wedekinds wichtigster und von uns allen begrüßten Erkenntnis: „Das Fleisch hat seinen eigenen Geist!"[139]

Einer der einflussreichsten deutschen Theater- und Musikkritiker Alfred Kerr beschreibt 1905 Wedekinds Lyrik: „Er hat eine Genialität des Schmutzigen. Sein Reich lebt dort, wo über dem Kot die Ewigkeit herrscht. Die Abarten der Liebe sind sein Pirschgebiet. Er hat die unaussprechlichsten Gedichte und Bänkellieder geschrieben. Wo der spätere Heine aufhört, da fängt Wedekinds Gebiet erst an. Was nie jemand in Deutschland auszusprechen wagte, bringt er in Verse. Die meisten dieser Gedichte sind zum Schreien. Dazwischen gib es köstliche Balladen und Idyllen. Boudelaire ist der Stammvater dieses Teufelspoeten; Verlaine ihr Hauptmann. Aber die Pose des Ersten, die Weichheit des Anderen: von beiden trennt sie die hundeschnäutzige, unnennbare Komik Wedekinds. Er ahmt sie nicht nach: er hat seine Schändlichkeiten alle selbst empfunden. In der lyrischen Form setzt er den sterbenden Heine fort. Sonst wären als weitläufige Vettern, obzwar andere Temperamente, Rousseau und Strindberg anzuführen. Sie alle sind letztendlich große Bekenner.“[140]

Die Gedichte, die in dem Sammelband *Jahreszeiten* zusammengefasst sind, übertreffen ohne Frage Heinrich Heine an Zügellosigkeit, aber auch an Ehrlichkeit. Vor allem vermitteln sie das Gefühl, dass sie ohne jedes Schielen nach künftigem Ruhm in der Literaturgeschichte entstanden sind. Den Inhalt der meisten Balladen wird man freilich mit dem vom Dichter selbst einmal angewandten Ausdruck der 'sexuellen Psychopathie' am treffendsten definieren können.

Max Schach von der Berliner Volkszeitung vertritt anlässlich des 50. Geburtstages von Wedekind die Meinung, dass der Lyriker separat von seinen Zeitgenossen betrachtet werden müsse und ihm eine eigene Bewertung zustehe: „Er steht ganz abseits von allem, was nach Richtung oder Note schmeckt. Was immer wieder an ihm rührt, das ist die Scham und die zitternde Furcht, die Menge könnte seine Empfindungen erraten. Natürlich errät man sie. Es ist der uralte Selbstbetrug, wenn Wedekind die schönsten Gefühle mit einer höhnischen Geste begleitet. Lange hat es gedauert, ehe die breite Masse der Leser und Kabarettgäste begriff, dass hinter diesem Hexentanz von bizarren Worten und Gefühlen ein großer Künstler steht. Ein Wahrheitssucher.“[141]

Auch der Literaturkritiker Julius Kapp hat bereits 1909 die Eigenart der balladesken Beiträge Wedekinds treffend beschrieben: „Deutlicher als in den mehr einfach gehaltenen Gedichten kommt Wedekinds Kunstfertigkeit in der Behandlung des Reims in den weit zahlreicheren Spottgedichten und Brettlliedern zur Geltung. Am ausgefeiltesten und skrupellosesten erscheint seine Reimsorgfalt am Ende eines jeden Gedichtes zur effektvollen Herausarbeitung der Schlusspointe, meist einer mehr oder minder offenkundigen Zweideutigkeit wie bei der Ballade *Der Reisekoffer*. In all diesen Versen herrscht vorwiegend ein kräftiger Zynismus, dem nichts heilig ist, ja der auch zuweilen von einer unverblümten Zote nicht zurückschreckt. Wir dürfen an sie nicht den Maßstab eines Gedichtes legen, es sind doch Brettllieder oder Bänkelgesänge, die zum Vortrage in fröhlicher Kneipenstimmung bestimmt sind. Dabei finden wir Gelegenheits- und Knittelverse wie bei *Brigitte B.* Die Wirkung eines solchen Liedes wird natürlich beim Lesen abgeschwächt, ja die oft darin liegende Gemeinheit wirkt dann sogar abstoßend und peinlich. Um die richtige Einstellung zu finden, muss man die Lieder mit schäumendem Übermut vorgetragen gehört haben. Schlagender Witz und ursprünglicher Humor sind ihre

Hauptmerkmale, ihr Gegenstand fast ausnahmslos das unerschöpfliche Thema 'Liebe'. Und zwar alle Formen und Stadien derselben, die erwachende, die sehnsüchtig bangende, die ungestüm Erhörung heischende, die siegreich frohlockende, die bald übersättigte, die schmerzlich resignierte: sie alle bilden den übermütigen Reigen. Aber nicht nur auf den Menschen in jeglicher Stellung und Gestalt beschränkt sich der dichterische Schalk, auch dem tragischen Liebesgeschicke der *Hunde* mit ihrem unterdrückten Liebesbedürfnis gewinnt er drastische Situationen ab. Einige Gedichte gehen allerdings in der Ausmalung des Themas etwas zu weit. Die meisten jedoch begnügen sich mit maßvollen Andeutungen wie die tragikomische Ballade *Altes Lied.*[142]

Wie Hans Fischer im 'Magazin für Literatur' 1901 schreibt, sind Wedekinds Balladen *Die Keuschheit, Das arme Mädchen, Brigitte B.* und *Der Tantenmörder* von genialer Frechheit. Sie vermitteln uns klar die Kenntnis einer anderen Wesensseite Wedekinds. Er stilisiert nicht. Seine Sprache ist ungekünstelt, oft brüchig, hin und wieder in einzelnen Wendungen originell: Aber das tobende Triebleben, das aus den Strophen herausbricht, die stumpfe Verzweiflung, die uns die schwerfälligen und eintönigen Rhythmen wie Hammerschläge empfinden lässt, der wahre Hohn eines Mannes und selbst der nackte Zynismus, der aus intimster Lebenskenntnis stammt, geben der Gedichtsammlung einen besonderen Wert.[143]

Es ist sein bemerkenswertes kabarettistisches Talent, mit dem uns Wedekind immer wieder frappiert. Vermutlich hat er es von seiner Mutter geerbt, die bereits in jungen Jahren als Sängerin am Vaudeville-Theater in San Francisco auftrat, um für ihren Lebensunterhalt zu sorgen. Auch er versucht sich bereits als Schuljunge in Aarau als Liedermacher und spielt seit 1882 Gitarre, was ihm bei seinen Lenzburger Jugendfreunden bald den Titel 'Bänkelsänger' einbringt. Auch bereits während seines Jura-Studiums in Zürich tingelt der 22-jährige Student unter dem indianischen Namen 'Mine-Haha' durch die Schweiz und rezitiert in Zürich und anderen Städten Szenen aus Ibsens Dramen.

Die im folgenden Kapitel ausgewählten Bänkellieder Wedekinds gehören zu seinem klassischen Kabarettprogramm, das auf dem Münchner Brettl heimisch war. Die Texte sind entsprechend ihrer Erstaufführung bei den 'Elf Scharfrichtern' chronologisch geordnet und sollen durch eine werkgerechte Interpretation einen geeigneten Zugang ermöglichen. Dabei lässt es sich nicht übersehen, dass zahlreiche seiner Schriften durch die Zensur verboten waren. Andere wiederum erschienen ihm für das Publikum nicht geeignet, so dass nur ein kleiner Bruchteil seiner Bänkellieder für die Kleinkunstbühne in Frage kam. Seine erzählende Prosa, seine Tanzdichtungen und seine dramatischen Beiträge, die ebenfalls bei den 'Elf Scharfrichtern' zu Gehör kamen, sollen hier nicht gewürdigt werden, da sie den Rahmen der Arbeit sprengen würden. Glücklicherweise kam bei den zahlreichen Gastspielreisen des Autors ein weitaus größeres Spektrum an Bänkelliedern und Balladen zum Vortrag, als es in München der Fall war. Wedekind hat seine lyrischen Beiträge bis kurz vor seinem Tode in zahlreichen Städten des In- und Auslands vorgetragen. Sofern es sich um Tanzdichtungen handelte, begleitete ihn ab 1906 seine Frau Tilly.

Die Texte und Melodien inklusive Gitarren- und Lautenbegleitung liegen in der Kantonsbibliothek Aarau in der Schweiz in verschiedenen Arbeitsfassungen vor. Ausgangspunkt sind die Sammelhefte *Melodien, Melodien I* und *Melodien II.* Die Zusammenstellung des Sammelheftes *Melodien* wird im Frühjahr 1902 begonnen. Hier finden sich die Bänkellieder *Der blinde Knabe* und *Altes Lied.* Das Sammelheft *Melodien I* entsteht im Februar 1903. Ihm sind bereits 29 Lieder ohne das jeweilige Entstehungsjahr zugeordnet. Das Heft enthält die meisten Lieder, die bei den 'Elf Scharfrichtern' zum Vortrag kommen. Das Sammelheft *Melodien II* wird 1905 durch den Autor chronologisch angelegt und bis 1911 fortgeführt.

Die Sammlung *Brettl Lieder von Wedekind* vereinigt alle Lieder von 1901 bis 1911, ohne sie nach ihrer Entstehungszeit zu ordnen. Es ist offensichtlich, dass Wedekind diese Sammlung für seine verstärkte Vortragstätigkeit bei verschiedenen Kabaretts zusammenstellte.

Von entscheidender Bedeutung für den späteren Bekanntheitsgrad der Bänkellieder ist der Band *Lautenlieder, 53 Lieder mit eigenen und fremden Melodien.*[144] Die Vorbereitungen für die Drucklegung hat Wedekind noch selbst im Jahr 1918 getroffen. Das Erscheinen des Bandes im Jahr 1920 hat er leider nicht mehr erlebt. Bei den zitierten Balladen und Bänkelliedern wird diese Ausgabe so weit möglich bevorzugt.

Ilse (Notenblatt)

91

Das Gedicht *Ilse* entsteht am 4. Dezember 1893 in Paris mit dem Titel *Alice*. Es wird 1897 unter der Bezeichnung *Ilse* in dem Gedichtband *Die Jahreszeiten* erstveröffentlicht. Die Fassung des Erstdrucks bleibt auch für die 1897 erschienene Publikation in der Sammlung 'Die vier Jahreszeiten' verbindlich.

Der im Münchner Brettl dargebotene Text wurde bereits auf Seite 59 im Zusammenhang mit der Vortragsweise von Marya Delvard zitiert, so dass hier auf eine Wiederholung verzichtet werden kann. Bei dem Mädchen handelt es sich um eine bekannte Grisette, die Wedekind in Paris kennen lernt und in seinem Tagebuch mehrmals erwähnt. Mit diesem Titel spielt er zugleich auf die Ilse-Figur in seinem Kinderdrama *Frühlings Erwachen* an. Auch dort verkörpert die Gestalt ungebrochene Sinnlichkeit und kreatürliche Vitalität. 1901 nimmt er den Text in seine Gedichtsammlung *Deutsche Chansons (Brettl-Lieder)* von Bierbaum auf.

Die Komposition des Liedes entsteht vermutlich zu Beginn des Jahres 1894. Im Rahmen der Arbeit an seinem Dramenfragment *Das Sonnenspektrum* integriert Wedekind das Lied in dieses Drama. Heute zählt es zu seinen berühmtesten Dirnenliedern. Wedekind legt es den Dirnen in den Mund, die Arm in Arm über den Rasen eines Bordells schlendern, das durch höchst kultivierte Aufmachung besticht. Hier wird deutlich, dass Wedekind in den Prostituierten keine Randexistenzen der Gesellschaft sieht wie Aristide Bruant, sondern vielmehr Künstlerinnen der Liebe. Die Mädchen sind Prostituierte aus Passion und nicht aus Zwang! Damit steht er weit abseits der brutalen Realität, die wir nur allzu gut aus den Milieuchansons des Montmartre kennen.

Zu Fragen der Notation des Bänkelliedes *Ilse* schreibt Wedekind am 2. Mai 1894 an seinen Bruder Armin: „Du fragst mich nach Gitarren-Akkorden. Ich habe nun momentan keine Gitarre. Ich habe mir in Paris eine Violine gekauft, mit der ich meine einsamen Stunden erheitere. Ich gehe fortwährend mit dem Gedanken um, mir auch wieder eine Gitarre zuzulegen. Aber bei den schlechten Zeiten kann das noch ein Weilchen dauern. Ich habe mir aus dem Kopf die Akkorde zusammenzustellen gesucht. Es ist mir aber nur mit zweien gelungen, auf die sich allerdings schon die meisten Lieder singen lassen. Sobald ich eine Gitarre habe, schicke ich Dir die entsprechende Notation nach. Es tut mir besonders leid, dass ich keinen Mollakkord zusammengebracht habe. Eine weitere Erklärung ist zu den Akkorden nicht nötig. Jedes Lied beginnt mit der Tonica, geht dann in die Oberdominante über, um wieder zur Tonika zurückzukehren. Ausnahmsweise geht die Untere der Oberen voraus."[146]

Im Sommer 1901 plant Wedekind das Lied im Insel-Verlag zu veröffentlichen. Das Publikationsvorhaben kommt jedoch nicht zustande. Er nimmt es deshalb zum Anlass, die Melodie sowohl für hohe als auch für tiefe Stimmlage mit Gitarren- und Klavierbegleitung zu komponieren. Die fertige Notation trägt er im Februar

1903 in seine Sammelhandschrift *Melodien I* ein. In leicht überarbeiteter Form erscheint das Bänkellied 1920 in dem Heft *Lautenlieder.*

Heute zählt *Ilse* zu den Hauptschlagern des Brettl-Repertoires. Es ist deshalb verständlich, dass Wedekind mit dieser Produktion im Kontext des französischen Kabaretts gesehen wird und in einer Reihe mit Vertreten des 'Chat noir' genannt wird. Musikalisch gilt er zu seiner Zeit zwar als Amateur, seine Lieder hatten jedoch durch ihren rührenden und unbeholfenen Eindruck nicht nur Charakter, sondern auch melodische Durchschlagskraft.

Für den Vortrag auf der Brettl-Bühne war die ursprünglich vorgesehene zweite Strophe zu obszön. Marya Delvard sang deshalb bei der Premiere der 'Elf Scharf-richter' am 13. April 1901 eine von Wedekind kurzfristig abgeänderte und weniger anrüchige Fassung. Der Vollständigkeit halber soll hier der Originaltext dieser Strophe zitiert werden:

> Er nahm mich um den Leib und lachte
> Und flüsterte: Es tut nicht weh -
> Und dabei schob er sachte, sachte
> Das Unterröckchen in die Höh'.[147]

Darüber hinaus änderte Wedekind in der Variante für das Kabarett auch das Alter des Mädchens von vierzehn auf sechzehn Jahre. Der Originaltext lautete:

> Ich war ein Kind von vierzehn Jahren.[148]

In dem kurzen Lied wird die Dirne vor unseren Augen lüstern und genussfähig dargestellt. Dennoch bleibt sie ein Objekt der Begierde, das sich ausschließlich dadurch definiert, dass sie den Männern gefallen will. Sollte sie diesen Ansprüchen eines Tages nicht mehr genügen, wird ihre Existenz mit einem Schlag wertlos. Damit durchbricht die Figur der Frau zwar die gängige Sexualmoral, bleibt jedoch im Objektstatus verhaftet. Im Hinblick auf die Befreiung der Sexualität liegt das Besondere darin, dass 'Ilse' Freude an ihrer Hingabe empfindet. Wir erinnern uns, dass gerade im letzten Drittel des 19. Jahrhunderts die heftigsten Diskussionen darüber entstanden, ob Frauen überhaupt fähig seien, sexuelle Lust zu empfinden oder ob sie die Sexualität nur passiv-duldend hinnehmen können.

Nach der Premiere am 13. April 1901 wird *Ilse* im Oktoberprogramm des glei-chen Jahres erneut bei den 'Elf Scharfrichtern' in das musikalische Arrangement unter dem Titel *Der böse Traum* aufgenommen. Publikum und Presse sind begeis-tert. Anders ist es in Wien. Auf der Bühne des 'Jung-Wiener Theaters zum lieben Augustin' trägt Wedekind das Lied im November des gleichen Jahres vor, um vom Publikum beschimpft und ausgepfiffen zu werden. Im Februar 1903 reist er nach

Mannheim und anschließend nach Nürnberg. Hier findet er sowohl beim Publikum als auch bei der Presse wieder große Anerkennung. Nochmals zu hören war das Bänkellied im September 1904 auf der Bühne des 'Intimen Theaters' in München und im gleichen Jahr auf einer Gastspielreise nach Breslau. Darüber hinaus bezieht Wedekind das Lied in seine Programmplanung für einen Vortragsabend am 5. März 1905 im Berliner Beethovensaal ein, an dem auch Gertrud Eysoldt und Detlev von Liliencron teilnehmen.

Frank Wedekind auf einer Autogrammkarte 1903 in Wien

Brigitte B.

Ein junges Mädchen kam nach Baden,
Brigitte B. war sie genannt,
Fand Stellung dort in einem Laden,
Wo sie gut angeschrieben stand.

Die Dame, schon ein wenig älter,
War dem Geschäfte zugetan,
Der Herr ein höherer Angestellter
Der königlichen Eisenbahn.

     Ach Gott! Mein Gott!
     Dideldideldumda, dideldideldumda
     Dideldideldum, dumdumdumda!

Die Dame sagt nun eines Tages,
Wie man zur Nacht gegessen hat:
Nimm dies Paket, mein Kind, und trag' es
Zu der Baronin vor der Stadt.

Auf diesem Wege traf Brigitte
Jedoch ein Individium,
Das hat an sie nur eine Bitte,
Wenn nicht, dann bringe er sich um.

     Ach Gott! Mein Gott […]

Brigitte, völlig unerfahren,
Gab sich ihm mehr aus Mitleid hin.
Drauf ging er fort mit ihren Waren
Und ließ sie in der Lage drin.

Sie konnt' es anfangs gar nicht fassen,
Dann lief sie heulend und gestand,
Dass sie sich hat verführen lassen,
Was die Madam begreiflich fand.

     Ach Gott! Mein Gott! […]

Daß aber dabei die Turnüre
Für die Baronin vor der Stadt
Gestohlen worden sei, das schnüre
Das Herz ihr ab, sie hab' sie satt.

Brigitte warf sich vor ihr nieder,
Sie sei gewiss nicht mehr so dumm;
Den Abend aber schlief sie wieder
Bei ihrem Individium.

      Ach Gott! Mein Gott […]

Und als die Herrschaft dann um Pfingsten
Ausflog mit dem Gesangsverein,
Lud sie ihn ohne die geringsten
Bedenken abends zu sich ein.

Sofort ließ er sich alles zeigen,
Den Schreibtisch und den Kassenschrank,
Macht die Papiere sich zu eigen
Und zollt ihr nicht mal mehr den Dank.

      Ach mein Gott! Mein Gott […]

Brigitte, als sie nun gesehen,
Was ihr Geliebter angericht',
Entwich auf unhörbaren Zehen
Dem Ehepaar aus dem Gesicht.

Vorgestern hat man sie gefangen,
Es läßt sich nicht erzählen, wo;
Dem Jüngling, der die Tat begangen,
Dem ging es gestern ebenso.[149]

Der Erstdruck des Gedichts erscheint am 8. August 1896 im 'Simplicissimus' mit
dem Titel *Brigitte (Eine Ballade)*. In überarbeiteter Form wird die Ballade 1897 als
Brigitte B. in der Sammlung *Die Jahreszeiten* aufgenommen. Für den Abdruck in
der Zeitschrift 'Das moderne Brettl' nimmt Wedekind 1901 punktuelle Änderungen am Text vor. Diese bleiben beim Abdruck des Gedichts in der Sammlung
Die vier Jahreszeiten unberücksichtigt. Motivische Parallelen hinsichtlich des

Metrums und der Reimstruktur deuten darauf hin, dass die Ballade vermutlich auf einem Dienstmädchenlied aus dem 19. Jahrhundert basiert. Von einem ähnlichen Schicksal eines tugendhaften Dienstmädchens, dessen zweifelhafter Liebhaber die Herrschaften bestielt, handelt auch die bekannte Moritat *Sabine war ein Frauenzimmer.*

Das Bänkellied entsteht bereits im Sommer 1894 anlässlich der Arbeit an dem Dramenfragment *Das Sonnenspektrum,* in das Wedekind das Lied integrieren wollte.[150] Angeregt wurde er dabei von einer Gerichtsverhandlung, die in der Tageszeitung für Aufsehen sorgte.

Die Komposition hat der Autor dieses Mal nicht selbst geschrieben. Vielmehr hat er die Melodie von einem alten Volkslied übernommen, das „im Werdenfelser Land als Jodler verbreitet"[151] war. 1903 wird das Arrangement in das Sammelheft *Melodien I* aufgenommen. Anlässlich der Planung der *Lautenlieder* legt Wedekind 1917 eine neue Fassung vor.

Brigitte B. gehört zu den bekanntesten Balladen Wedekinds. Dennoch wird der Text in fast allen Ausgaben nicht korrekt wiedergegeben. Dadurch, dass der Refrain prinzipiell weggelassen wird, entsteht eine völlig falsche Aussage und die Interpretation des Bänkelliedes verliert ihre Spannung. Aus einem Chanson mit Kehrreim wird so ein einfaches Strophenlied und die leicht tänzelnden Zeilen 'Ach Gott! Mein Gott! Dideldideldumda etc.' lassen den lakonisch-satirischen Ton des Chansons nicht zum Tragen kommen. Deshalb wurde hier der Originaltext der *Spottlieder* zugrunde gelegt. Auch in der Vertonung von Ernst Busch, die 1964 zum 100. Geburtstag Wedekinds beim Aurora-Schallplattenverlag in Ostberlin erscheint, finden sich Text und Melodie in richtiger Folge.[152] Auch bei der 2007 erschienenen 'Kritischen Studienausgabe' von Friederike Becker finden wir die verschiedenen Refrainstrophen in detaillierter, werkgetreuer Wiedergabe.

Erstaunlicherweise wurde bei fast allen Ausgaben das im Originaltext verwendete Wort 'Individium' berichtigt und mit 'Individuum' ersetzt, obwohl dies zweifelsohne nicht im Sinne des Autors war. Dies trifft auch für die Erstausgabe im 'Simplicissimus' zu. Der systematische Gebrauch dieser Vokabel deutet darauf hin, dass Wedekind die inkorrekte Form 'Individium' bewusst eingesetzt hat. Mit diesem Trick versucht er den einfachen volkstümlichen Grundton, in dem die Ballade erzählt wird und dem der eloquente und korrekte Umgang mit Fremdwörtern nicht adäquat wäre, ironisch zu unterstreichen. Mit der gleichen Ironie lässt bekanntlich auch Thomas Mann in seiner Erzählung *Tonio Kröger* einen einfachen norddeutschen Polizisten immer wieder von einem 'Individium' sprechen.

Um auch bei anderen Redewendungen Unsicherheit zu erzeugen, verwendet Wedekind beim Abfassen des Gedichts die bereits damals im Volksmund nicht mehr gebräuchliche Bezeichnung 'Turnüre' für einen schleppenden Rock.

Die Ballade erzählt die Geschichte eines unerfahrenen und sexuell hörigen Dienstmädchens, das in einen skrupellosen Bösewicht verliebt ist und sich dadurch ins Unglück stürzt. Die Ähnlichkeit mit der 'Traurigen Berliner Geschichte' *Sabine war ein Frauenzimmer* fordert deshalb zu einem Vergleich heraus. Hier wie dort verführt ein Schurke das Dienstmädchen und missbraucht dessen Anhänglichkeit zu einem Diebstahl bei der Herrschaft. Das Mädchen verliert dadurch seine Stellung. Der Fortgang der Geschichte ist jedoch unterschiedlich. In der 'Traurigen Berliner Geschichte' macht das geprellte Mädchen seinem Liebhaber heftige Vorwürfe, die es mit dem Leben bezahlen muss. Der Mörder endet am Galgen. Im Gegensatz zum trivialen Bänkellied verzichtet Wedekind auf den obligaten Moritatenschluss mit einer angehängten Moral. Ohne jedes Aufsehen schließt das Bänkellied mit dem Bericht, dass man sie 'gefangen' hat.[153]

Bei diesem populären Stoff, der hier aufgegriffen wurde, wird als Gestaltungs- schema des trivialen Bänkelsangs der Rollenmonolog verwendet. Dabei handelt es sich meist um fiktive, in der Ich-Form abgefasste Abschiedslieder abgeurteilter Verbrecher. Unter dem Galgen geben sie der Menschheit ein warnendes Exempel ab, indem sie den schauerlich-spannenden Hergang ihrer Untat berichten und die Summe ihres verwirkten Lebens ziehen. Im letzten Viertel des achtzehnten Jahr- hunderts dringt diese Variante des Bänkelsangs bis in die hohe Literatur vor, ja wird geradezu modisch; das bekannteste Beispiel ist Schillers *Kindesmörderin*.

Der Fall *Brigitte B.* wird uns in dieser Ballade mit eiskalter Teilnahmslosigkeit geschildert. Durch den jeweiligen Refrain mit den 'dideldideldum'-Zeilen wird die Gleichgültigkeit und der Zynismus nochmals verstärkt. Der Leierkasten-Refrain teils mit wehmütiger, weinerlicher, klagender oder verärgerter Stimme vorgetragen, bringt die Ironie zum Überschäumen und macht nicht nur den Herzschmerz der Madame lächerlich, sondern lässt auch Brigittes Tat als Lächerlichkeit und Neben- sächlichkeit erscheinen, über die nur das geldgierige Bürgertum aufgebracht sein kann. Gerade diese verfremdete Mischung von sachlicher Kälte, Humor, Grauen und Banalität ist die Triebfeder für Wedekinds antibürgerliche Groteske. Nicht das ungewöhnliche Geschehen reizt und stimmt nachdenklich, sondern seine Allge- meingültigkeit. Es ist nicht Wedekinds Anliegen, mit dieser Ballade den animali- schen Trieb und seine möglichen Folgen zu schildern, sondern durch seine drama- tische Darstellung Erkenntnisse transzendentalen Charakters zu vermitteln.

Dennoch verhehlt Wedekind bei aller Teilnahmslosigkeit nicht seine Einstellung zur bürgerlichen Familie und ihren Werten, indem er auf sarkastische Weise die Seelenpein der Bürgersfrau schildert, die ihr durch den materiellen Verlust entstanden ist. Dass vor allem die 'Turnüre' gestohlen wurde, schnürt ihr das Herz ab. Damit stellt der Autor die Gefühlsdummheit der Bürgersfrau der geistigen Dummheit des Dienstmädchens gegenüber und verbindet das unbedenkliche Triebgeschehen um Geld und Sexus mit der angegriffenen spießbürgerlichen Wohlanständigkeit. Dabei wird der Besitz des Geldes, die Triebkraft des Bürgertums, der 'natürlichen' Triebkraft des Sexus gegenübergestellt. So wird durch die Figur des Dienstmädchens aus einer erotischen Moritat ein Dirnenlied. Völlig distanziert zeichnet Wedekind das Bild des Dienstmädchens, wie es vom Bürgertum gesehen wurde: dumm, leicht zu verführen und seinen natürlichen Trieben in tierisch blindem Instinkt ergeben.

Die alltägliche Banalität der Geschichte wird alleine schon aus der Tatsache deutlich, dass sich gegen Ende des 19. Jahrhunderts die meisten prostituierten Frauen aus dem Dienstmädchenstand rekrutierten. Sie waren rechtlos und konnten jederzeit und nach Belieben der Herrschaft entlassen werden. Besonders in den Augen der Hausherren galten Dienstmädchen als Freiwild und wurden Prostituierten gleichgesetzt. Auch sexuelle Gefälligkeiten wurden von ihnen durchaus als Inbegriff der Dienstleistung verstanden. Im Falle einer Schwangerschaft war dann der Weg zur Prostitution geebnet, da es für ein schwangeres Dienstmädchen keine Alternativen gab. Auch wenn Brigitte nicht vom Hausherrn, sondern von einem unbekannten 'Individium' verführt wurde, war ihr Weg in die Prostitution und damit in die Gosse vorprogrammiert.

Wedekinds Dirnenlieder haben mit der naturalistischen Milieu-Darstellung von Aristide Bruant keine Gemeinsamkeiten. Der aus wohlhabenden Verhältnissen stammende Bänkelsänger und Dramatiker Wedekind nimmt weder das Elend der Dirnen wahr noch solidarisiert er sich mit ihnen. Damit wird deutlich, dass er kein Sozialrevolutionär ist, sondern ein Wegbereiter für die Entfaltung der sexuellen Freiheit. Für ihn ist die Dirne keine gesellschaftlich geächtete und diskriminierte Person, sondern ausschließlich eine Vorkämpferin gegen das Spießbürgertum und für die sexuelle Freizügigkeit. Nach seiner Theorie verkörpert die Dirne einen Frauentyp, der in unserer Gesellschaftsordnung wesentlich mehr Freiheit besitzt als eine Ehefrau aus bürgerlichem Milieu, die aus der Sicht Wedekinds ihr ganzes Leben in einem prostitutionsähnlichen Verhältnis verbringen muss.

Bereits seit Beginn seiner Tätigkeit bei den 'Elf Scharfrichtern' im April 1901 gehört das Bänkellied *Brigitte B.* zum festen Repertoire Wedekinds. Im Juli 1901 sowie im Dezember 1902 und Januar 1903 steht es erneut auf dem Programm des Münchner Brettls und wird von ihm selbst vorgetragen.

Darüber hinaus steht Wedekind im Frühjahr 1901 in Verhandlung mit dem Regisseur Martin Zickel, der ihn im Rahmen eines literarischen Kabaretts zu einem Gastspiel an das Berliner 'Central-Theater' verpflichten möchte. Der Plan zerschlägt sich jedoch, nachdem Wedekinds Bedingung, sein Drama *Der Kammer-sänger* oder *Der Marquis von Keith* aufzuführen, nicht erfüllt wird. Hinzu kommt, dass die Berliner Zensur die Aufführung von *Brigitte B.* verboten hatte.

Der Bänkelsänger
Frank Wedekind mit 26 Jahren

Im November 1901 trägt Wedekind das Lied auf der Bühne des 'Jung-Wiener Theaters zum lieben Augustin' vor und im Februar 1903 ist er im Mannheimer Kunst-gewerbe-Verein zu hören. Auch nachdem die Münchner Kleinkunstbühne ihre Exis-tenz bereits aufgegeben hatte, gastiert er im September 1904 nochmals mit großem Erfolg im 'Intimen Theater' in München. Am 22. Oktober des gleichen Jahres führt ihn eine erfolgreiche Gastspielreise nach Breslau und am 5. März 1905 in den Berli-ner Beethovensaal.

Auch nach seiner Eheschließung mit Mathilde (Tilly) Newes im Jahr 1906 ist das Ehepaar Wedekind auf zahlreichen Gastspielreisen zu hören. Hier kommen nicht nur die Bänkellieder, sondern auch die Tanzdichtungen zu Gehör, bei denen Frank Wedekind seine Frau mit der Laute begleitet. Ihre Tournee führte sie dabei am 17. Januar 1912 nach Basel, anschließend nach Wiesbaden und nach Wien. Besondere Aufmerksamkeit widmet die Presse vor allem der Darbietung und Insze-nierung seines Vortrags. Hier ist von einem Sprechgesang zu lesen, der wehmütig, mit reuig klagender Stimme vorgetragen wurde, aber messerscharf artikuliert war.[154]

Die sieben Heller

Großer Gott im Himmel, sieben
Heller sind mir noch geblieben!
Was nur fang' ich armer Mann
Mit den sieben Hellern an?

Tod und Teufel! Wären's zwanzig
Tanzte gleich noch einen Tanz ich
Auf der Bühne, buntbemalt,
Wo man zwanzig Heller zahlt!

Wären's fünfzehn! – Einen Teller
Wurst kauft man für fünfzehn Heller.
Hungrig bin ich so wie so;
Eine Wurst macht lebensfroh.

Ach, und wären's auch nur zehne!
Ein Schluck Bier, den ich ersehne,
Ist er gleich ein wenig klein,
Muß für zehne käuflich sein.

Aber sieben, sieben ganze
Rote Heller, nicht zu Tanze,
Nicht zu Wurst und nicht zu Bier,
Gar zu nichts verwendbar mir –!

Lehr' mich du, o Fürst der Hölle,
Was tät'st du an meiner Stelle,
Wenn im Beutel du zuletzt
Nur noch sieben Heller hätt'st? –

Alsbald zieht der große Weise
Seine düstren Zauberkreise,
Spuckt nach rechts und links und spricht:
„Hör mich an, du armer Wicht!

Kommt bei Wettersturm und Regen
Dir ein Bettelkind entgegen,
Schwarz von Auge, schwarz von Haar,
Busen im Entwicklungsjahr,

Wirf ihr deine sieben Heller
In des Hemdes losen Göller,
Sag' ihr, sie sei engelschön,
Schweig und heiß sie weitergehn!

Du hast Freude, sie hat Freude,
Freuen werdet ihr euch beide;
Meine Freude hab' auch ich,
Segne und belohne dich!"[155]

Das Entstehungsdatum des Gedichts lässt sich nicht exakt rekonstruieren. Wedekinds Bemerkung, es sei in der Schweiz entstanden, lässt offen, ob der Text aus der Schulzeit, bis 1884, oder aus seiner Zürcher Zeit zwischen 1886 und 1888 stammt. Nicht auszuschließen ist die Datierung auf den Sommer 1893, den er in Lenzburg verbringt. Allerdings könnte es auch möglich sein, dass es in der Zeit zwischen 1895 und 1896 verfasst wurde, als er in Zürich lebte und Dichterlesungen quer durch die Schweiz unternahm. Der Erstdruck erscheint jedenfalls am 10. Oktober 1896 im 'Simplicissimus' mit der Bezeichnung *Die sieben Rappen*. Eine später abweichende Fassung mit dem Titel *Beschwörung* nimmt Wedekind 1897 in die Sammlung *Die Jahreszeiten* auf. Die Publikation in der Sammlung *Die vier Jahreszeiten* erfolgt in nochmals leicht überarbeiteter Form unter dem Titel *Die sieben Heller*.

Die Komposition des Liedes entsteht im April 1901. Der Lieddruck in der Fassung für Gesang, Gitarre und Klavierbegleitung liegt bereits im November 1901 in der Sammlung *Brettl-Lieder* vor. Geringfügig überarbeitet trägt Wedekind das Lied im Februar 1903 in sein Sammelheft *Melodien I* ein. Anlass für eine erneute Bearbeitung im Frühjahr 1906 könnte eine Drucklegung des Liedes in dem Bändchen *Lieder aus dem Rinnstein* gewesen sein.[156] Als Vortragsanweisung ist Marschtempo angegeben.

Die sieben Heller gehört zu den Vortragsstücken Wedekinds mit sehr hoher Publizität. Es ist gewissermaßen eines seiner unverwüstlichen Bänkellieder. Im Gegensatz zu den traditionellen naiven Balladen verfolgt der Autor hier eine andere Lesart, als wir sie eigentlich erwarten. Die Sensationsgier, die den eigentlichen Bänkelsang charakterisiert, der rührselige und schauerliche Tonfall, die typisierte und formelhafte Sprache erhalten durch seine Doppelbödigkeit hier eine ganz andere Aussage. Was er uns zeigt, ist eine Mischung aus Ironie, Sarkasmus und Parodie. Durch seinen besonderen Darstellungsstil verkehrt sich die Logik von Schuld und Sühne, die systemstabilisierende Aufgabe des Bänkelsangs, geradezu ins Gegenteil.

Der Dichter lässt in dieser traurig-schaurigen Ballade mit diabolischem Humor Bitterkeit, Ironie und Hohn anklingen. Dabei machen es der Besitz des Geldes und ein positives Verhältnis zu den vielfältigen Lebensgenüssen dem Besitzer der 'sieben Rappen' schwer, trotz vieler Überlegungen die richtige Entscheidung zu treffen. Typisch für Wedekind sind die Kontrastformen, so dass er zugleich den 'großen Gott im Himmel' und den 'Fürst der Hölle' zu Rate ziehen muss, um als 'armer Wicht' eine Entscheidung treffen zu können. Im ersten Augenblick erscheint es so, dass die Genüsse mit dem finanziellen Einsatz immer bescheidener werden. Nicht der 'Tanz auf der Bühne', der für 'zwanzig Heller' zu bekommen wäre, und auch nicht ein 'Teller Wurst' und 'ein Schluck Bier', der für 'fünfzehn Heller' käuflich wäre, sind erstrebenswert. Vielmehr genügt der Einsatz von bescheidenen sieben Hellern, den er dem 'Bettelkind' in des Hemdes losen 'Göller' (Kragen) wirft, um zwei Menschen restlos glücklich zu machen. 'Du hast Freude, sie hat Freude, freuen werdet ihr euch beide'. Mit der Beschreibung des Bettelkindes, 'schwarz von Auge, schwarz von Haar, Busen im Entwicklungsjahr', lässt sich auch diese Ballade dem Genre der Dirnenlieder zuordnen. Mit der religiösen Schlussformel 'Segne und belohne dich!' präsentiert uns Wedekind wieder den eiskalten Zynismus des Bänkelsängers.

Für Wedekinds Figuren besitzt das Geld stets eine magische Anziehungskraft. Geld ist nicht Mittel zum Zweck, sondern Selbstzweck. Es ist ein Mittel, um Glück und Genuss zu kaufen. So versteht es sich auch, dass jeder Lebensgenuss seinen Preis hat, und so wird aus den sieben Hellern das Bestmögliche gemacht. Wer das Geld zu erwerben versteht, steigt auf, wer es verliert, steigt ab. Genau so, wie er es später in seinem Schauspiel *Der Marquis von Keith* formulieren wird. Dabei bleibt Geld stets die Triebfeder allen menschlichen Handelns.

Wedekind trägt die Balladen-Romanze, wie er sie selbst bezeichnet, am 26. April 1901 und später nochmals im Mai des gleichen Jahres bei den 'Elf Scharfrichtern' vor. Im Juli 1901 kündigt er Martin Zickel, dem Mitbegründer des Kabaretts 'Schall und Rauch' in Berlin eine Liste mit Vortragsnummer an, zu denen auch *Die sieben Heller* zählen. In den folgenden Jahren kommt das Lied noch auf Gastspielreisen in Wien, Mannheim und Dresden zum Vortrag.

Begleitet von der Laute ihres Mannes trägt Tilly Wedekind diese Ballade 1912 in Basel, Wiesbaden und Wien vor. Zum letzten Mal ist das Bänkellied anlässlich eines Vortragsabends am 24. Januar 1918 durch Frank Wedekind in der 'Bonbonniere' in München zu hören. Dabei handelt es sich um jene Vorstellung, bei der auch Bertolt Brecht zugegen war und die von ihm als ein einmaliges künstlerisches Ereignis beschrieben wird.[157]

Galathea

O wie brenn' ich vor Verlangen,
Galathea, schönes Kind,
Dir zu küssen deine Wangen,
Weil sie so verlockend sind.

Daß ich auch die Gnade fände,
Galathea, schönes Kind,
Dir zu küssen deine Hände,
Weil sie so verlockend sind.

Und was tät' ich nicht, du süße
Galathea, schönes Kind,
Dir zu küssen deine Füße,
Weil sie so verlockend sind.

Und mich treibt der Pulse Stocken,
Galathea, schönes Kind,
Dir zu küssen deine Locken,
Weil sie so verlockend sind.

Aber deinen Mund enthülle,
Mädchen, meinen Küssen nie,
Denn in seiner Reize Fülle
Küsst ihn nur die Phantasie.[158]

Bereits im Sommer 1881 entstehen aus der Feder des siebzehnjährigen Gymnasiasten die ersten erotischen Gedichte, die dem Zyklus *Felix und Galathea* zugeordnet werden können. Das gesamte Opus nennt sich *Bucolica* und ist eine Anspielung auf die Hirtengedichte von Vergil, die der Verherrlichung des Landlebens dienen. Wegen des Hanges zu 'Poetasterei' wird dem Vater von Frank Wedekind im Frühjahr 1881 nahegelegt, den Sohn aus der Schule zu nehmen und ihm Privatunterricht geben zu lassen. So kommt es, dass der jugendliche Autor den ganzen Sommer auf dem Schloss der Eltern verbringt. „Dabei nutzt er jede Gelegenheit, um seine erste größere Dichtung fertig zu stellen. Weil er Leben und Sexualität aus der Perspektive des anderen Geschlechts erfahren möchte, schafft er sich für seine Schäferspiele in der Phantasie die ideale Begleiterin, Galathea. Da sich keine von Lenzburgs Töchtern dazu herablassen möchte, die Stricknadel mit dem Hirtenstab zu vertauschen, ist sie von nun an in seinem Geiste die ideale Gefährtin. Mit ihr sitzt er an den schönen Sommertagen an den Hängen des Burgberges und hütet in

Ermangelung von Schafen die Schlossesel, die für den Wassertransport gehalten werden. Dabei träumt er in schönen Versen davon, wie Amor die Königin seines Herzens mit seinen Pfeilen traktiert."[159] Unter Rückgriff auf die antike Pastoraldichtung zeichnet Wedekind die Gestalt der 'Galathea' als naives und schalkhaftes Hirtenmädchen. Dabei lässt der Text der Phantasie des pubertierenden Jugendlichen freien Lauf, so dass sich inhaltlich deutliche Parallelen zur erotischen Literatur der Jahrhundertwende ergeben. Die gesamte Dichtung könnte als Ausfluss pubertärer Phantasie beiseite gelegt werden, wäre sie nicht Anlass zu einem ausgiebigen Briefwechsel, aus dem sich die entscheidende Übergangsphase von der spielerischen Jugendlyrik zu ernsthaften dichterischen Projekten Wedekinds nachweisen ließe.

Nach Aussagen Wedekinds ist *Galathea* dem Zyklus *Bucolica* entlehnt[160] und wird erstmals 1897 als selbständiges Gedicht in der Sammlung *Die Jahreszeiten* veröffentlicht. Im Jahr 1905 erfolgt der Abdruck in dem Bändchen *Die vier Jahreszeiten* in leicht überarbeiteter Form.

Bereits im Frühjahr 1901 entstehen zwei unterschiedliche Ausführungen des Liedes *An Galathea*. Diesen folgt, vermutlich bis Mai 1901, eine dritte Schreibart innerhalb des Konvolutes *Brettl-Lieder*, die den Titel *Galathea, ein Gassenhauer* trägt und mit Opus XIV gekennzeichnet ist. Im Februar 1903 nimmt Wedekind das Lied in das Sammelheft *Melodien I* auf. In der Ausgabe *Lautenlieder* finden wir es als Nummer fünf.

Die fünf Strophen des Liedes lassen eine deutliche Steigerung des Verlangens erkennen. Dies zeigt sich an der viermaligen formelhaften und einhämmernden Redewendung 'Galathea, schönes Kind' sowie an dem Kehrreim 'weil sie so verlockend sind'. Der Liebesschmerz, den der Verehrer der heißgeliebten Galathea empfindet, ist von dem unstillbaren Verlangen und einer ständigen Steigerung der Begierde geprägt. So begnügt er sich zunächst 'Wangen', 'Hände', 'Füße', 'Locken' und dann schließlich in der Fülle seiner Reize den 'Mund' zu küssen. Dennoch bleibt die Anspielung versteckt und der Leser bemerkt erst bei genauerem Hinsehen, dass er nicht den Mund küssen möchte, sondern andere Lippen begehrt. Wie sich jedoch zeigt, bleibt der unerfüllte Wunsch in der 'Phantasie' am schönsten, denn 'deinen Mund enthülle, Mädchen, meinen Küssen nie'. Somit behandelt die Ballade das Thema, wie die reine Macht der Phantasie gegenüber allen Reizen und Genüssen der Wirklichkeit erhaben ist.[161]

Im April 1901 erfolgt die Erstaufführung des Liedes bei den 'Elf Scharfrichtern', um auch 1902 und 1903 nochmals mit großem Erfolg präsentiert zu werden. Eine Tournee der 'Elf Scharfrichter' am 29. Juli 1901 auf die Mathildenhöhe in Darmstadt findet beim Publikum und in der Presse ein positives Echo: „,Die Elf Scharfrichter' gaben am Freitag ihre erste Gastvorstellung im Schauspielhaus der Künstlerkolonie. Sie brachten künstlerisch sehr gelungene Erzeugnisse parodierend zu Gehör. Einen Vergleich mit Wolzogens 'Buntem Theater' lehnen die 'Scharfrichter' zwar ab, er drängt sich aber unwillkürlich auf. Es ist interessant, dass die 'Scharfrichter' Wert darauf legen, dass sie kein 'Überbrettl', sondern ein 'Künstlerbrettl' sind. Eigentümlich war, dass die Ankündigungen der Vorträge durch einen Ausländer, einen Franzosen, geschahen, der das Deutsche gebrochen sprach, infolgedessen manches seiner Mitteilungen unverständlich blieb.

Zum Vortrag gelangten Lieder, Balladen, Gedichte und literarische Parodien nach bekannten Mustern. Vortragende waren Marya Delvard, eine stimmlich bevorzugte Sängerin und talentvolle Darstellerin, und die Herren Frank Wedekind, Hannes Ruch, Frigidius Strang und Dionysius Tod, denen sich noch der eine oder andere, dessen Namen wir nicht verstanden haben, angeschlossen haben mag. Den Schluss eines jeden Teiles bildete eine szenische Aufführung; den ersten Teil beschloss ein Zwischenaufzug *Der Veterinärarzt,* der den Gipfel des genialen Blödsinns bezeichnete. Die beste Nummer des Abends war ohne Zweifel ein Monodrama in einem Satz *Der Nachbar* mit einer redenden und sieben schweigenden Personen, dessen Idee und Ausführung einen sehr glücklichen Humor erkennen ließen. Das Publikum bereitete den Exekutionen der Scharfrichter eine sehr freundliche Aufnahme und großen Beifall."[162]

Wie die Karikaturisten Frank Wedekind mit seiner 'penetranten Eleganz' sahen

Darüber hinaus wurde *Galathea* in folgenden Orten aufgeführt: März 1903 in Nürnberg, Oktober 1904 in Breslau und März 1905 in Berlin. Dieses Bänkellied war Teil des neuen Repertoires von Tilly Wedekind, mit dem sie gemeinsam mit ihrem Mann 1912 in Basel, Wiesbaden und Wien auftrat. Letztmals sang Frank Wedekind diese Ballade am 9. Februar 1912 auf einer Seminarveranstaltung seines Freundes, des Universitätsprofessors Dr. Artur Kutscher, in München und erntete nicht endenden Beifall.

Franziskas Abendlied

Weiß die Mutter doch so gut,
Wann die Äpfel reifen,
Und ihr eigen Fleisch und Blut
Will sie nicht begreifen!

Wenn ich nicht so trostlos wär',
Ging's mir wohl um Treue;
Kommt das Glück von Ungefähr,
Folgt ihm keine Reue.

Seht euch nur dies Leben an,
Hühner, Enten, Gänse –
Drüben schwingt der Schnittersmann
Schon die blanke Sense.

Baut' ich auf den lieben Gott,
Baut' auf meine Karten,
Ward bei Beiden mir zum Spott,
Lernte fleißig warten!

Zwanzig Sommer sind vorbei,
Armes, kurzes Leben –
Hast nun einen süßen Mai
Heimlich doch gegeben!

Ist die Nacht nicht gar so still,
Stiller wird's am Tage;
Weiß man einmal, was man will,
Scheut man keine Plage.

Mütterchen zergrübelt sich,
Streicht die weißen Haare,
Träumt so mancherlei für mich,
Träumt sich nicht das Wahre.

Schrecklich ist die Einsamkeit
Nur auf Gottes Erden.
Schön ist auch ein Glück zu Zweit,
Will's zu Dritt nicht werden.

Kommen viele Jahre noch,
Langes, kaltes Sterben;
Durft' ein einzig Mal ich doch
Um mein Schicksal werben!

Not und Schande, Angst und Pein,
Alles will ich tragen,
Wird es nur kein Mägdelein,
Will ich gar nicht klagen.[163]

Der Erstdruck des Gedichts erscheint am 9. Mai 1896 im 'Simplicissimus' unter dem Titel *Lieschens Abendlied*. In einer bearbeiteten Fassung nimmt Wedekind den Text 1897 unter dem Titel *Franziskas Abendlied* in die Sammlung *Die Jahreszeiten* auf. Für den Abdruck im Heft *Die vier Jahreszeiten* gibt es keine Änderungen. Dabei orientieren sich Metrum und Strophenform an der Vagantenstrophe, die in der mittelalterlichen Dichtung gerne verwendet wurde. Ursprünglich bestand sie aus einer vierhebigen trochäischen Langzeile mit einem stumpf endenden Anvers und einem weiblich klingenden Abvers. Daraus entwickelte sich später das kreuzgereimte vierzeilige Strophenmaß, das im Kirchen- und Volkslied Eingang fand. Seine eigentliche Blütezeit erlebte diese Dichtung allerdings erst nach 1800.

Die Komposition des Liedes entsteht im Mai 1901. Im Sommer des gleichen Jahres korrespondiert Wedekind mit Otto Julius Bierbaum über Publikationsmöglichkeiten seiner Lieder im Insel-Verlag. Vermutlich gehört auch *Franziskas Abendlied* zu den bevorzugten Liedern, die er für den Druck vorgesehen hatte. Die Balladen-Romanze, wie Wedekind *Franziskas Abendlied* nennt, ist in den *Lautenliedern* als Nummer 22 zu finden.

In dem Gedicht thematisiert Wedekind den Konflikt zwischen gesellschaftlicher Moral und natürlichem Trieb. Dabei gerät Franziska durch die Unaufrichtigkeit ihrer Mutter zwischen die Fronten der bürgerlichen Gesellschaft. Die Sexualität und der Verhaltenskodex des Bürgertums lassen sich nun einmal in der Wilhelminischen Ära nicht zusammen vereinbaren. Die Mutter weiß sehr wohl 'wann die Äpfel reifen', dass ihre Tochter jedoch zwischenzeitlich nach 'zwanzig Sommern' zu einer erwachsenen Frau 'herangereift' ist, möchte sie nicht wahrhaben. Trostlos verläuft das junge Leben, in dem nicht einmal ein kleines Glück ohne Reue Platz findet. Am Beispiel des 'Schnittersmanns', der die 'blanke Sense' schwingt und Hühner, Enten und Gänse hinweggrafft, deutet der Autor bereits in der dritten Strophe an, dass in Anbetracht des 'kurzen Lebens' eigentlich ein 'süßer Mai' folgen müsse. Selbst das vergebliche Warten und Hoffen auf den 'lieben Gott' bringt die junge Frau ihrem Glück nicht näher. So bleibt Franziska in ihrem kurzen

Leben nur ein 'heimliches' Liebesglück beschieden, wenn sie der schrecklichen 'Einsamkeit' entgehen möchte. Auch wenn das Glück 'zu dritt nicht werden' will, sieht sie der Situation gefasst ins Auge, denn 'schön ist auch ein Glück zu zweit'. Viel schlimmer als 'Schande, Angst und Pein' ist jedoch der schreckliche Gedanke, dass ihr Kind ein 'Mägdelein' wird, dem eines Tages das gleiche Schicksal wie ihr bevorstehen könnte. Der Autor rüttelt hier sehr feinsinnig und verhalten am Tabubruch der bürgerlichen Moral, zeigt einen gangbaren Weg und weckt gleichzeitig unser Mitgefühl mit einer alleinerziehenden Mutter in der Kaiserzeit.

Die gleiche Thematik hat Wedekind bereits 1890 in seiner Kindertragödie *Frühlings Erwachen* aufgegriffen. Auch hier steht nicht der Zeugungsvorgang im Mittelpunkt des Geschehens, sondern, diesen Vorgang gewissermaßen überspringend, das Kinderkriegen. Auch Frau Bergmann, die Mutter 'Wendlas', schweigt die biologischen Zusammenhänge tot und negiert jegliche Form der Sexualität, so dass die unaufgeklärte Tochter nach einem ersten Liebesabenteuer schwanger wird und einem Abtreibungsversuch zum Opfer fällt. Franziskas Liebesabenteuer fordert jedoch nicht das Leben des Mädchens, sondern drängt sie, der Moralvorstellung des 19. Jahrhunderts entsprechend, in das gesellschaftliche Abseits.

Wie bereits erwähnt, ist die Komposition der Balladen-Romanze spätestens am 11. Mai 1901 abgeschlossen, da das Lied an diesem Tag öffentlich bei den 'Elf Scharfrichtern' auf die Bühne kommt. Bereits im Oktober, November und Dezember des gleichen Jahres gehört es zum festen Repertoire von Marya Delvard, die es auch 1902 nochmals vorträgt. Auf folgenden Gastspielreisen des Autors ist die Ballade zu hören: November 1901 in Wien, März 1903 in Nürnberg und November 1904 in Breslau. Am 5. März 1905 wird das Lied im Berliner Beethovensaal in einer gemeinsamen Veranstaltung mit Wedekind, Gertrud Eysold und Detlev von Liliencron dem Publikum dargeboten.

Wedekinds Ehefrau Tilly singt die Romanze im Januar 1912 in Basel und in Wiesbaden. Die Schweizer Presse berichtet: "Der Verfasser betonte in der Einleitung, dass sein Lebenswerk in seinen Dramen liege. Diese Balladen würden seinen Ruhm kaum rechtfertigen. Stofflich sind es zumeist Mädchenschicksale über das Thema, wie unerfahrene Geschöpfe fallen, wenn möglich schon zwischen vierzehn und fünfzehn Jahren."[164]

Obwohl dieses Lied zu den am häufigsten vorgetragenen Kompositionen des Autors zählt, ist es im Spiegel der Kritik kaum präsent. Die Presse hält dennoch fest, dass es zu den 'besten Sachen' aus Marya Delvards Repertoire gehört.[165]

Der Tantenmörder

Ich hab' meine Tante geschlachtet,
Meine Tante war alt und schwach;
Ich hatte bei ihr übernachtet
Und grub in den Kisten-Kasten nach.

Da fand ich goldene Haufen,
Fand auch an Papieren gar viel
Und hörte die alte Tante schnaufen
Ohn' Mitleid und Zartgefühl.

Was nutzt es, daß sie sich noch härme!-
Nacht war es rings um mich her -
Ich stieß ihr den Dolch in die Därme,
Die Tante schnaufte nicht mehr.

Das Geld war schwer zu tragen,
Viel schwerer die Tante noch.
Ich faßte sie bebend am Kragen
Und stieß sie ins tiefe Kellerloch.-

Ich hab' meine Tante geschlachtet,
Meine Tante war alt und schwach;
Ihr aber, o Richter, ihr trachtet
Meiner blühenden Jugend-Jugend nach.[166]

Das Gedicht wird 1897 in der Sammlung *Die Jahreszeiten* erstveröffentlicht. 1903 erscheint es in der Anthologie *Lieder aus dem Rinnstein* in einer leicht überarbeiteten Fassung. Für den Abdruck im Heft *Die vier Jahreszeiten* bleibt der ursprüngliche Text verbindlich. Anregungen zur Motivwahl könnte Wedekind aus einem populären Polkamarsch bezogen haben, der um die Jahrhundertwende in Tanzlokalen zu hören war.

Der Briefwechsel zwischen Frank Wedekind und der Schulfreundin Sophie Haemmerli-Marti belegt, dass die Idee zu diesem Lied bereits 1885 entsteht. Die endgültige Fassung mit der Notation liegt jedoch erst im Frühjahr 1901 vor und wird als Opus I in das Konvolut *Brettl-Lieder* aufgenommen. Im Februar 1903 trägt Wedekind das Lied in das Sammelheft *Melodien I* ein. In der Ausgabe *Lautenlieder,* die 1920 erscheint, finden wir es als Nummer 14.

Düster und grauenvoll erfahren wir in dieser Moritat die gedrängte Schilderung eines Mordes. Unsere ganze Aufmerksamkeit und Sympathie wendet sich nicht dem Opfer, sondern dem Täter zu. Dass die Tante 'geschlachtet' wurde, weil sie alt und schwach war, ist eine ungewöhnliche Begründung. Statt Weltanschauung zu formulieren, begnügt sich Wedekind hier mit dem Überraschungseffekt des Fremdartigen. Die unfreiwillige Komik, wie sie in der Trivialmoritat vorgeprägt ist, wird damit zum Kunstmittel erhoben.

In seinem Ich-Ton erinnert diese Ballade an die alten Moritaten der fahrenden Bänkelsänger, die auf Jahrmärkten einem staunenden Publikum die neuesten Schauergeschichten, politischen Ereignisse, Katastrophen und blutigen Verbrechen in grellen Farben schilderten. „Wedekind nutzt den Bänkelsängerstil bewusst und befindet sich damit in guter Gesellschaft: Die berühmtesten Balladendichter Schiller, Bürger, Heine und Friedrich Theodor Vischer kannten und verwendeten ihn ebenfalls."[167] Dennoch unterscheidet sich dieses Bänkellied wesentlich von den volkstümlichen Balladendichtern, bei denen stets das Gute siegt und das Böse bestraft wird und es somit keinen doppelbödigen Humor gibt.

Thematisch orientiert sich der Autor mit diesem Text an dem Typus des 'Hinrichtungsliedes'. Lieder dieser Art werden auch Abschiedslieder genannt und haben die letzten Äußerungen des zum Tode Verurteilten zum Inhalt: Lebensbeichten oder Botschaften an Angehörige. Detaillierte Berichte über Verbrechen wie Mord waren neben Katastrophen aller Art Hauptthemen des Bänkelsangs. „Das Kabarettlied greift thematisch wie formal auf diese Traditionslinie zurück, ebenso wie auf die in 'Des Knaben Wunderhorn' vertretenen Hinrichtungslieder."[168] Darüber hinaus werden die Vertreter des französischen Kabaretts wie Aristide Bruant mit seinem legendären *A la Roquette* für das Verbrecherlied im deutschen Kabarett verwendet.

Diese von gnadenloser Drastik strotzende, trotzdem aber mit einem geradezu unglaublichen Schuss kesser Unbekümmertheit vorgetragene Gerichtsrede wird gerne zitiert, wenn von dem Schärfsten der 'Elf Scharfrichter' die Rede ist und zu seiner Charakterisierung etwas vollständig Ungewöhnliches beigetragen werden soll. So ziemlich all seine Spezifika wurden in dieser Verteidigungs- und Angriffsrede eines Raubmörders wahrgenommen: Man hat den Zynismus und Sarkasmus herausgehört, makabre, satirische, komische, ironische und groteske Züge, Verfremdungs- und Schockeffekte, Unstimmigkeiten und Widersprüche im höchsten Grad. Es besteht gar kein Zweifel, dass all diese Beobachtungen richtig sind, nur besagen sie sehr wenig, solange der Sinn dieser ganz und gar außergewöhnlichen Justizattacke nicht ausgeleuchtet wird. Wedekinds Sprache baut ein Netz von Widersprüchen auf, in dem sich jede Wirklichkeitsillusion verfängt. Es geht also nicht um eine realistische Schilderung der Ereignisse, sondern darum, Illusionen und Erkenntnisse zu zerstören.

Ein junger Mann steht als 'Tantenmörder' vor Gericht und schildert den Hergang des Verbrechens. Er hat einen Raubmord begangen, der wohl kaum an Ungewöhnlichkeit und krimineller Energie zu überbieten ist. Der Mörder steht fest, ebenso die ermordete Person. Das Tatmotiv der ungerechtfertigten Bereicherung mit vorsätzlicher Todesfolge liegt ebenfalls auf der Hand. Ein alles in allem völlig klarer Fall gerät durch die Art und Weise des Berichts, der sich auf den ersten Blick wie ein haarsträubendes Geständnis liest, zu einer Ungeheuerlichkeit. Hier stellt sich die Frage, wie würde sich ein vergleichbarer Verbrecher vor Gericht verhalten? Ohne Frage würde er mit allen Mitteln versuchen, so unschuldig wie nur irgend möglich zu erscheinen. Genau das Gegenteil aber ist hier der Fall. Schon in der ersten Zeile legt er nicht nur ein Geständnis ab, sondern formuliert zugleich mit der Bezeichnung 'Der Tantenmörder' die Schlagzeile, die im Pressebericht stehen könnte. Er hat seine Tante eben nicht 'getötet', sondern 'geschlachtet'. Damit wählt er mit Bedacht einen Ausdruck, der eigentlich nur dem Metzger vorbehalten bleibt. Da es wohl aber noch nie einen Schweineschlächter gegeben haben dürfte, der ein Schwein geschlachtet hätte, indem er ihm den 'Dolch in die Därme' stieß, wird das Ausmaß dieses Handelns nochmals ungeheuerlicher. Hinzu kommt, dass er die Ermordung minutiös schildert, wodurch der vorweggenommene Ausdruck des Schlachtens umso greller akzentuiert wird. Somit steht fest, dass er seine Tante eigentlich symbolisch geschlachtet hat, gleichsam wie ein Spar-Schwein.

Der Schockeffekt, den Wedekind hiermit bezweckt, wird formal noch fassbarer, wenn man das Mittelstück der dritten Strophe von den beiden Außenzeilen isoliert und getrennt betrachtet: 'Nacht war es rings um mich her'. Der Spätromantikervers mit seiner festgelegten sentimentalen Stimmungsaura, die einen empfindsamen Kontext mit Mond und Seele erwarten lässt, prallt mit dem nachfolgenden Text zusammen: 'Ich stieß ihr den Dolch in die Därme'. Ein wahrhaft barbarischer Kontrast. „Als kaum weniger anstößig wurde von den Zeitgenossen der Inhalt dieser Strophen empfunden: die Brüskierung der Bürgerwelt durch Gestalten einer betont außer- und unterbürgerlichen Herkunft, die Konfrontation des Bürgers mit dem Dirnen- und Verbrechermilieu."[169] Es ist eine Aufwertung des Anormalen und Ungesetzlichen, ein Hass gegen jede gültige Ordnung, ein Pauschalprotest des 'Bürgerschrecks' Wedekind gegen alle festen Werte. Dabei steht der Besitz des Geldes in einem positiven Verhältnis zum Lebensgenuss und damit zu Wedekinds Hedonismus. Die 'Nacht', die am Tatort herrschte, bezieht sich im Kontext weniger auf die Tageszeit, als auf die psychische Verfassung des Neffen, der seine Tante wie ein Besessener im Rausch ermordet hat; er war umnachtet.

Soweit der Leser überhaupt in der Lage ist, in diesem absolut monströsen Fall Partei zu ergreifen, besteht kein Zweifel, dass die Sympathie der Toten gehört und vom Gericht eine drastische Bestrafung des Mörders erwartet wird. Bei so eindeutiger Sachlage liegt es nahe, dass man Hintergedanken vermuten muss. Es empfiehlt sich deshalb, die Ebene des normalen Rechtsbewusstseins zu verlassen und den Fall aus der Perspektive des Angeklagten zu betrachten.

Der Täter leugnet nichts, er beschönigt nichts, im Gegenteil! Er berichtet den Tathergang in einer Art und Weise, die jede Spur von Reue vermissen lässt. Er berichtet die Wahrheit in einer so haarstäubenden Weise, dass sie einem den Atem verschlagen muss. Bei intensivem Hinhören lässt sich sogar eine gewisse beschwingte Belustigung vernehmen. Dieses Verhalten legt nahe, dass er von seinem Unrecht nicht überzeugt ist, sondern glaubt, das einzig Richtige getan zu haben. In der letzten Strophe erreicht die Rede ihren Höhepunkt, indem der Verbrecher die beiden ersten Verse 'Ich hab' meine Tante geschlachtet' nochmals wörtlich wiederholt und nicht etwa mit einem reumütigen Apell um Gnade und Barmherzigkeit schließt, sondern mit einer geradezu ungeheuerlichen Anklage gegen die Richter, wenn er sagt: 'Ihr aber, o Richter, ihr trachtet meiner blühenden Jugend-Jugend nach'.

Während bei allen Strophen der Notation ein ständiger Wechsel zwischen Moll und Dur auffällt und damit eine gewisse Identität vorhanden ist, bildet die letzte Strophe eine Ausnahme. Die Anklage gegen den Richter wird aus dem homogenen Zusammenhang herausgerissen und eine Oktave höher vorgetragen. Nicht zu überhören ist somit, dass die Tat in scharfem Kontrast zum Tun der Richter steht. Nachdem es die Richter auf die 'blühende Jugend-Jugend' des Täters abgesehen haben, wird die richterliche Instanz zum Komplizen der Tante, die nun seine goldene Jugend zerstören will.

Wedekind bedient sich gerne volkstümlicher Redewendungen. Deshalb liegt es nahe, dass er mit der Formulierung 'Kragen', an dem der Neffe seine Tante nach vollbrachter Tat 'bebend ...fasste', eigentlich Geizkragen meint. Da Geld, Vitalität und Sexualität ein häufig variiertes Thema des Autors sind, stellt sich die Frage, in welcher Beziehung die 'goldenen Haufen' der Tante zu deuten sind. Darüber hinaus erfährt man von der 'geschlachteten' Tante, dass sie zwar 'alt und schwach', aber auch reich war. Nicht reich an Liebe und Güte, sondern an 'goldenen Haufen' und Wert-'Papieren'. Man erfährt nicht, wie sie ihre 'Kisten-Kasten' im Laufe ihres Lebens gefüllt hat. Es ist jedoch anzunehmen, dass sie ein Leben lang alles gehortet und zusammengeknausert hat. Jetzt im Alter ist sie dazu verflucht, sich libidinös auf ihren Besitz zu fixieren. Da sie ihn nicht mehr nutzen kann, muss sie ihre letzten Tage in quälender Angst mit Furcht und Härme verbringen, käme nicht ihr Neffe, um bei ihr zu übernachten und sie von dieser Last zu befreien.

In volkstümlich derber Sprechweise verrät ihr 'Schnaufen', dass die Tötung für den Neffen kein leichtes Spiel war. Es ist anzunehmen, dass sie sich an all ihren Schätzen festgeklammert hatte, so dass der Neffe nach begangener Tat erhebliche Mühe aufwenden musste, um sie 'ins tiefe Kellerloch' zu stoßen. In diesem Zusammenhang lässt sich vermuten, dass der tödliche Dolchstoß in die 'Därme', in den vulgären Ort der Sinnlichkeit, mit dem Akt einer verspäteten grausigen Defloration verglichen werden kann. Hinzu kommt der Stoß ins 'Kellerloch', so dass die Tötungshandlung metaphorisch sexuell gefärbt scheint. Die sonderbaren, formal höchst auffälligen Doppelformen 'Kisten-Kasten' und 'Jugend-Jugend' des unbekümmerten Täters kontrastieren aufs Schärfste mit den 'goldenen Haufen' und Wert-'Papieren' der Tante. Im Kontrast zur 'Jugend-Jugend' ist die formelhaft stabreimende Formulierung 'Kisten-Kasten' mit ihrer Vokalvarianz 'i-a' auffällig. Es gehört nicht viel Phantasie dazu, um einen Eselsschrei herauszuhören aus dem der Hohn auf ein sinnlos verpfuschtes Leben deutlich wird. Der Kontext dürfte die Vermutung stützen, dass die sprichwörtliche 'goldene Jugend' durch die Tante nicht gelebt wurde und stattdessen nur materielle Werte gehortet und in Schatzkästen vergraben wurden. Mit Bedacht, so scheint es, hat der Autor wohl deshalb auch den Ausdruck 'Haufen' gewählt. [170]

Nicht von ungefähr hat Wedekind in dem bereits erwähnten Brief an Karl Rößler die *Tantenmörder*-Ballade als das ausgesucht bedenklichste und gefährlichste Bänkellied bezeichnet. Denn die altersschwache Tante ist eben nicht nur eine bedauernswerte gebrechliche Frau, sondern verkörpert bildhaft eine sich durch Haben definierte Gesellschaft, der durch den Mörder der Gnadenstoß versetzt wird. Hier liegt die alle gesellschaftlichen Normen sprengende Aussage der Ballade. Recht und Gericht, die Garanten der bürgerlichen Ordnung werden problematisiert und stigmatisiert.

Georg Brandes schreibt 1908 in einem Pressebericht: „Wedekind hat in diesen Themen selten die Grazie, die Heine eigen ist und die sogar Bänkelsänger der romanischen Völker auszeichnet, aber durch die eigentümliche Nuance des Grotesken wirkt er besonders ursprünglich und überzeugend, besonders wenn er die Ereignisse auf tragikomische Weise mit dem Grauenhaften vermischt. Er ist ein Gaukler, der mit spitzigen Messern spielt, ein Clown mit einer Totenmaske, ein Tierbändiger, der wilde Tiere mit der Hetzpeitsche jagt."[171]

Zum ersten Mal kommt das Lied im Juli 1901 bei den 'Elf Scharfrichtern' zur Aufführung. Bereits im Dezember 1902 und im Januar 1903 finden wir es erneut auf dem Programm. Zum Vortrag kommt es auch auf folgenden Gastspielreisen: November 1901 Wien, Februar 1903 Mannheim und Nürnberg, Oktober 1904 Breslau und März 1905 Berlin. [172]

Der Taler

Blitzt der Taler im Sonnenschein,
Blitzt dem Kind in die Augen hinein,
Über die Wangen rollen die Tränen.
Mutter zieht gar ein ernst Gesicht:
Vor dem Taler, Schatz, fürchte dich nicht;
Nach dem Taler sollst du dich sehnen.

Sieh, mein Herzblatt, auf Gottes Welt
Für uns Menschen gibt's nichts ohne Geld,
Hätt' ich dich, Herzblatt, auch nicht bekommen.
Bist noch so unschuldig, noch so klein,
Willst doch täglich gefüttert sein,
Hast es mir selbst aus der Tasche genommen.

Darfst nicht weinen, bist all mein Glück;
Gibst mir's tausendfältig zurück.
Sieh, die goldene Sonne dort oben,
Brennt sie dir gleich deine Guckaugen wund,
Nährt und behütet den Erdenrund,
Dass alle Kreaturen sie loben.

Nach der Sonne in goldener Pracht
Haben die Menschen ihr Geld gemacht;
Ohne das Geld muß man elend sterben.
Sonne ist Glück und Glück ist Geld;
Wem es nicht schon in die Wiege fällt,
Der muss es mühevoll sich erwerben.

Sieh, mein Herzblatt, den grünen Wald,
Drin der Vögel Gezwitscher erschallt;
Wie das so lieblich ist anzuschauen!
Hast du kein Geld für das morgige Brot,
Dir sind all die Vögelein tot,
Und der Wald ist ein schrecklich Grauen!

Geld ist Schönheit! Mit recht viel Geld
Nimmst du den Mann, der dir wohlgefällt,
Keinen hässlichen, keinen alten.
Sieh, der reichen Hände, wie weiß!

Wissen nichts von Frost und Schweiß!
Haben keine Schwielen noch Falten.

Bei uns Armen ist eins mal schön,
Aber nur im Vorübergeh'n;
Morgen schon ist zerrupft sein Gefieder.
Oder die Schönheit wird ihm zu Geld:
Kommt es hinauf in die große Welt,
Steigt es nicht leicht mehr zu uns hernieder.

Kind, hab acht auf wahren Gewinn:
Geld ist Freiheit, ist Edelsinn,
Menschenwürde und Seelenfrieden.
Alles kehrt sich zum goldenen Licht,
Warum sollen wir Menschen es nicht?
Dir, mein Kind, sei das Glück beschieden.[173]

Das Gedicht wird am 30. Mai 1896 im 'Simplicissimus' erstveröffentlicht. Der Abdruck in der Sammlung *Die Jahreszeiten* erfolgt 1905 und mit leichten Veränderungen in der Ausgabe *Die vier Jahreszeiten* 1912.

Im Frühjahr 1901 entsteht die vollständige Komposition des Liedes, das als Opus XVII in die *Brettl-Lieder* aufgenommen wird. Im Februar 1903 trägt es Wedekind in das Sammelheft *Melodien I* ein. Mit geringfügigen Änderungen erscheint es 1917 als Nummer 4 im Heft *Lautenlieder*.

Die 'Balladen-Romanze' *Der Taler*, wie sie Wedekind selbst bezeichnet, zeigt den Schmerz einer armen Mutter, die ihrem Kind einen Taler zeigt, um ihm beizeiten die Bedeutung des Geldes deutlich zu machen. Deshalb ist es auch kein Zufall, dass der blitzende Taler bereits in der ersten Strophe mit Hilfe der Sonne ins 'rechte Licht gerückt' wird. Dennoch erweckt sein Glanz keine Freude bei dem Kind, sondern lässt bittere Tränen über seine Wangen rollen. Für die Mutter ist es unverständlich, dass sie ihr Kind mit so grundsätzlichen Regeln der Gesellschaft vertraut machen muss. Denn vor dem Taler soll man sich nicht fürchten, nach ihm soll man sich 'sehnen', wie sie sagt.

Und wieder ist es Wedekinds Kontrastprogramm, mit dem er seine Leser und Zuschauer konfrontiert. Zuerst baut er eine sentimentale Stimmung auf und zeigt uns ein unschuldiges Kind, das von der Mutter mit Koseworten überhäuft wird: 'Sieh, mein Herzblatt, auf Gottes Welt, für uns Menschen gibt's nichts ohne Geld.' Dann erfahren wir, dass die Mutter selbst ihr Herzblatt ohne Geld nicht bekommen hätte. Damit wird deutlich, dass sie eine Prostituierte ist. Wenn der Dichter anschließend betont, dass die Menschen selbst ihr Geld nach der Sonne gemacht haben, rückt der Taler nicht nur in den Mittelpunkt des biologischen Universums, sondern wird gleichzeitig mit dem gesellschaftlichen Universum gleichgesetzt. Mit der Formulierung 'Sonne ist Glück und Glück ist Geld' geht er noch einen Schritt weiter, denn: Geld ist Glück und Glück ist Geld. Dabei kommt den Metaphern 'Herzblatt', 'Taler', 'Geld' und 'Glück' fast durchgängig eine zentrale Bedeutung zu.

Um die Notwendigkeit des Geldes selbst einem Kleinkind verständlich zu machen, lässt der Autor in der fünften Strophe eine weitere Dissonanz anklingen: 'Sieh, mein Herzblatt, den grünen Wald, 'drin der Vögel Gezwitscher erschallt'. Doch ohne Geld sind alle 'Vögelein tot' und 'der Wald ist ein schrecklich Grauen!' Damit erfährt die Thematisierung des Talers von Strophe zu Strophe eine deutliche Steigerung. Spätestens jetzt wird klar, dass es ohne Geld nichts gibt als den Tod.

Hier zeigt sich Wedekinds Anliegen: die Verknüpfung von Kommerz, Vitalität, Sexualität, Geld und Tod. Deshalb empfiehlt auch die Mutter bei der Wahl des Mannes 'einen mit reichen Händen' zu nehmen, da nur dann der soziale Aufstieg gelingen kann.

Die Ballade will provozieren und dem Leser bei oberflächlicher Betrachtung den Eindruck vermitteln, dass sich durch den Besitz des Geldes viele Probleme auf einfache Weise lösen lassen, zumal auch die Ehe von wirtschaftlicher Abhängigkeit geprägt ist. Wenn die finanziellen Möglichkeiten zu Beginn der Ballade noch mit 'Glück' und 'Schönheit' definiert werden, wird in der letzten Strophe hochtrabend von 'Freiheit', 'Edelsinn', 'Menschenwürde' und 'Seelenfrieden' gesprochen, um zu guter Letzt 'Geld' mit 'Glück' nochmals gleichzusetzen.

Geld wirkt in der Gesellschaft, die Wedekind hier zeigt, wie eine Wasserscheide. Es ist ein Mittel, um Glück und Genuss zu kaufen. Wer Geld zu erwerben versteht, steigt auf, wer es nicht versteht oder verliert, steigt ab. Geld verbindet Vitalität und Sexualität mit der Gesellschaft. Der Vitale, nicht der, der sich nach den Verhaltensregeln der Allgemeinheit richtet, setzt sich durch. Damit demonstriert er vor unseren Augen die Zerfallserscheinungen des Bürgertums. Alle Menschen sind nur noch vom Streben nach Reichtum, Luxus und Macht beherrscht oder von der Sexualität dominiert. Damit wird Geld zum alleinigen Symbol des Lebens. Dies ist auch die Thematik, die Wedekind 1899 in seinem Schauspiel *Der Marquis von Keith* noch einmal aufarbeitet.

Im Juli 1901 bringt Wedekind die Ballade erstmals bei den 'Elf Scharfrichtern' zu Gehör. Schon im Dezember 1902 und Januar 1903 steht sie erneut auf dem Programm, allerdings ohne seine Mitwirkung. Gleichzeitig taucht sie auf umfangreichen Repertoirelisten auf, die möglicherweise zur Vorbereitung einer Tournee vom 19. Juli bis 4. August 1901 dienen. In diesem Zusammenhang lässt Wedekind den Text auch von der Berliner Zensurbehörde genehmigen. Auf folgenden Gastspielreisen kommt das Bänkellied zum Vortrag: November 1903 Mannheim, Oktober 1904 Breslau und Berlin.

Frank Wedekind um 1900 in Leipzig

Bei einer zweiten Gastspielreise im Februar 1905 nach Mannheim, bei der seine Frau Tilly das Lied vortrug, kündigte Wedekind diese Balladen-Romanze mit folgenden Worten an: „Ersuchte Herrschaften, ich bitte zu beachten, dass hier weder Kehlkopf- noch Stimmband-Gymnastik geboten wird. Jetzt kommt eine sehr traurige Ballade, das Traurigste daran ist, dass sie sehr lang ist."[174] Das Publikum war von der gesamten Darbietung insbesondere aber von der ausdrucksstarken Stimme seiner zierlichen Frau sehr begeistert.

Mein Lieschen

Mein Lieschen trägt keine Hosen
Schon seit dem ersten April,
Weil sie von der grenzenlosen Hitze nicht leiden will.

Das gibt mir manches zu denken,
So dacht' ich auch schon daran,
Ihr ein Paar Hosen zu schenken
Aus duftigstem Tarlatan.

Wie leicht kann sie sich beim Hupfen
Erkälten, eh' sie's gedacht;
Und bleibt ihr auch nichts als ein Schnupfen,
Man nimmt sich doch lieber in acht.[175]

Als selbständiges Gedicht werden die drei Strophen 1905 in der Sammlung *Die vier Jahreszeiten* unter dem Titel *Mein Lieschen* erstveröffentlicht. Wedekind entlehnt den Text dem ersten Teil seines zweiteiligen Gedichts *Mein Käthchen*. Die Fassung des Erstdrucks bleibt für die Publikation in dem Sammelband *Die vier Jahreszeiten* verbindlich.

Das Lied ist bereits seit 1893 in Form einer Buchstabennotation überliefert, die während des Aufenthaltes in Paris entsteht. Vermutlich im Sommer 1901 verfasst Wedekind dann die endgültige Fassung, die er in seine Sammlung *Brettl-Lieder von Wedekind* aufnimmt. 1920 erscheint es als Nummer acht in den *Lautenliedern*. Auf Grund von Notizen kann man davon ausgehen, dass ein polnisches Volkslied der Melodie zu Grunde liegt.

Auch in diesem Lied lässt der Bänkelsänger seiner ungezügelten Phantasie freien Lauf und provoziert den Leser. Wenn Lieschen 'schon seit dem ersten April' keine Hosen trägt, bezieht sich dies nicht auf die hohen Außentemperaturen, sondern auf ihre innere Hitze. Auch lässt es sich nicht übersehen, dass es nicht die Fürsorge um das Wohl des Mädchens ist, um sie 'beim Hupfen' vor einem 'Schnupfen' zu bewahren. Sonst käme der Autor nicht auf den Gedanken, ihr ausgerechnet ein Paar Hosen 'aus duftigstem Tarlatan' zu schenken, ein Gewebe aus feinstem Mousselinestoff, das keinesfalls vor einer Unterkühlung schützen würde, wohl aber als Reizwäsche Verwendung findet. Die Beschreibung der Dessous erinnert an die 1886 geschriebene Romanze *Ännchen Tartini,* in der die 'Kunstreiterin' ihre wundervolle Vitalität entfaltet und ebenfalls ihre Reize ohne jede Scheu zur Schau stellt. Ännchen ist Kunstreiterin – aber keine Kunstreiterin in üblichem Sinne, sie ist Prostituierte.

Bei den 'Elf Scharfrichtern' präsentiert Wedekind das Dirnenlied *Mein Lieschen* erstmals im Juli 1901. Im Dezember 1902 und Januar 1903 wird es ohne seine Mitwirkung erneut in das Programm aufgenommen. Zum Vortrag kommt es auch auf folgenden Gastspielreisen: Februar 1903 in Mannheim, September 1904 in München und November 1904 in Breslau. Am 5. März 1905 veranstaltet er im Berliner Beethovensaal gemeinsam mit Gertrud Eysoldt, Detlev von Liliencron und Marcel Salzer einen Vortragsabend, bei dem das Lied auf dem Programm steht. Bei seinem Gastspiel im 'Lustspielhaus Budapest' am 14. Mai 1907 erregt das Couplet durch seinen humorvollen Vortrag stürmische Heiterkeit. Als letzter Vortragsabend ist der Dezember 1917 in der 'Bonbonniere' in München bekannt.[176]

Frank Wedekind 1905 in Wien

Der Zoologe von Berlin

Hört, ihr Kinder, wie es jüngst ergangen
Einem Zoologen in Berlin!
Plötzlich führt ein Schutzmann ihn gefangen
Vor den Untersuchungsrichter hin.
Dieser tritt ihm kräftig auf die Zehen,
Nimmt ihn hochnotpeinlich ins Gebet
Und empfiehlt ihm, schlankweg zu gestehen,
Daß beleidigt er die Majestät.

Dieser sprach: Herr Richter, ungeheuer
Ist die Schuld, die man mir unterlegt;
Denn daß eine Kuh ein Wiederkäuer,
Hat noch nirgends Ärgernis erregt.
So weit ist die Wissenschaft gediehen,
Daß es längst in Kinderbüchern steht.
Wenn Sie das auf Majestät beziehen,
Dann beleidigen Sie die Majestät!

Vor der Majestät, das kann ich schwören,
Hegt' ich stets den schuldigsten Respekt;
Ja, es freut mich oft sogar zu hören,
Wenn man den Beleidiger entdeckt;
Denn dann wird die Majestät erst sehen,
Ob sie majestätisch nach Gebühr.
Deshalb ist ein Mops, das bleibt bestehen,
Zweifelsohne doch ein Säugetier.

Ebenso hab' vor den Staatsanwalten
Ich mich vorschriftsmäßig stets geduckt,
Auf Kommando oft das Maul gehalten
Und vor Anarchisten ausgespuckt.
Auch wo Spitzel horchen in Vereinen,
Sprach ich immer harmlos, wie ein Kind.
Aber deshalb kann ich von den Schweinen
Doch nicht sagen, daß es Menschen sind.

Viel Respekt hab' ich vor dir, o Richter,
Unbegrenzten menschlichen Respekt!
Läßt du doch die ärgsten Bösewichter
In Berlin gewöhnlich unentdeckt.
Doch wenn hochzurufen ich mich sehne
Von dem Schwarzwald bis nach Kiautschau,
Bleibt deshalb gestreift nicht die Hyäne?
Nicht ein schönes Federvieh der Pfau?

Also war das Wort des Zoologen,
Doch dann sprach der hohe Staatsanwalt;
Und nachdem man alles wohl erwogen,
Ward der Mann zu einem Jahr verknallt.
Deshalb vor Zoologie-Studieren
Hüte sich ein jeder, wenn er jung;
Denn es schlummert in den meisten Tieren
Eine Majestätsbeleidigung.[177]

Der Text entsteht bereits im Winter 1898 als 'Simplicissimus'-Beitrag während Wedekinds Aufenthalt in Paris und trägt den Untertitel 'Nach der Melodie Heinrich schlief bei seiner Neuvermählten'. Auf Grund der Thematik lässt sich die Entstehung des Textes auf ein genaues Datum zwischen dem 2. November und dem 19. Dezember 1898 einschränken. Zu diesem Zeitpunkt war nämlich Thomas Theodor Heine bereits wegen seiner Karikatur für die 'Palästina-Nummer' im 'Simplicissimus' von dem Leipziger Gericht wegen Majestätsbeleidigung zu einer sechsmonatigen Gefängnisstrafe verurteilt worden. Wedekinds Pseudonym 'Caspar Hauser' und die Tatsache, dass sein Manuskript im Nachlass des 'Simplicissimus'-Redakteurs Reinhold Geheeb gefunden wurde, sprechen dafür, dass der Text als Beitrag für diese satirische Zeitschrift vorgesehen war. Wegen juristischer Bedenken blieb das Gedicht jedoch ungedruckt.

Im Verlauf des Sommers 1901 bearbeitet Wedekind das Lied kompositorisch. Damit entsteht eine eigene Fassung, auf deren Basis der Liederstdruck erfolgt. Im Februar 1903 trägt er das Lied in das Sammelheft *Melodien I* ein. 1917 wird es als Nummer 18 in die *Lautenlieder* aufgenommen.[178]

Wedekind schildert uns hier die Erfahrungen, die er selbst gemacht hat und die ihn in seiner Arbeit um Jahre zurückgeworfen haben. Wie er am 2. September 1899 aus der Festungshaft an Bjoernstierne Bjoerson, den Schwiegervater von Albert Langen schreibt, war ihm damals „jede productive Arbeit unmöglich".[179] Wedekind sieht sich in diesem Spottlied auf das politische Fahndungswesen in der Rolle des Zoologen, der wegen Majestätsbeleidigung vor den Richter zitiert wird. Interessant ist die gegensätzliche Gedankenfolge, die zwar den 'unbegrenzten menschlichen Respekt' vor dem Richter ausdrückt, aber gleichzeitig die tückische Moral verkündet, dass die 'ärgsten Bösewichter' gewöhnlich unentdeckt bleiben. Die Verteidigungsrede, mit der er vor dem Untersuchungsrichter seine Unschuld beweist, strotzt vor Anspielungen und Beleidigungen: Denn 'eine Kuh' bleibt ein 'Wiederkäuer' und 'von den Schweinen' kann selbst der Zoologe nicht behaupten, 'dass es Menschen sind'. Der flotte, frische Ton, der durch das ganze Bänkellied zieht, lässt eine bei Wedekind seltene humorvolle Stimmung aufkommen. Man spürt die schwungvolle Nachdrücklichkeit der auf den Vortrag berechneten Rhythmen, die er hier zur Anwendung bringt. Der Gipfel der Ironie wird deutlich, wenn er der Kolonialpolitik des Kaisers durch 'hochzurufen' Beifall zollt.

So sah der Zeichner B.F. Doblin Frank Wedekind in der Jugend

Anlass der Kritik für diesen Beitrag war die Besetzung der auf der chinesischen Halbinsel Schantung gelegenen Bucht von Kiautschou durch das deutsche Flottengeschwader am 15. November 1897. Im März 1898 wurde mit China ein Abkommen über Eisenbahn- und Bergwerkskonzessionen sowie ein Pachtvertrag geschlossen, der dem Deutschen Reich für 99 Jahre die Hoheitsrechte in diesem Gebiet zusicherte und zum Niedergang des chinesischen Kaiserhauses führte.

Im Oktober 1901 trägt Wedekind das Bänkellied erstmals bei den 'Elf Scharfrichtern' vor. Bereits im Juni und Dezember 1902 steht es erneut auf dem Programm. Im Februar 1903 präsentiert er es in Mannheim, im Oktober 1904 in Breslau und im März 1905 im Berliner Beethovensaal. Dabei werden stets die Vortragsweise und die Selbstinszenierung Wedekinds gerühmt. Besonders hervorgehoben wird seine Hundeschnäuzigkeit, bei der sein satanisch-geistvolles Gesicht wie immer in undurchsichtige Starrheit verfällt. Die 'Münchener Zeitung' berichtet: „Von tosendem Beifall empfangen, sang er zur Guitarre das Lied 'Der Zoologe von Berlin'. Jeder einzelne Zuhörer war wie elektrisiert und gab nicht endenden stürmischen Beifall."[180] So ist es kein Wunder, dass Wedekind bereits ab 1901 als 'klassischer deutscher Chansonier' gilt und dieses Bänkellied seit 1906 zu den bekanntesten Scharfrichterliedern zählt.[181]

Die Heilsarmee

Oh du wundervoller froher Freudentag, Halleluja,
Wenn der Herr von oben zu uns kommen mag, Halleluja,
Und er kommt und nimmt uns auf in seine Huld, Halleluja,
Und er tilgt in seiner Güte alle Schuld, Halleluja!
Halleluja, er ist hier, Halleluja, er ist hier!
Halleluja, bei den Seinen, Halleluja, ist er hier!
Halleluja, wir sind frei, Halleluja, wir sind frei!
Durch des Himmels große Güte sind wir frei, Halleluja!
Halleluja, hoch erhoben weht sein Banner nah und fern,
Halleluja, und wir loben, Halleluja, ihn so gern!
Halleluja, wir sind frei, Halleluja, wir sind frei,
Durch des Himmels große Güte sind wir frei, Halleluja!
Hurra, Juchhe, jetzt kommt die Heilsarmee!
Hurra, Juchhe, jetzt kommt die Heilsarmee!
Das ist des Himmels Kriegerschar, kniend am Altar;
Friede, Freude im Himmel.
Und wenn er kommt zu seinem Kind,
Halleluja, oh du wundervoller Tag, juchhe,
Ja, dann sind wir frei, ja dann sind wir frei,
Ja, dann ziehn wir freudig auf den Weg, Halleluja![182]

Dieses Lied entsteht vermutlich 1902. Die Komposition ist nur durch den Liederstdruck in den *Balladen von Frank Wedekind* erhalten. Das Bänkellied findet sich
weder in der Sammlung der *Lautenlieder* noch in der Gesamtausgabe. Für die
obige Fassung gibt es eine Klavier- und Gitarrenbekleidung in D-Dur. Text und
Notation sind glücklicherweise in der Polizeidirektion des Staatsarchivs München
archiviert, in der das Lied der Zensurbehörde zur Prüfung vorlag.

Wedekind ordnet dieses Bänkellied den Couplets zu. Wir verstehen darunter ein
Strophenlied mit gleichlautendem Refrain, das in der Mitte des 19. Jahrhunderts in
der Berliner und Wiener Posse sowie in der Operette heimisch war. In der zweiten
Hälfte des 19. Jahrhunderts verselbständigt sich das Couplet als Einzelnummer.
Kennzeichnend für diese Ausformung ist insbesondere die Mehrdeutigkeit, die
durch die überraschend pointierte Verknüpfung von Hauptstrophe und Refrain ent-
steht. Themen waren stereotype Alltagsereignisse. Daneben entwickelte sich im
Kabarett abweichend vom dreistrophigen Standardmodell auch der Typus des
'Handlungscouplets', dessen Wirkung auf einer von Strophe zu Strophe fortlaufen-
den Handlung basiert, die mit einer gleichlautenden Refrainpointe abgeschlossen
wird. Typisch für diese Gattung ist Otto Reutters *Der Überzieher*. Auf Wedekinds
Heilsarmee trifft diese Zuordnung nur in parodistischem Sinne zu, da weder die

Kriterien des Standardmodells noch die eines Handlungscouplets erfüllt sind. Auch der pointierte Kontrast einer Hauptstrophe zu einem abschließenden Refrain ist durch die asymmetrische Bauweise des Liedes nicht gegeben.[183]

Da sich Wedekind in seinen Briefen und Tagebuchaufzeichnungen selbst als Atheist bezeichnet, benötigt man nicht viel Phantasie, um zu bemerken, dass er mit diesem Couplet die Heilsarmee mit scharfem Spott verhöhnt. Um ihre öffentlichen Auftritte der Lächerlichkeit preiszugeben, verwendet er neunzehnmal die Formulierung 'Halleluja' und zusätzlich 'Hurra, Juchhe, jetzt kommt die Heilsarmee.' Auch die Formulierungen 'des Himmels große Güte' belegt, dass er mit seinen Aussagen grundsätzlich eine andere Intention bezweckt, als er vorgibt. Damit wird geradezu beispielhaft das widersprüchliche und kontrastreiche Prinzip des Bänkelsängers deutlich.

Artur Kutscher zufolge stammen Text und Komposition nicht von Frank Wedekind, sondern von seinem Bruder Donald, der die unbearbeitete Fassung 1889 von seinem Amerika-Aufenthalt mitbrachte. Welche Quelle letztlich zu Rate gezogen wurde, kann nicht ermittelt werden, da auch Frank Wedekind während seines Aufenthalts in Paris und London persönlichen Kontakt zur Heilsarmee hatte.

Am 1. Februar 1902 wird das Couplet im Rahmen einer 'Ehrenexekution' der 'Elf Scharfrichter' vor geladenen Gästen erstmals von Wedekind vorgetragen. Weitere Darbietungen erfolgen in den Monaten März, April, Juni und Dezember des gleichen Jahres. Im Mai 1904 präsentiert er das Couplet unter dem Titel *Die sieben Tantenmörder* auf einer Münchner Bühne. Die 'Münchner Post' schreibt: „Frank Wedekind als Gast beschloss das nicht zu lange Programm. Über dem schwarzen Frack leuchtete das satanisch-geistvolle Gesicht wie immer in undurchdringlicher Starrheit und aus seinen altbekannten Balladen vom Staatsanwalt und vom Lieschen ohne Hosen, von der Heilsarmee und von der armen Brigitte B. schrillte im Dideldideldumdum-Ton die urewige Dissonanz aus Halleluja und Sacrebleu. Es war der einzige persönliche Eindruck des Abends. Aber, wie gesagt, die wenigsten verstanden das Lied dieses seltsamen Vogels recht zu deuten."[184] Auch die 'Münchner Zeitung' berichtet positiv: „Diese burleske Ballade ist köstlich, sie ist scharf und hart im Ton, energisch und straff im Rhythmus."[185]

Auch auf den Gastspielreisen im Februar 1903 nach Mannheim und im Oktober 1904 nach Breslau kommt das Lied zu Gehör. Im Juli 1906 entfesselt es auf einer Aufführung im 'Münchner Schauspielhaus' sogar Beifallsstürme und findet große Zustimmung beim Publikum, so dass seine Resonanz selbst die vom *Tantenmörder* übertrifft.

Marasmus

Nicht einmal ein Gedicht gelingt mir mehr,
Geschweige denn ein Mensch, mein Hirn ist leer.
Und meine Eingeweide sind so trocken,
Daß meine Dünste keine Frau mehr locken.

's ist leichter einen Menschen machen als
Ein Klappenhorn; der Mensch braucht jedenfalls
Weit wen'ger Zeit, damit er richtig sitze;
Jedoch erheischt ein Klapphornvers mehr Grütze.

Ein Seitenblick, des Bettes Planke kracht,
Das Weib seufzt auf, dann ist ein Mensch gemacht.
Um ein Gedicht auch kindlich nur zu stammeln,
Muß man oft stundenlang am Schreibtisch rammeln.

Was besser ist? – Die Antwort wird mir schwer.
Ich mache weder Kind noch Klapphorn mehr.
So ruhen nutzlos meine höchsten Güter
Und werden beide alte Ladenhüter.[186]

Das Gedicht entsteht zwischen April 1893 und Januar 1894 in Paris und wird erstmals 1897 in der Sammlung *Die Jahreszeiten* veröffentlicht. Für den Abdruck in dem Heft *Die vier Jahreszeiten* nimmt Wedekind kleine Änderungen an den Schlusszeilen vor.[187]

Im Frühjahr 1901 beginnt Wedekind mit der Komposition des Liedes, die im Sommer des gleichen Jahres abgeschlossen ist. Innerhalb der Sammelhandschrift *Brettl-Lieder von Wedekind* wird das Lied unter dem Titel *Marasmus* als Opus IX geführt. Im Februar 1903 trägt es Wedekind geringfügig überarbeitet in sein Sammelheft *Melodien I* ein. Im Jahr 1917 nimmt er es als Nummer 23 in die Sammlung *Lieder zur Laute* auf. Darüber hinaus ist der Polizeidirektion des Staatsarchivs München ein vierstrophiges Typoskript des Liedtextes überliefert, das der Zensurbehörde zur Genehmigung für eine Vorstellung der 'Elf Scharfrichter' vorlag. Laut Aktennotiz vom 20. Oktober1905 wurde das Lied jedoch nicht frei gegeben.

Mit der Bezeichnung 'Klapphornverse' bezieht sich Wedekind auf eine vierzeilige Scherzdichtung, die ihren Namen von einem Blasinstrument, dem Bügel- oder Signalhorn, hat. Die Nonsens-Verse dieses Typus waren 1878 in den 'Fliegenden Blättern' erschienen und hatten eine Flut von Nachahmungen ausgelöst. Wedekind selbst variierte den Klapphornvers 1885 in seinem Gedicht *Zwei Freunde.*

Das vorliegende Bänkellied verbindet die Niedergeschlagenheit des unprodukti-
ven und verkannten Poeten mit der sexuellen Impotenz eines alternden Schreib-
tischtäters. Bereits kurz nach seiner Festungshaft beschäftigt sich der Autor mehrmals mit den Alltagsnöten der Schriftsteller. In diesem Zusammenhang verfasst er
Des Dichters Klage. Allerdings bezweckt er bei diesem Gedicht keine sexuellen,
sondern ausschließlich soziale Absichten: „Schwer ist's heute ein Gedicht zu
machen·/·darum lässt man es am besten sein·/·wenn die Menschen wirklich drüber
lachen·/·sperrt man den Verfasser meistens ein·/·wenn sie sich jedoch in Tränen
winden·/·dann verhungert schließlich der Poet·/·Deshalb wird man es begreiflich
finden·/·dass die Poesie zugrunde geht."[188]

Ohne Zweifel spielt das Gedicht *Marasmus* auf eine Erkrankung an, die in der
Medizin als eine chronische Mangelerkrankung beschrieben wird. Durch ungenü-
gende Kalorienzufuhr führt sie zu einer Zersetzung des Muskelgewebes. Diesen
Prozess hat Julius Hart in Bezug auf Wedekinds Bänkellied in einem treffenden
Artikel beschrieben: „In seiner Lyrik, wenn man's noch Lyrik nennen soll, bekennt
sich Frank Wedekind selber, so nachdrücklich wie eben möglich, für einen Poeten
der Selbstzersetzung, des Marasmus, der Auflösung und Verwesung, letzten
Niederganges, der großen Selbstzerstörung und Selbstverneinung. Es ist eine
Kunst, die eigentlich gar keine Kunst mehr ist, eine abgestorbene, voller Leichen-
und Aasgeruch mit all ihren Symptomen, dazu wird Frank Wedekind geradezu
ausersehen. Die Kunst des Nichtmehrkönnens findet bei ihm, man kann es nur so
paradox ausdrücken, ihren vollkommensten, charakteristischsten, künstlerischen,
genial-intuitiven und divinatorischen Ausdruck."[189]

Im Februar 1902 trägt Wedekind das Lied anlässlich einer Vorstellung der 'Elf
Scharfrichter' erstmals in München vor. Im März 1903 kommt es auf einer Gast-
spielreise in Nürnberg zu Gehör. Am 2. April 1905 singt er dieses Bänkellied
nochmals in einem gemeinschaftlichen Konzert mit Gabriele Reuter, Hans von
Kahlenberg und Lotte Klein im Berliner Beethovensaal. Dabei erhält er mehr
Ablehnung als Resonanz. Im Oktober 1905 wird *Marasmus* schließlich von der
Münchner Zensurbehörde aus Gründen der Sittlichkeit endgültig für den öffentli-
chen Vortrag auf der Bühne verboten. Danach kommt es nicht mehr zu Gehör.

Das Opfer

Wenn ich bei Tag mein Mädel mir beseh,
Dann seh ich einen kahlen Totenschädel,
Darunter ein Skelett, und seh mein Mädel
Gebrochen knien vor schauerlichem Weh.

Sie schreit zum Schöpfer: „Laß mich Freudenquell
Nur schleunigst an ihm vorübergehen!
Sechs Monde noch, dann wär's um ihn geschehen.
Sein Mark wird mürb, der Tod vergafft sich schnell.

„Mich wirft man auf den Mist, das ist normal;
Das Fleisch auf meinen Rippen ist Chimäre.
Ich gäb es, wenn mein liebend Herz nicht wäre,
Schon heute gern den Schlächtern im Spital!"[190]

Die erste Abfassung des Gedichts entsteht im April 1893 in Paris. Anlass für die Niederschrift ist vermutlich die Krankheit einer engen Freundin Wedekinds, die er in Paris kennen gelernt hatte. Wie wir aus seinen Tagebuchaufzeichnungen wissen, handelt es sich um Henriette Joli, die im März 1893 im Alter von 26 Jahren an Syphilis verstarb. Am 19. März 1893 schreibt Wedekind an seinen Freund Carl Muth: „Henriette ist tot. Meine Gefühle können Sie sich vorstellen."[191] Seine Betroffenheit über ihren Tod äußert sich auch in mehreren Entwürfen zu einer Inschrift für ihr Grabmal, auf dem zu lesen stand: 'Sie starb ohne Reue im Alter von 26 Jahren, ohne jemals gelebt zu haben.' Der Erstdruck des Gedichtes erscheint am 11. März 1902 im 'Simplicissimus' mit dem Titel *Mein Mädel*. In einer späteren Überarbeitung taucht es unter der Bezeichnung *Das Opfer* auf und wird 1905 in der Sammlung *Die vier Jahreszeiten* veröffentlicht.

Bereits im August 1901 liegt die Komposition dieser Romanze mit dem Titel *Mein Mädel* vor. Die Datierung lässt sich auf Grund eines Briefes an Otto Julius Bierbaum zurückverfolgen, in dem Wedekind das Lied dem Insel-Verlag anbietet. In diesem Brief stoßen wir wohl auf die ursprüngliche Bezeichnung des Gedichtes, die weder *Mein Mädel* noch *Das Opfer,* sondern vielmehr *Gethsemane* lautet. Einen weiteren Beleg dafür, dass Wedekind das Lied mit diesem Titel versehen wollte, gibt es außer dieser Briefstelle nicht.[192] Dennoch spricht einiges für die Vermutung, dass *Gethsemane* der beabsichtigte Titel war, zumal die Liedfassung vom Gedicht in entscheidenden Punkten abweicht. Die erste Strophe der Liedfassung endet wie folgt: „Darunter ein Skelett; und seh mein Mädel in Schmerzen knien, wie in Gethsemane." Auch die dritte Strophe bringt Parallelen zur Leidensgeschichte: „Mich nagelt man an's Kreuz, das ist normal!"[193] Im Gegensatz hierzu ist im Text des Gedichtes weder von Gethsemane noch vom Kreuz die Rede. Hier heißt es: 'Darunter ein Skelett, und seh mein Mädel gebrochen knien vor schauerlichem Weh'. Das Gedicht endet: 'Ich gäb es, wenn mein liebend Herz nicht wäre, schon heute gern den Schlächtern im Spital!' Zumal die weiteren Passagen sowohl beim Gedicht als auch beim Lied identisch sind, dürfte hier der Schlüssel zum Verständnis liegen. Im Februar 1903 nimmt Wedekind das Lied mit dem Zusatz *Mein Mädel, eine Vision* in *Melodien I* auf. Im Laufe des Jahres 1917 integriert er es als Nummer 44 mit dem Titel *Das Opfer* in seine *Lautenlieder*. Dies ist auch die uns vorliegende Fassung.

Wenn Wedekind in dem Lied, das er Otto Julius Bierbaum zukommen lässt, biblische Bezugspunkte wie 'Gethsemane' und 'mich nagelt man ans Kreuz' erwähnt, vergleicht er die biblische Leidensgeschichte mit der seiner Freundin. Gleichzeitig stellt er den Tod in direkten Bezug zu ihrer Vitalität. Bei Tag besehen, sieht er in seinem sterbenden Mädel nur noch einen 'kahlen Totenschädel' und ein 'Skelett'. Lediglich ihr Flehen erinnert daran, dass sie ein 'Freudenquell' war. Da man den Körper nach dem Tode ohnehin auf den 'Mist' wirft, wie er schreibt, bleibt nichts als ein 'liebend Herz'.

Seit Ludwig Gleims *Romanzen* ist die 'vokale Romanze' als stilisierter Bänkelsang mit allen schauerlichen Ingredienzien von Liebe, Mord und Totschlag definiert. Auch formal ist die Nähe zum Bänkelsang durch genaue Orts- und Namensangaben sowie die Schlussmoral deutlich. Erst nach 1760 gerät die Bänkelsängerromanze ins Visier der Kritik, die sowohl auf die Motive als auch auf ihren burlesken Ton zielt. Teilweise werden deshalb Romanze und Ballade synonym verwendet. Die vokale Romanze grenzt sich durch die Festlegung auf streng strophische Komposition zur Ballade ab. Während man der Ballade die Attribute nördlich-düster, dämonisch und episch zuordnet, waren die Attribute für die Romanze südlich-mild, erhaben und lyrisch. Mit dem Aufkommen der romantischen Oper erfährt die Romanze als Inbegriff der neuen Kunstauffassung eine erhebliche Aufwertung.

Nicht zu übersehen ist in dieser Romanze auch eine Anspielung auf Gottfried August Bürgers Ballade *Leonore*. Sie beschreibt, wie Wilhelm, der im Krieg gefallen ist, seine Braut Leonore zur Geisterstunde auf einem Pferd abholt, um sie mit sich ins Grab zu nehmen. Mit den Worten 'die Toten reiten schnell' kommentiert der gespenstische Bräutigam leitmotivartig diesen Ritt in den Tod, der wie hier im Grab endet. [194]

Wedekind trägt das Lied im Februar 1902 bei den 'Elf Scharfrichtern' nur ein einziges Mal vor, da es beim Publikum keinen Anklang findet.

Eh du mon Dieu, mon Dieu

Als ich in Hamburg war, eh du mon Dieu, mon Dieu!
Als ich in Hamburg war, eh du mon Dieu!
|: Sah ich ein schönes Kind,
Voller Liebe war ich toll und blind: Sacre di bleu!:|

Ich nahm sie sanft am Arm, eh du mon Dieu, mon Dieu!
Sie aber schnauzt mich an; eh du mon Dieu!
|: Meinen Sie denn ich sei so Eine
Machen Sie sich schleunigst auf die Beine. Sacre di bleu!:|

Doch ich war sehr galant, eh du mon Dieu, mon Dieu!
Doch ich war sehr galant, eh du mon Dieu!
|: Doch ich war sehr galant,
Drückte ihr einen Doppelthaler in die Hand, Sacre di bleu!:|

Sie führt mich vor ihr Haus, eh du mon Dieu, mon Dieu!
Sie führt mich vor ihr Haus, eh du mon Dieu!
|: Bleiben Sie mal da ein Weilchen stehn,
Können gleich mit mir aufs Zimmer gehen, Sacre di bleu!:|

Stand wohl zwei volle Stund, eh du mon Dieu, mon Dieu!
Stand wohl zwei volle Stund, eh du mon Dieu!
|: Stand wohl zwei volle Stund,
Bis ich steif war wie ein Pudelhund, Sacre di bleu!:|

Doch da gings mir zu lang, eh du mon Dieu, mon Dieu!
Doch da gings mir zu lang, eh du mon Dieu!
|: Sprang schnell durchs Fenster in das Haus
Und flog gleich hinten wieder raus, Sacre di bleu!:|

Schlug einen Mordsskandal, eh du mon Dieu, mon Dieu!
Schlug einen Mordsskandal, eh du mon Dieu!
|: Kamen gleich drei Männer in der Nacht,
Schleppten mich auf die Hauptmannswacht. Sacre di bleu!:|

Lag dort in guter Ruh, eh du mon Dieu, mon Dieu!
Lag dort in guter Ruh, eh du mon Dieu!
|: Lag dort in guter Ruh –
Zahlte zweiundzwanzig Schilling noch dazu. Sacre di bleu!:|
So geht's in Hamburg zu, eh du mon Dieu, mon Dieu!

So geht's in Hamburg zu, eh du mon Dieu!
|: Zwei Thaler zweiundzwanzig Schilling mußt ich geben,
Weil ich wollt zu einem Mädchen gehen, Sacre di bleu!:|

Hamburg du schöne Stadt, eh du mon Dieu, mon Dieu!
Hamburg du schöne Stadt, Hamburg ade!
|: Hätt ich doch nimmer dich gesehn,
Wär jetzt mein Säckel noch nicht leer. Sacre di bleu:|[195]

Obwohl bereits ein Dokument aus dem Jahr 1901 den alternativen Titel *Als ich in Hamburg war* nachweist, ist die vorliegende Komposition auf das Jahr 1902 datiert. Gewidmet ist das Lied Roger Campagnolle, einem Münchner Arzt und Gelegenheitsschriftsteller, der einige Prosaskizzen in der 'Insel' veröffentlichte. Der Liederstdruck ist im Rahmen der *Balladen von Frank Wedekind* auf das Jahr 1902 datiert.

Der Melodie liegt eine alte Volksweise zugrunde. Bei der in der siebten Strophe erwähnten 'Hauptmannswacht' handelt es sich vermutlich um die 'Davidswacht', das Polizeirevier auf der Reeperbahn. Nach 1947 taucht das Lied auch in einer Publikation *Alte Seemannslieder und Shanties* auf.

Die Ballade *Eh du mon Dieu, mon Dieu* (frz.) – Ach du lieber Gott – schildert aus der Ich-Perspektive eines Mannes seine Bemühungen, auf der Hamburger Reeperbahn die Liebesdienste eines Mädchens in Anspruch zu nehmen. Damit lässt sich das Bänkellied der Kategorie der Dirnenlieder zuordnen. Die Prostituierte nimmt zwar von dem lüsternen Freier das Geld, prellt ihn aber um sein Vergnügen. Klug verschwindet sie in ihrem Haus und lässt den Dummen draußen warten. Während sie sich ihrer Schläue bedient, übernimmt der Freier die Rolle des Hanswurst, der nach vergeblichem Warten zur 'Hauptmannswacht' geschleppt wird und eine saftige Strafe entrichten muss.

Es ist schwierig, bei diesem Chanson Wedekinds eine tiefere, hintergründige Aussage zu suchen, handelt es sich doch um ein kabarettistisches Lied, das einen kleinen Schwank in volksliedhafte Strophen packt. Eine liedhaft unbeschwerte Komödie. Die tändelnd-komischen Kehrzeilen des Freiers 'Eh du, mon Dieu, mon Dieu!' unterstreichen die Teilnahmslosigkeit des Erzählers, die seine Klage über sein eigenes Unglück lächerlich erscheinen lässt. Die eingesprengten französischen Worthülsen 'Sacre di bleu' – (frz.) 'verflixt; Donnerwetter' – geben dem Lied zusätzlichen Charme. Auch die formelhafte Wiederholung einzelner Wörter macht das Bänkellied für den lustigen Vortrag auf der Bühne geeignet und erinnert an den Leierkasten. Bemerkenswert bei diesem Lied ist, dass Wedekind hier aus der Ich-Perspektive des dümmlichen Freiers berichtet. Im Gegensatz hierzu finden wir in keinem seiner Lieder die Figur des Zuhälters, wie wir sie im Pariser Kabarett kennen gelernt haben. Dies ist jedoch kein Zufall, sondern Teil seines literarischen Konzeptes, da er in den Prostituierten nicht wie Aristide Bruant Randexistenzen der Gesellschaft sah, sondern Dienerinnen der Liebe, die für eine neue Gesellschaftsordnung stehen.

Im März 1902 findet die Uraufführung des Liedes bei den 'Elf Scharfrichtern' statt. Bereits im Dezember und im Januar 1903 kommt das Lied erneut, allerdings ohne die Mitwirkung Wedekinds, zur Aufführung. Am 5. Juli 1904 wird es im 'Intimen Theater' bei schwach besetztem Haus, aber mit großem Beifall aufgenommen. Bei einer Aufführung am 14. Mai 1907 in Budapest berichtet die Presse: „Der Dichter, als er zum Vortrag seiner Kabarettlieder erschien, meinte in einer sympathisch-gemütlichen Einleitung, man habe die Geduld seiner Zuhörer allzu lange in Anspruch genommen, er schulde ihnen darum ein bisschen Auffrischung. Die bestand aus drei Couplets; Wedekind begleitete seinen Sprechgesang auf der Gitarre. Das witzigste Liedchen *Als ich in Hamburg war* erregte stürmische Heiterkeit. Hier zeigte Wedekind auch im Vortrag seinen unvergleichlichen Humor."[196]

Der Bänkelsänger Frank Wedekind mit seiner Mandoline 1909

Altes Lied

Es war einmal ein Bäcker,
Der prunkte mit einem Wanst,
Wie du ihn kühner und kecker
Dir schwerlich träumen kannst.

Er hat zum Weibe genommen
Ein würdiges Gegenstück;
Sie konnten zusammen nicht kommen,
Sie waren viel zu dick.[197]

Das Gedicht wird 1897 im Rahmen der Sammlung *Die Jahreszeiten* erstveröffentlicht. In geringfügig überarbeiteter Fassung nimmt es Wedekind 1905 in die Gedichtsammlung *Die vier Jahreszeiten* auf. Als Vorlage dient ihm vermutlich das bekannte Volkslied *Die Königskinder* aus dem Jahr 1807.

Der Polizeipräsident von Berlin erwähnt das *Alte Lied* 1906 im Rahmen einer Liste von Titeln, die einen unzüchtigen Charakter tragen würden, und ersucht die Polizeidirektion München um Prüfung, ob sich nicht ein Verbot dieser Lieder rechtfertigen lasse. Diese räumt jedoch ein, die genannten Gedichte behandelten wohl erquickliche und teils auch derbe Sujets, könnten aber nicht als objektiv unzüchtig bezeichnet werden. Viele Kritiker führen seither das Gedicht als charakteristische Probe für Wedekinds witzig-humorvollen Umgang mit dem Thema Liebe an.[198]

Im Sommer 1901 beginnt Wedekind mit der Komposition des Liedes. Überliefert ist eine Arbeitsfassung in C-Dur. Die Niederschrift in der Sammelhandschrift *Melodien I* entsteht im Februar 1903. Leicht überarbeitet nimmt er das Lied 1917 in die geplante Ausgabe der *Lautenlieder* auf.

Der Text zeigt, dass Wedekind jede Gelegenheit wahrnimmt, um zu sexuellen Problemen jeglicher Art Stellung zu nehmen. Dargeboten wird all dies in kurzen, prägnanten und lustigen Versen.

Wedekind trägt das Bänkellied während einer Ehrenexekution der 'Elf Scharfrichter' im März 1902 in München vor. Die Tageszeitung berichtet: „Die elf Scharfrichter haben wieder ein neues Repertoire einstudiert, das sie gestern ihren Ehrengästen vorspielten. Und dann Wedekind! Mir ist, als ob ich die Hände aufs Haupt ihm legen sollte, betend, dass der Teufel ihn erhalte, als einen so verfluchten Kerl, wie er eh' schon ist! Am meisten von der Tragödie der beiden Dicken kann man kaum ausführlich genug schweigen."[199] Im März 1903 singt er das Bänkellied bei einem Gastspiel der 'Elf Scharfrichter' im Nürnberger 'Intimen Theater'.

An einen Jüngling

Jüngling, laß dich nicht gelüsten
Nach des Paradieses Äpfeln;
Von den straffsten Mädchenbrüsten
Wird dir nichts als Kummer tröpfeln.

Wagst du dich heran und findest du
Lust an diesen weißen Teufeln,
Armer Freund, wie bald beginnst du
Selbst von Traurigkeit zu träufeln.

Just die Kühnsten, Elegantsten
Werden früh zu müden Krüppeln,
Und die einst am flottsten tanzten,
Müssen lahm zur Grube trippeln.[200]

Der Text entsteht im März 1887 mit dem Titel *Warnung*. In einer überarbeiteten Fassung wird das Gedicht 1897 in der Sammlung *Die Jahreszeiten* mit der Bezeichnung *Stimme in der Wüste* erstveröffentlicht. Im Jahr 1905 ändert Wedekind nochmals die Bezeichnung und nennt das Gedicht jetzt *Dem Jüngling*. Für die Publikation in der Ausgabe *Die vier Jahreszeiten* erscheint es in der endgültigen Fassung mit dem Titel *An einen Jüngling*.

Bis Februar 1902 entsteht die vollständige Komposition des Liedes. Sie wird im gleichen Jahr in das Sammelheft *Melodien I* aufgenommen. In der Sammlung *Lautenlieder* wird es als Nummer 13 unter der Rubrik *Eigene Melodien* erwähnt.

Neben heiteren Scherz- und Spielgesängen machen sich im 19. Jahrhundert auch eine Menge trockener Moralverse breit, die von Pädagogen und Geistlichen verfasst werden. Auch recht prosaische Dinge und Zustände des Alltagslebens werden hier in Verse gebracht, von denen sonst die Poesie nichts wissen möchte. Aus dieser Gattung sind zahlreiche moralisierende Liedtexte mit pädagogischem Inhalt überliefert, darunter auch solche, die sich auf die Jugendzeit des Jünglings oder der Jungfrau beziehen und auf die ständig drohende Gefahr des Verlusts der Unschuld hinweisen. Hierzu zählt auch der sogenannte Zuchtreim, der durch Drohungen einschüchtert, tadelt oder sentenzenhaft moralisiert.[201]

Das vorliegende Lied zählt zum Genre der Warnliteratur und zeichnet sich durch charakteristische Äußerungen aus. Wenn Wedekind von den Verlockungen der 'Mädchenbrüste' und den 'weißen Teufeln' spricht, weist er in diesem Zusammenhang auf die Gefahr hin, die das süße Leben mit sich bringen kann und aus einem flotten Tänzer möglicherweise einen 'müden Krüppel' macht. Dabei hat er speziell die Folgen der Geschlechtskrankheiten im Blick. In eine ähnliche moralisierende Richtung tendiert auch das schwäbische Lied *Mädle, laß de warne*, dessen Metrum und Inhalt gewisse Parallelen zum vorliegenden Gedicht aufweist. Mit den Worten 'Mädel, lass dich nicht betören' greift auch Wedekind dieses gängige Thema auf und schreibt 1884 sein Gedicht *Eine Abendunterhaltung*. Hier stellt er jedoch die Logik auf den Kopf und warnt eindringlich davor, die Tugendratschläge der Alten zu beherzigen, weil dies dem Naturgesetz widerspreche und sich die Tugend mit zunehmendem Alter von selbst einstelle. Während sich das schwäbische Lied an ein junges Mädchen wendet, um es vor der männlichen Verführung zu warnen, bezweckt Wedekind mit dem Gedicht *An einen Jüngling* das Gegenteil.

Die im Gedicht *An einen Jüngling* ausgesprochene Warnung lässt sich somit als ironische Replik auf das 1884 entstandene Gedicht *Abendunterhaltung* lesen, das mit den Worten beginnt: 'Mädel, lass dich nicht betören'.

Laut Programmheft der 'Elf Scharfrichter' trägt Wedekind die Ballade erstmals am 11. März 1902 dem Münchner Publikum vor. Die Reaktion in der Presse ist sehr verhalten, wie aus einem Bericht der 'Münchner Neuesten Nachrichten' hervorgeht: „Frank Wedekind, das enfant gâté der Brettelmuse hatte zwar zum Schluss der Vorstellung mit einigen Gassenhauern dröhnenden Erfolg gehabt. Er sollte sich aber selbst durch den Beifall, den ihm Zuhörer und Zuhörerinnen in vorgerückter Stunde und in gehobener Stimmung gezollt haben, nicht verleiten lassen, sich über alle Grenzen des Geschmacks, den doch ein Künstler wie er haben muss, hinwegzusetzen." [202]

Auch auf einer Gastspielreise der 'Elf Scharfrichter' kommt die Ballade am 13. Februar 1903 im Kunstgewerbeverein Mannheim und anschließend im 'Intimen Theater' in Nürnberg zu Gehör. Danach bricht Wedekind seine weitere Teilnahme an der Tournee wegen Streitigkeiten mit den Scharfrichtern ab. Wie eine Aktennotiz der Königlichen Polizeidirektion München belegt, wird die Ballade letztmals 1904 im 'Intimen Theater' auf die Bühne gebracht: „Frank Wedekind trug ein Lied über zwei läufige Hunde und ein solches 'An den Jüngling' betitelt vor. Beide Balladen behandeln Vorgänge in Bezug auf den Geschlechtstrieb. Auch seine übrigen Balladen sind von ähnlichem Inhalt und insgesamt geeignet nicht verkommene Leute anzuwidern. Dem Vortragenden wurde zugleich Beifall und Missfallen bezeugt." [203]

Der Reisekoffer

Bei Tafel saßen in bunter Reih',
Damen und Herren; auch saß dabei
Ein junger Mann von blassem Gesicht,
In Haltung und Ausdruck ernst und schlicht,
Durchaus bescheiden, zwar etwas gefräßig,
Aber schweigsam verhältnismäßig.

Und wie ein Bach in der Sonne Blinken
Glitt das Gespräch zwischen Scherzen und Trinken.
Man sprach über dieses, man sprach über jenes,
Man sprach über Nützliches, über Schönes,
Und kam über Unfälle und Verbrechen
Schließlich auf Reisekoffer zu sprechen.

Da waren nun, wie das so geht hienieden,
Urteil und Ansichten sehr verschieden;
Die Damen lobten die großen, schweren,
Bequem zu packen und rasch zu leeren,
Ohne daß dabei die Toilette
Jemals Schaden genommen hätte.

Den Herren hingegen wollte es scheinen,
Angenehmer wären die kleinen,
Die leichten, zusammengeklappten Dinger;
Man könne sie heben mit einem Finger-
Unser Jüngling in guter Ruh'
Kaut seinen Bissen und schweigt dazu.

Und wie im Schilfe der schaukelnde Nachen
Glitt das Gespräch zwischen Scherzen und Lachen
Von Reisekoffern auf ferne Gefilde
Im schönen Italien, auf Kunstgebilde
Und dann auf das Glück, auf das Glücklicherscheinen,
Sowie auf die Liebe im allgemeinen.

Unser Jüngling kaut wacker fort,
Hört von dem allen kein Sterbenswort;
Seine Gedanken, begreiflicherweise
Dämmern so weiter im alten Gleise.

Und wie er sich abmüht mit düstrer Stirn,
Löst sich ein Etwas in seinem Hirn.
Und klettert herab, und erreicht seine Zung',
Und wird nun allmälig zur Äußerung.

Und er tut den Mund auf, er winkt mit der Hand-
Die Damen im Kreise lauschen gespannt,
Die Herren verstummen von Reminiscenzen
Aus schwülen Garderoben mit welkenden Kränzen;
Alles starrt in nervösem Grimme,
Und er flötet mit süß melodischer Stimme,
Und dabei leuchtet sein Antlitz hell:
„Ich habe einen von Seehundsfell."[204]

Das Gedicht wird im Mai 1897 im Rahmen der Sammlung *Die Jahreszeiten* erstveröffentlicht und am 10. August des gleichen Jahres in geringfügig überarbeiteter
Fassung im 'Simplicissimus' abgedruckt. Eine deutlich überarbeitete Fassung
erscheint 1905 in den *Vier Jahreszeiten*, die auch für die zweite Auflage 1912 verbindlich bleibt. Für eine weitere Publikation, die unter dem Titel *Der tolle Koffer* in
der gleichnamigen Anthologie erfolgt, greift Wedekind wieder auf die Fassung des
Erstdrucks zurück. Ob die Titelwahl *Der tolle Koffer* mit Blick auf den gleichnamigen Sammelband erfolgt oder ob jener den Gedichttitel adaptiert, ist nicht belegt.
Das Gedicht ist im Schüttelreim, einer humorvollen Variante des Doppelreims,
konzipiert. Die Ballade gilt als eine der wenigen 'zahmen' humoristischen Beispiele der Wedekindschen Lyrik.

Wie Notizen des Autors belegen, entsteht die Liedfassung zu dieser Ballade im
Sommer 1902. Ein Druck der Notation ist nie erfolgt. Auch handschriftliche
Aufzeichnungen sind heute nicht mehr vorhanden.

Ein hochgeschätztes früheres Mitglied des Königlichen Schauspielhauses in
Dresden, Frau Hofrat Gasny-Zeiß, wandte sich 1909 an Frank Wedekind mit der
Bitte um Erlaubnis, das Gedicht *Der Reisekoffer* in einer literarischen Matinee
öffentlich vortragen zu dürfen. Wedekind antwortete wie folgt: „Sehr geehrte
gnädige Frau Hofrat! Bei der uneingeschränkten Verachtung, die das Dresdner
Hoftheater seit 20 Jahren für meine gesamte dramatische Arbeit an den Tag legt,
kann es unmöglich in meinem Interesse liegen, dem Dresdner Publikum von einer
Hofschauspielerin durch den Vortrag von Gedichten wie 'Der Reisekoffer' vorgeführt zu werden. Ich glaube, dankbarere Aufgaben für Schauspielerinnen geschaffen zu haben. Für Ihre liebenswürdige Absicht, durch deren Ausführung sie mir
keine besondere Ehrung erwiesen hätten, wie sie vielleicht voraussetzten, sage ich
Ihnen meinen ergebensten Dank. Mit dem Ausdruck vorzüglicher Hochschätzung

F.W."[205] Die Dame wird Herrn Wedekind für seine Ablehnung ewig dankbar sein müssen, da sie das zweideutige Gedicht offenbar gar nicht verstanden hat. Sie wäre sonst schwerlich jemals auf den Gedanken verfallen, es in einer literarischen Matinee zum Besten zu geben.

Es sind die charmanten Zweideutigkeiten, die dieses Bänkellied ausmachen und die Wedekind so geschickt formuliert, dass sie selbst eine Dame des Königlichen Schauspielhauses aus Dresden nicht bemerkt. Es ist mehr als trockener Humor, wenn man bei Tisch ein Streitgespräch führt, ob die 'großen, schweren' praktischer seien, als die 'kleinen, leichten, zusammengeklappten Dinger' und der schweigsame junge Mann, nachdem man schließlich 'auf die Liebe im allgemeinen' zu sprechen kommt, als Pointe mit leuchtenden Augen bemerkt: 'Ich habe einen von Seehundsfell'.

Eine Rezension im Berner Sonntagsblatt hält fest: „Den Inhalt der meisten Bänkellieder wird man wohl mit der vom Dichter selbst einmal angewandten Formulierung 'sexuelle Psychopathie' am treffendsten definieren. Aber es ist wenigstens Leben und Lebensreiz überall, wo man hinblickt. Und sollte jemand diese Gedichte als einen Sumpf bezeichnen wollen, so ist es ein schöner, tropischer Zypressensumpf mit schwimmenden giftigen Blumeninseln, mit heimlichen Jaguartritten im Röhricht und mit irren, glühenden Lichtern des Nachts. Beispiele geben wir nicht, diese unabhängige Erotik taugt nicht in eine Zeitung. Aber den Humor Wedekinds dürfen wir unseren Lesern an einem der wenigen zahmen Gedichte beweisen, es ist *Der Reisekoffer.*"[206]

Wedekind trägt das Lied am 19. Juni 1902 erstmals bei den 'Elf Scharfrichtern' vor. Wie aus einer Notiz der Münchner Polizeibehörde zu ersehen ist, präsentiert er es ohne vorherige Genehmigung durch die Zensurbehörde der Öffentlichkeit. Die Polizei fordert ihn deshalb zur nachträglichen Vorlage des Textes auf. Wedekind singt das Lied nochmals im März 1903 im 'Intimen Theater' in Nürnberg, bricht dann aber die Gastspielreise unerwartet wegen Streitigkeiten mit den Kabarettmitgliedern ab. Letztmals kommt *Der Reisekoffer* am 10. Februar 1905 auf einem Herrenabend im 'Intimen Theater' in München durch ihn zu Gehör. Da sein weiteres Programm an diesem Abend aus Gedichtrezitationen bestand, ist anzunehmen, dass er bei dieser Gelegenheit die Ballade nicht in Form eines Gesangsvortrags gegeben hat.

Die Hunde

Es waren einmal zwei Hunde,
Wie war das Herz ihnen schwer!
Sie liefen wohl eine geschlagene Stunde
Hintereinander her.

Sie hofften, in liebendem Bunde
Werd' ihnen leicht und frei,
Und waren doch nur zwei Hunde,
Und keine Hündin dabei.

Das ist die soziale Misere,
Die Sphinx in der Hundewelt,
Daß man vom Hundeverkehre
Die Hündinnen ferne hält.

Die Hündinnen werden ja häufig
Gleich nach der Geburt ersäuft,
Und wird eine Hündin läufig,
Verhindert man, daß sie läuft.

Man läßt sie aus ihrem Kerker
Tag und Nacht nicht heraus;
Knurrend liegt Bella im Erker
Zu Füßen der Tochter vom Haus.

Lisettchen starrt in die Zeilen
Und zittert wohl mit den Knien,
Zuckt mit den Lippen bisweilen,
Und beide denken an ihn.

Wallt man im Familienvereine
Sonntags vors Tor hinaus,
Bella geht an der Leine
Zugleich mit der Tochter vom Haus.

Hier rücken heran die Studenten,
Dort naht sich Nero galant;
Wie wird von beiden Enden
Die arme Leine gespannt!

In einem Rudel Hunde
Kam schließlich man überein,
Es möge nun in der Runde
Jeder mal Hündin sein.

Das Auge, angstvoll, trübe,
Schweift ferne zum Horizont,
Als spräch's: Und das hat der Liebe
Himmlische Macht gekonnt.

Der kleine Fritz ging vorüber
Und sagte: „Lieber Papa,
Sage mir doch, du Lieber,
Was machen die Hunde da?"

Papa entgegnet: „Das nennt man,
Darf dir nicht sagen, wie;
An diesen Gräueln erkennt man
das lausige Hundevieh."[207]

Eine erste Auseinandersetzung mit dem Gedicht ist für Sommer 1887 während des Aufenthalts in Zürich verbürgt, wobei fraglich ist, ob es bereits zu dieser Zeit zu einer vollständigen Ausarbeitung des Textes kam. Einen weiteren Hinweis liefert der Titelvermerk *Die Hunde. Elegie,* der im Rahmen von Entwurfsnotizen überliefert ist und vom August 1891 stammt. Diese Fassung bleibt auch für den Druck in der Gedichtsammlung *Die vier Jahreszeiten* verbindlich. Alles deutet darauf hin, dass das Gedicht zu dieser Zeit bereits fertig gestellt ist, da es Wedekind zur Publikation für eine 'Satiren-Anthologie' an Karl Kraus schickt. Speziell für diese Drucklegung hatte Wedekind den Titel mit dem Zusatz *Elegie* versehen. Dabei nimmt er auch Veränderung in der vierten Strophe vor. Ursprünglich heißt es dort: „Die Hündinnen zu vermindern·/·Werden die meisten ertränkt,·/·Und sehnt sich eine nach Kindern,·/·Dann will sie niemand geschenkt."[208]

Der vorliegende Kreuzreim entspricht zwar dem Schema für eine Elegie, jedoch weicht der distanziert-unsentimentale, auf Berichterstattung angelegte Sprachstil deutlich von dem Klageton einer Elegie ab. Dass Wedekind trotzdem das Gedicht mit dem Titelzusatz versieht, deutet auf die satirische Absicht des Autors, die 'soziale Misere' als Trauerklage im Schiller'schen Sinn zu sehen. Mit der Komposition des Liedes beginnt Wedekind im Frühjahr 1901. Die vollständige Fassung liegt im Oktober 1902 vor. In dem Sammelheft *Melodien I* wird das Lied 1903 in der Tonart A-Dur notiert. In einer neuen Fassung wird die Ballade 1917 in die *Lautenlieder* als Nummer 29 aufgenommen.

Die Elegie zeigt uns eine Tragikomödie aus bürgerlicher Sicht, in der aus der Hundeperspektive dem unterdrückten Liebesbedürfnis dramatische Situationen abgewonnen werden. Das Problem betrifft jedoch nicht nur die Hunde, sondern auch Lisettchen. Wenn das Hündchen Bella seinen 'Kerker' nicht verlassen darf und 'zu Füßen der Tochter' des Hauses' liegt, wird deutlich, dass beide betroffen sind. Der Sonntagsspaziergang vor die Tore der Stadt offenbart dann die 'soziale Misere' in all ihren Facetten. Nicht nur das Hündchen Bella, auch die Tochter wird galant umworben. Und während 'Nero' naht, rücken 'die Studenten' heran, um dem Mädchen den Hof zu machen. Dennoch haben beide keine Chance, einen Verehrer abzubekommen, da der Hausherr streng über die Tugend aller weiblichen Wesen wacht. Trotzdem findet das Hunderudel einen Ausweg aus der 'sozialen Misere'. Umso erstaunter ist der kleine Bruder über dieses Treiben. Arglos und treuherzig fragt er seinen Vater, was die Hunde eigentlich machen. Der Vater ist schockiert. Eine solche Frage stellt man nicht, sie macht ihn sprachlos. Er weiß, selbst wenn sie noch so harmlos ist, 'darf' er sie nicht beantworten und muss sie im Keim ersticken. Denn schließlich erkennt man an 'diesen Gräueln das lausige Hundevieh'. Wedekind problematisiert hier die ungenügende Aufklärung der Kinder und Jugendlichen; ein Thema, das ihn in vielen seiner Arbeiten beschäftigt. Nicht zuletzt steht es auch im Mittelpunkt seiner Kindertragödie *Frühlings Erwachen*.

Der Literaturhistoriker Arthur Möller-Bruck nahm aus der Sicht der Zeit Stellung zu Wedekinds Bänkelliedern: „Mit Lyrik haben sie eigentlich nichts zu tun. Sie sind mehr als Couplets gedacht. Allerdings als sehr modernisierte Couplets, die mit dem entsetzlichen, trivialen Singsang, wie er in Deutschland herrscht, überhaupt nicht zu vergleichen sind. Vor allem sind sie nicht gemacht, sondern gedichtet. Alle! Ausnahmslos! Mögen sie die simpelsten Einfälle oder das verrückteste Zeug behandeln! Erotisch sind sie natürlich immer. Und da Wedekind in diesen Gedichten erklärlicherweise größeren Spielraum hat und er seine Launen nach Herzenslust austoben kann, ist der Zynismus denn auch noch bedeutend krasser als in den Dramen. Er wird sogar an einer Stelle so zynisch, dass er die Hundeliebe besingt. Man lese diese neuen Balladen und denke sie sich vor allem vom Brettl herab gesungen."[209]

Im September 1902 steht die Elegie erstmals auf dem Programm der 'Elf Scharfrichter'. Auch im Oktober und Dezember des gleichen Jahres wird sie hier dargeboten. Im Februar 1903 präsentiert sie Wedekind im Kunstgewerbeverein in Mannheim. 1911 wird das Lied in das Repertoire Emil Meßthalers integriert. Die Ballade ist noch einmal bei Wedekinds letztem Vortragsabend im Dezember 1917 in der Münchner 'Bonbonniere' zu hören und wird dann nicht mehr aufgeführt.

Das arme Mädchen

Böt' mir Einer, was er wollte,
Weil ich arm und elend bin,
Nie, und wenn ich sterben sollte,
Gäb' ich meine Ehre hin!
Schaudernd eilt das Mädchen weiter,
Ohne Obdach, ohne Brot,
Das Entsetzen ihr Begleiter,
Ihre Zuversicht der Tod.

Es klappert in den Laternen
Des Winters eisig Wehn,
Am Himmel ist von den Sternen
Kein einziger zu sehn.

Wie sie nun noch eine Strecke
Weiter irrt, sieht sie von fern
An der nächsten Straßenecke
Einen ernsten, jungen Herrn.
Ihm zu Füßen auf die Steine
Sinkt sie ohne einen Laut,
Hält umklammert seine Beine,
Und der Herr verwundert schaut:

Wenn dich die Menschen verlassen,
Komm auf mein Zimmer zu mir;
Jetzt tobt in allen Gassen
Nur wilde Begier.

Und sie folgte seinen Schritten,
Hielt sich schüchtern hinter ihm;
Jener hat es auch gelitten,
Wurde weiter nicht intim.
Angelangt auf seinem Zimmer
Zündet er die Lampe an,
Bei des Lichtes mildem Schimmer
Bald sich ein Gespräch entspann:

Es boten mir wohl Viele
Ein Obdach für die Nacht,
Doch hatten sie zum Ziele,
Was mich erschaudern macht.

Ferne sei mir das Verlangen,
Sprach der ernste, junge Mann,
Dir zu färben deine Wangen,
Wenn ich's nicht durch Güte kann.
Bat sie, länger nicht zu weinen,
Holte Wurst und kochte Tee,
Und am Morgen zog er einen
Taler aus dem Portemonnaie.

Sie hat ihn bescheiden genommen
Und fand, eh' der Tag vorbei,
Als Plätterin Unterkommen
In einer Wäscherei.

Aber ach, die Tage gingen
Und die Nächte freudlos hin,
Bluteswallungen umfingen
Ihren frommen Kindersinn.
Immer mußt' sie sein gedenken,
Der so freundlich zu ihr war,
Immer mußt' den Kopf sie senken
In der muntern Mädchenschar.

Und eines Abends um neune
Hielt sie's nicht aus,
Lief ganz alleine
Nach seinem Haus.

Er war noch nicht heimgekommen,
Sie verkroch sich unters Bett,
Bis sie seinen Schritt vernommen,
Wo sie gern gejubelt hätt'.
Doch sie hielt sich still da unten,
Bis er sich zu Bett gelegt
Und den süßen Schlaf gefunden,
Dann erst hat sie sich geregt.

Leise wie eine Elfe
Schlupft sie zu ihm hinein:
„Dass Gott mir helfe –
Ich bin dein!"

Doch da hat er sich erhoben,
Wußte erst nicht, was geschah,
Hat die Kissen vorgeschoben,
Als das Kind er nackend sah:
Nein, jetzt will ich dich nicht haben;
Wohl dir, dass du mir vertraut!
Aber spare deine Gaben,
Denn schon morgen bist du Braut!

Er führte binnen acht Tagen
Sie wirklich zum Altar.
Es läßt sich gar nicht sagen,
Wie glücklich sie war.[210]

Der Erstdruck des Gedichtes *Das arme Mädchen (Romanze)* erscheint am 18. April 1896 im 'Simplicissimus'. Nach leichter Überarbeitung nimmt Wedekind die Ballade 1897 unter Verzicht auf den Titelzusatz *Böt' mir Einer, was er wollte...* in die Sammlung *Die Jahreszeiten* auf. Der Abdruck in der Ausgabe *Die vier Jahreszeiten* erfolgt 1912.

Ob die Komposition bereits während der Arbeit am Dramenfragment *Das Sonnenspektrum* entsteht, in die *Das arme Mädchen* als Lied zur Harfe gesungen wird, ist nicht nachweisbar. Im Sommer 1901 liegt jedenfalls die erste Fassung der Notation vor, die Wedekind im Insel-Verlag publizieren wollte. Zwischen 1905 und 1906 trägt er das Lied in das Sammelheft *Melodien II* ein. Eine korrigierte Fassung wird 1917/18 als Nummer zwölf in die *Lautenlieder* aufgenommen.

Mit dem Zusatz *Romanze* greift Wedekind auf die romantische Tradition der deutschen Ballade zurück, die bemerkenswerte Ereignisse oder Geschichten in Form kurzer Verserzählungen mitteilt und sich dabei meist einer einfachen volkstümlichen, aber anschaulich-phantasievollen Sprache bedient. Formprägend ist der vierhebige trochäische Vierzeiler mit weiblichem und männlichem Kreuzreim, die sogenannte 'Romanzenstrophe', die auch Wedekind in der Verdoppelung zum Achtzeiler im vorliegenden Text ausführt. *Das arme Mädchen* steht, wie die Mehrzahl der Wedekind'schen Balladen, in der Tradition der volksliedhaften gepflegten Romanzendichtung, wie wir sie von Gottfried August Bürger und Ludwig Uhland kennen.

Bei der Romanze *Das arme Mädchen* tastet sich Wedekind an die Gattung des Dirnenlieds heran. Bewusst führt er den Leser und Zuschauer irre. Das arme Mädchen, das 'ohne Brot' und 'ohne Obdach' durch die dunklen und eisigen Gassen irrt, trotzt ihrem Schicksal. Sie ist nicht bereit, ihre 'Ehre' hin zu geben und die Möglichkeiten zu nutzen, die sich ihr durch die Prostitution bieten würden. Lieber ist 'ihre Zuversicht der Tod'. Trotzdem wird ihr Stolz gebrochen, wenn sie die Realität einholt und sie sich dem jungen Mann zu Füßen wirft und seine Beine umklammert hält. Dennoch lässt Wedekind keinen Beigeschmack entstehen, wenn der 'junge Herr' das Mädchen auf sein Zimmer bittet und 'nicht intim' wird, sondern treusorgend Wurst holt und Tee kocht. Ohne eine sexuelle Gegenleistung zu fordern, zeigt er sich auch am nächsten Morgen großzügig und schenkt ihr einen 'Taler aus dem Portemonnaie'. Damit lässt Wedekind das Lied entgegen aller Erwartungen in einem Heile-Welt-Happy-End ausgehen. Allerdings ist dieses Happy End so unrealistisch, dass es damit zwangsläufig wieder zur Groteske wird. Da der Beschützer die Situation nicht ausgenutzt hat, ist das Mädchen von der Großmut des 'jungen Herrn' so begeistert, dass es pausenlos an ihn denken muss.

Nachdem sie es 'eines Abends um neune' nicht mehr länger aushält, schleicht sie in sein Haus und verkriecht 'sich unters Bett', um sich ihm aus Dankbarkeit hinzu-geben. Und wieder präsentiert uns Wedekind eine Lösung, die nicht in das gewohnte Klischee passt, wenn der Herr das Mädchen zurückweist und ihr klar macht, dass er sie 'jetzt nicht haben' will, sondern erst morgen, wenn sie seine 'Braut' sei. Frei von allen materiellen Zwängen und jeglicher Abhängigkeit zeigt uns der Autor das Modell der idealen Liebe, das ausschließlich auf gegenseitiger Achtung beruht.

Im November 1902 trägt Wedekind die Romanze bei den 'Elf Scharfrichtern' in München vor, nachdem die Uraufführung bereits im November 1901 auf der Bühne des 'Jung-Wiener Theaters zum lieben Augustin' stattgefunden hatte. Im Dezember 1902 und im Januar 1903 steht es dann erneut auf dem Programm in München, allerdings ohne die Mitwirkung Wedekinds. Darüber hinaus kommt die Romanze noch auf verschiedenen Gastspielreisen zum Vortrag: Februar 1903 in Mannheim und November 1904 in Breslau. Im Juni 1910 studiert Tilly Wedekind das Lied als Tanz ein und trägt es mit entsprechender Lautenbegleitung durch ihren Mann in Heidelberg, Basel, Wiesbaden und Wien vor. Auch am 23. Januar 1918 sollte es in der Münchner 'Bonbonniere' aufgeführt werden. Da Wedekind zu die-sem Zeitpunkt bereits schwer erkrankt war und am 9. März 1918 verstarb, ist nicht bekannt, ob diese Veranstaltung überhaupt noch stattfand.

Der blinde Knabe

O ihr Tage meiner Kindheit,
Nun dahin auf immerdar,
Da die Seele noch in Blindheit,
Noch voll Licht das Auge war:
Meine Blicke ließ ich schweifen
Jedem frei ins Angesicht;
Glauben galt mir für Begreifen
Und Gedanken kannt' ich nicht.

Ich begann jedoch zu sinnen
Und zu grübeln hin und her,
Und in meiner Seele drinnen
Schwoll ein wildempörtes Meer.
Meine Blicke senkt' ich nieder,
Schaute tief in mich hinein
Und erhob sie immer wieder
Zu dem goldnen Sonnenschein.

Mußt' ich doch die Welt verachten,
Die mir Gottes Garten schien;
Denn die Guten läßt er schmachten –
Und die Bösen preisen ihn.
Freude, Lust und Ruh' vergehen –
O, wie wohl war einst dem Kind!
Meine Seele hat gesehen –
Meine Augen wurden blind.[211]

Einer entstehungsgeschichtlichen Notiz des Autors zufolge entsteht das Gedicht bereits 1879 während der Aarauer Gymnasialzeit und ist über Jahrzehnte gereift. Die früheste noch erhaltene Niederschrift stammt aus der Zeit zwischen November 1882 und Mai 1883, als Wedekind die Zeilen unter dem Titel *Reue* in das Heft *Memorabilia* eintrug. Diese Aufzeichnung liegt auch seinen Freundinnen Bertha Jahn und Minna von Greyerz in Lenzburg vor. Das Gedicht wird 1897 als *Wehmut* in einer stark überarbeiteten sechsstrophigen Fassung in der Sammlung *Die Jahreszeiten* erstveröffentlicht. Nach erneuter Bearbeitung erscheint es am 25. Januar 1903 in der Zeitschrift 'Freistatt' unter dem Titel *Lied eines Knaben* in ungekürzter, nun aber dreistrophiger Fassung.

Im Frühjahr 1902 beginnt Wedekind mit der Komposition des Liedes. Die endgültige Fassung ist bereits zum Jahresende fertig gestellt. Im Februar 1903 trägt er es in die Sammelhandschrift *Melodien I* ein und nimmt es geringfügig überarbeitet 1917 als Nummer eins in die *Lautenlieder* auf.

Das Motiv der goldenen, unschuldigen Kindheit ist literarisch vielfach verbreitet. Die Anfangszeile deutet darauf hin, dass Wedekind zu dem vorliegenden Gedicht möglicherweise durch Passagen von Schillers Schauspiel *Die Räuber* angeregt wurde. Dort erinnert sich der Rebell Karl Moor bei seiner Rückkehr aus den böhmischen Wäldern reuevoll an die paradiesische Unschuld seiner Kindertage auf dem väterlichen Schloss. Hier war er als Knabe glücklich, während er jetzt als Mann in Verzweiflung lebt. Das gleichnamige Lied von Franz Schubert dürfte Wedekind ebenfalls geläufig gewesen sein. Bei Schuberts Text ist jedoch die Blindheit des Knaben physisch und nicht psychisch zu verstehen. Was den Begriff der Blindheit betrifft, ist es naheliegend, dass sich Wedekind auch an die Sage von Homer erinnert, dessen Blindheit sich nicht auf ein körperliches Gebrechen bezog, sondern darauf, dass er 'verinnerlicht' lebte.

Bei dem vorliegenden Text handelt es sich um einen der innigsten und spirituellsten Gedichte, die Wedekind je geschrieben hat. Es ist der Abschied des fünfzehnjährigen Knaben von der Kindheit. Bisher konnte er noch alles unvoreingenommen glauben, was er sah, kannte keine zweifelnden Gedanken und konnte allen Menschen offen in die Augen schauen. Wie unglücklich muss er später gewesen sein, als er verinnerlicht über seine Umwelt zu reflektieren begann und ein 'wildempörtes Meer' voller Enttäuschungen in ihm anschwoll. Verzweifelt muss der blinde Knabe die Welt verachten, da sie offensichtlich nicht das Paradies ist, für das er sie in seinen Kindertagen gehalten hatte. Empörung und Resignation machen sich breit, wenn er feststellen muss, dass die Guten schmachten und die Bösen allen Grund haben, Gott zu preisen. Wie wohl war einst dem Kind, als 'die Seele noch in Blindheit' und 'voll Licht das Auge war' und es dadurch alle Ungerechtigkeiten dieser Welt nicht wahrgenommen hat.

Der blinde Knabe gilt als Stilmuster für echten Brettlgesang. Wedekind trägt das Lied meist in Kombination mit *Das arme Mädchen* vor. Damit positioniert er sich als 'Zyniker' und zugleich als Dichter der 'reinsten Poesie', da er dem Publikum das friedliche Beieinander von derber Frivolität und tiefem Gemüt vorführt.

Das Lied steht im November und Dezember 1902 sowie im Januar 1903 auf dem Programm der 'Elf Scharfrichter'. Wedekind präsentiert es noch auf folgenden Bühnen: Februar 1903 Mannheim, März 1903 Nürnberg, Dezember 1904 Breslau und März 1905 Berlin. Oftmals meinten die Kritiker zu erkennen, das Lied sei fast tragisch, auf jeden Fall aber sei es als elegischer Gesang zu bezeichnen.

Die Symbolistin

Dein Auge brennt, dein Atem fliegt,
Blaß bist du wie der Tod;
Und frag' ich dich, woran das liegt,
Du wirst wie Blut so rot.

Dein Auge senkt sich grambesiegt,
Die Wimper glitzert naß;
Und frag' ich dich, woran das liegt,
Du wirst wie Marmor blaß.[212]

Als eigenständiges Gedicht wird *Die Symbolistin* erstmals 1905 in der Sammlung *Die vier Jahreszeiten* publiziert. Den Text entlehnt Wedekind dem Teil *Anna* aus der bereits 1891 entstandenen ersten Fassung des zweiteiligen Gedichts *Symbolisten.* Die Fassung des Erstdrucks bleibt für den Abdruck in der Sammlung *Die vier Jahreszeiten* verbindlich.

Vermutlich im Sommer 1901 entsteht die Komposition zu diesem Text, der in der Sammlung *Brettl-Lieder von Wedekind* überliefert und mit Opus VI gekennzeichnet ist. Im Februar 1903 trägt Wedekind das Lied, leicht bearbeitet, in die Sammelhandschrift *Melodien I* ein. Anlass zu erneuter Bearbeitung ist die im Entstehen begriffene Sammlung *Lautenlieder*, in der das Lied als Nummer 25 erscheint. Auffällig ist der Widerspruch der gewählten Tonart, bei der die Singstimme in F-Dur und die Begleitung in C-Dur im 2/4-Takt konzipiert ist.

Dieses Couplet gehört zu den weniger bekannten Ohrwürmern Wedekinds und lässt sich von seiner Thematik her ebenfalls den erotischen Liedern zuordnen. Wedekind spricht hier, wie in der Kindertragödie *Frühlings Erwachen,* nicht offen aus, was im Raume steht und dennoch allgemein verständlich ist. Galten doch autoerotische Handlungen noch zu seiner Zeit als lasterhaft und waren mit einem Tabu belegt.

Die von Medizinern und Pädagogen weit verbreitete Ansicht, dass Onanie verheerende Schäden bis hin zur Geisteskrankheit hervorrufen könne, sollte die Jugendlichen von dieser Art der sexuellen Betätigung abschrecken. Zudem wirkte der Einfluss der sexualfeindlich eingestellten Kirche disziplinierend auf die Gewissensbildung. Damit passt das Stück von seiner Aussage her genau in die prüde Zeit der Wilhelminischen Ära.

Eine zweite Aussage lag dem Autor mit diesem Gedicht am Herzen, nämlich die Abrechnung mit den Symbolisten. Seit 1890 nahm die von Frankreich ausgehende antirealistische Kunstrichtung der Symbolisten Einfluss auf die gesamte europäische Literatur und Malerei. In der Dichtung entsprach ihr das Programm einer 'Poésie pure', die eine anschauliche Bezugnahme auf die gegenständliche Wirklichkeit weitgehend verweigerte und als magische Kunst auf die suggestive Ausdruckskraft der Bildsprache abzielte. Dieser Ästhetik, für die die Dichtung von Charles Baudelaire und Paul Verlaine bahnbrechend geworden war, sahen sich Arthur Rimbaud, Paul Valéry sowie der belgische Schriftsteller Maurice Maeterlinck verpflichtet. In der deutschen Literatur begann der Symbolismus seit 1890 Stefan George, Maximilian Dauthendey, Richard Dehmel und Rainer Maria Rilke zu beeinflussen.[213]

Wie Wedekind in 'Autobiographisches' bemerkte, machte er 1894 während seines Aufenthaltes in London durch Dauthendey die Bekanntschaft mit der symbolistischen Literatur, die damals im Aufblühen war. In den Gedichten *Die Symbolistin* und *Der Symbolist* äußert er sich ablehnend gegenüber dieser neuen Stilrichtung, die er zur sektiererischen Modeerscheinung erklärt. Für ihn bleibt diese literarische Strömung ein okkultistischer 'Hokuspokus'. Dass ihm der magische Zauber hermetischer Wortkunst obsolet war und dass er zumindest die symbolisch ambitionierten Poesien von Max Dauthendey für inhaltlich substanzlos hielt, geht aus einer Anekdote hervor, die Artur Kutscher berichtet: „Wedekind erzählte mir einmal, dass er mit Dauthendey in einem Nachtcafé gesessen und seinen Ausführungen über Sinnesempfindungen gelauscht habe. Dauthendey sagte, der gläserne Kronleuchter z.B. habe für ihn immer etwas Klingendes, er würde lyrisch von dem 'klingenden Leuchter' sprechen. Wedekind stand auf, brachte den Leuchter mit klopfendem Finger zum Klingen und fragte den verdutzten Dauthendey, wie er den Leuchter denn in diesem Zustande nennen würde, ob vielleicht gar den 'brennenden'."[214]

Nach dem Erscheinen der Tragödie *Der Erdgeist* legt Wedekind besonderen Wert darauf, nicht als symbolistischer Autor missverstanden zu werden, und betont 1896 in einem Brief an Paul Schlender, er habe den Himmel gebeten, ihn vor der Charybdis des Symbolismus zu bewahren, da er nichts als ausschließlich Realist sein wolle.

Im Dezember 1902 gehört das Couplet zu dem Programm, das Wedekind bei den 'Elf Scharfrichtern' in München vorträgt, nachdem es bereits im November des gleichen Jahres in Wien uraufgeführt und dort vom Publikum überwiegend abgelehnt wurde. Die Wiener Allgemeine Zeitung berichtet dennoch positiv: „Die selbstgesungenen Lieder des Dichters Wedekind erregten den Unwillen des Publikums. Wedekind ist ein Dichter, dessen Ironie traurige Bitterkeit, dessen Hohn oft tiefes Mitleid ist. Seine ganze Persönlichkeit wurde missverstanden, man gab sich nicht einmal die Mühe, seiner fremdartigen Individualität näherzutreten. Die Art aber, wie Herr Wedekind abgelehnt wurde, barg jene Härte, welche das Publikum stets dann übt, wenn es im Unrecht ist."[215]

Bereits im Januar 1903 steht das Lied in München erneut auf dem Programm. Dieses Mal jedoch ohne die Mitwirkung des Bänkelsängers. Im Februar 1903 präsentiert Wedekind das Couplet im Kunstgewerbeverein Mannheim. Auf einer Gastspielreise im März 1903 trägt er es im Rahmen einer Vorstellung in Nürnberg vor. Darüber hinaus steht die Ballade auf seiner Programmplanung für eine Tournee im Oktober 1904 nach Breslau und im März 1905 nach Berlin.[216]

Frank Wedekind mit seiner Ehefrau Mathilde (Tilly) in München um 1909

Der Symbolist

Eine mondbestrahlte, blasse Hand
Wand sich nachts aus seinen weißen Decken,
Daß gelähmt in stummem, starrem Schrecken,
Er nur mühsam sich hinweg gewandt.

Jene blasse, mondbestrahlte Hand
Kehrte manchmal wieder – und im Weichen
Schrieb sie sich in geisterhaften Zeichen
In sein schreckensbleiches Nachtgewand.[217]

Als eigenständiges Gedicht wird *Der Symbolist* erstmals 1905 in der Gedicht-sammlung *Die vier Jahreszeiten* publiziert. Den Text entlehnt Wedekind dem Teil *Otto* aus der bereits 1891 entstandenen ersten Fassung des zweiteiligen Gedichts *Symbolisten*. Die Fassung des Erstdrucks bleibt für den Abdruck in der Sammlung *Die vier Jahreszeiten* verbindlich.

Vermutlich im Verlauf des Jahres 1901 entsteht diese vokale Romanze als Opus VII und wird in die *Brettl-Lieder* eingereiht. 1917 nimmt Wedekind das Lied geringfügig überarbeitet als Nummer 24 in seine *Lautenlieder* auf.

Die vokale Romanze verbreitet sich, ausgehend von Frankreich, als äußerst populäre Liedform im 18. Jahrhundert in ganz Europa. Zunächst wird sie als Kern-stück in Singspiele integriert, um sich bald als eigenständiges Genre zu etablieren. In Deutschland wird sie bald von der Entwicklung eines eigenständigen Roman-zenstils abgelöst, der sich mit dem Traditionsstrang des Bänkelsangs und der Ballade verknüpft. Kompositionen von Romanzen sollten sich durch narrative, d.h. wortbetonte Melodik, Sentimentalität, Volkstümlichkeit und Schlichtheit der Melodie auszeichnen. Als Romanzen bezeichnet Wedekind neben *Der Symbolist* die Lieder *Mein Mädel, Der Tantenmörder* und *Ilse.*

Auf den magischen Zauber, mit dem sich die symbolistische Literatur als neue Stilrichtung umgab, wurde bereits in dem Gedicht *Die Symbolistin* hingewiesen. Die okkultistischen Wortspielereien stehen auch hier in der Kritik Wedekinds.

Im Dezember 1902 befindet sich das Lied im Repertoire der 'Elf Scharfrichter' in München, nachdem die Uraufführung bereits im November 1901 auf der Bühne des 'Jung-Wiener Theaters zum lieben Augustin' stattgefunden hatte. Wedekind trägt das Lied darüber hinaus im März 1903 in Nürnberg und 1905 in Berlin vor.

Die Keuschheit

Schimmernd fülle sich der Teller,
Schimmernd bis zum Rand hinan;
Jeder spende seinen Heller
Gern dem alten Leiermann.
Manch' ein Lied hab' ich gesungen,
Das euch tief ins Herz gedrungen;
Doch ein Lied wie dieses hier,
Hörtet ihr noch nicht von mir.

Eines Abends in der Messe
Lauscht er hinter ihrem Pult,
Mit erzwungner Totenblässe
Flehte er um ihre Huld.
Von Madrid bis Kopenhagen
Hat er sich herumgeschlagen,
Tausend Mädchen schon verführt,
Kujoniert und angeschmiert.

Und sie bat, daß Gott ihr helfe,
Doch sein Odem war zu warm,
Und dieselbe Nacht um elfe
Lag sie schon in seinem Arm.
Weidlich hat er sie belogen,
Bis aufs Hemd sie ausgezogen;
Sie ward rot für ihr Geschlecht,
Doch das war ihm gerade recht.

Als sie nun die Schmach erlitten
Ward dem Ungeheuer klar
Daß sie rein und keusch von Sitten
Und ihm zu elegisch war.
Freilich konnt' es ihn beglücken,
Eine frische Blume pflücken;
Für sein weiteres Pläsier
Fehlte die Verderbnis ihr.

Und er war wie umgewandelt,
Als ihr nun die Liebe kam;
Hat sie so infam behandelt,
Daß sie schier verging vor Scham;
Stieß sie aus den warmen Kissen,
Hat sie nackt hinausgeschmissen
Warf ihr ihre Kleider nach,
Schloß die Thür mit einem Krach.

Auf dem Vorplatz unter Thränen
Zog sie sich die Strümpfe an,
Fluchte ihres Herzens Sehnen
Und verzieh dem rohen Mann;
Drauf ging sie in ihre Kammer,
Dort sank sie aufs Bett vor Jammer,
Schlug mit beiden Fäusten sich
Wund und weinte bitterlich.

Ist's nicht wirklich ein Entsetzen,
Daß es solche Männer giebt,
Die sich nicht mal dort ergötzen,
Wo ein andrer kindlich liebt.
Weil sie ihre Liebe suchten
Bei den H-, den verfluchten.
Ist der Seele Klang verdumpft,
Ihr Empfinden abgestumpft.

In dem nächtlich stillen Garten
Sitzt die keusche Maid voll Gram
Liebelechzend zu erwarten
Den Geliebten, der nicht kam.
Ach, sie meint, er müsse kommen,
Doch die Sterne sind verglommen
Und der sanfte Mond verblich,
Ohne daß ihr Kummer wich.

Und nun ward ihr immer schlimmer,
Immer toller jeden Tag,
Und sie lief ihm auf das Zimmer,
Als er noch zu Bette lag;

Sagt ihm gleich, wozu sie käme,
Daß er sie zur Dienstmagd nehme,
Wenn sie seiner Lust zu schlecht,
Alles, alles sei ihr recht.

Aber dieser Fürchterliche,
Hatte keinen Trost für sie
Als verdrehte Sittensprüche
Voll verborgner Ironie;
Sich an ihrer Scham zu weiden
Zwang er sie, ihn anzukleiden,
Macht sie dabei, ohne Not,
Immer wieder purpurrot.

Als den Schlips sie ihm gebunden,
Gab der Mensch ihr einen Tritt
Und ein Schimpfwort ihrer wunden
Seele auf den Heimweg mit.
Doch als sie den Hut genommen,
Spielt er plötzlich dann den Frommen,
Sah sie an und sagte: du
Heute Abend Rendez-vous!

Und sie trat am selben Abend
Wieder in die Wohnung ein,
Einen Strauß am Busen habend,
Denn sie wollte lieblich sein.
Gleich riß er ihn ihr vom Kleide,
Überreicht ihn voller Freude
Einer Dirne, rotgelockt,
Die geschminkt im Lehnstuhl hockt.

Drauf thät er sie schmeichelnd bitten,
Aufzulösen sich ihr Haar.
Jene hat's ihr kurzgeschnitten,
Daß sie wie ein Knabe war.
Dann mußt' sie das Kleid ablegen,
Ging einher, zum Herzbewegen;
Schuhe, Strümpfe, Höschen, Hemd,
Und der Scheitel links gekämmt.

Nun erhob sich die geschminkte,
Dekolletierte Schandperson,
Schlecht verbergend, daß sie hinkte,
Denn sie trieb es lange schon:
Komm, mein Page, und enthülle
Meiner Reize Zauberfülle
Diesem schönen jungen Herrn;
Ach, er hat mich gar zu gern!

Und sie that es ohne Zucken,
Zog ihr selbst die Strümpfe ab,
Mußte all die Dünste schlucken,
Die das Scheusal von sich gab;
Mehrmals, bis das Werk vollendet,
Hat sie stumm den Kopf gewendet,
Hustete aus tiefster Brust,
Wurde beinah' unbewußt.

Alsdann kam an ihn die Reihe,
Was ihr nicht so gräßlich war;
Leise wimmernd macht das treue
Kind ihn aller Kleidung bar;
Wollt' ihm noch die Füße küssen,
Doch er hat sich losgerissen.
Und nun gab der edle Wicht
Ihr in jede Hand ein Licht.

So mußt' sie sich aufrecht stellen,
Wo der Vorhang offen hing,
Um das Schauspiel zu erhellen,
Das vor ihr in Scene ging.
Durch die Bosheit angefeuert,
Hat er mehrmals es erneuert,
Immer tiefern Höllenschmerz
Bohrend in des Kindes Herz.

Treulich thät sich ihm vereinen
Das entmenschte Schauerweib,
Fand am Jammerblick der Kleinen
Teuflisch süßen Zeitvertreib,

Heuchelt, ihr ins Herz zu schneiden,
Außerordentliche Freuden,
Fraß mit Schluchzen und Geschrei
Einen Apfel auch dabei.

Als die Rohheit sondergleichen
Weiter keinen Reiz mehr bot,
Ließ man sich die Kleider reichen,
Stellte sich dabei halb tot.
Nichts als Püffe, nichts als Tritte
Spürt das Kind bei jedem Schritte;
Drauf löscht er die Lichter aus,
Führt die Schandperson nach Haus.

Kommt zurück nach langer Pause,
Und das Mädchen ist noch da,
Denn sie wagt sich nicht nach Hause,
Weil sie so verändert sah;
Bat ihn, daß sie bleiben könnte,
Was er ihr dann auch vergönnte;
Ach, sie dachte nicht daran,
Was der Schreckensmensch ersann.

Nachdem er zu Bett gegangen,
Winkt er sie vom Diwan her,
Giebt ihr schmunzelnd einen langen
Scharfgeladenen Revolver,
Bittet kühl um den Gefallen,
Ihn sich vor den Kopf zu knallen,
Denn die Wirkung sei famos,
Weil er sie dann endlich los.

Ohne etwas zu entgegnen,
Hielt sie sich ihn an die Stirn,
Thät noch ihren Mörder segnen
Und durchschoß sich das Gehirn
Lächelnd schmaucht er die Cigarre
Zum Entstehn der Totenstarre,
Geht dann, seiner Schandthat froh,
Nach dem Polizeibureau.

Und nun hat sie ausgelitten,
Diese Maid, die treu geliebt,
Dabei engelrein von Sitten,
Wie es keine zweite giebt.
Alle mögen Gott verfluchen,
Wenn sie seine Gnade suchen,
Denn sie liebten nur das Fleisch;
Diese starb im Herzen keusch.[218]

Der Erstdruck dieses Gedichts erscheint 1897 unter dem Titel *Die Keuschheit* in der Sammlung *Die Jahreszeiten* in einer 23-strophigen Fassung. Für die Publikation in dem Gedichtband *Die vier Jahreszeiten* nimmt Wedekind 1905 eine leichte Überarbeitung des Textes vor. Der Abdruck in der zweiten Ausgabe von 1912 wird nicht geändert. Die ersten vier Zeilen der ersten Strophe sind dem Prolog aus der Romanze *Ännchen Tartini. Die Kunstreiterin* aus dem Jahr 1896 entnommen.

Bereits im Juni 1894 entsteht eine 30-strophige Fassung des gleichnamigen Liedes unter dem Titel *Schimmernd fülle sich der Teller*, das primär als gesungene Einlage im Dramenfragment *Das Sonnenspectrum* vorgesehen ist. Angeregt durch zahlreiche Vortragsabende entsteht vermutlich bereits 1904 eine neue Fassung, die von fremder Hand auf einem Einzelblatt niedergeschrieben ist. Das Lied ist jetzt entsprechend dem Gedicht *Die Keuschheit* auf 23 Strophen reduziert. Objektive Kriterien für die Datierung stehen nicht zur Verfügung.

Neben *Ännchen Tartini, die Kunstreiterin* haben wir es hier mit einer der umfangreichsten Balladen Wedekinds zu tun. Es war üblich, dass die fahrenden Sänger meist nach der Melodie bekannter Kirchenlieder und Volksweisen, begleitet durch die Drehorgel, ihre Verse vortrugen. Zu ihrer Ausstattung gehörten plakative Bildtafeln, die die Moritat visuell veranschaulichten und auf die sie im Laufe ihres Vortrags auf einem 'Bänkel', einer kleinen Bank, stehend mit dem Zeigestock verwiesen. Bezüglich der formalen Gestaltung, der zum Achtzeiler verdoppelten 'Romanzenstrophe' und hinsichtlich der Ausführung mit einfacher, volkstümlicher Sprache und abschreckendem Inhalt ist die vorliegende Moritat als stilisierter Bänkelsang charakterisiert. Hierfür spricht auch der Umstand, dass die frevelhafte Mordtat nicht mit einer versöhnlichen Schlussmoral endet.

Was die Person des 'Ungeheuers' betrifft, erfahren wir bereits in der zweiten Strophe, mit wem wir es zu tun haben. Dass diese verkommene Kreatur ausgerechnet in der Messe seinem nächsten Opfer begegnet, ist typisch für das Kontrastprogramm Wedekinds. Von Madrid bis Kopenhagen hat er sich herumgeschlagen und bereits tausend Mädchen schlecht behandelt und angeschmiert. Die Aussage erfährt eine weitere Steigerung, wenn das Mädchen anschließend bittet, 'dass Gott ihr helfe' und sie bereits wenig später in seinen Armen liegt. Und dann bringt Wedekind die groteske Situation auf den Punkt, wenn er uns mitteilt, dass das Mädchen sogar 'engelrein von Sitten' war. Dieser Rückgriff auf religiöse Muster ist mehrdeutig, grotesk und zynisch zu verstehen. Wenn wir erfahren, dass das Mädchen trotz aller Demütigungen dem Ungeheuer hoffnungslos verfallen ist, will der Bänkelsänger provozieren, spiegeln und verfremden. Wenn die 'keusche Maid' dann auch noch 'in dem nächtlich stillen Garten' sitzt, greift der Autor auf eine typisierte poetische Formel des stilisierten Bänkelsangs zurück. Auch die nachfolgende Passage zeigt romantische Anklänge, wenn es dort heißt: 'Doch die Sterne sind verglommen und der sanfte Mond verblich'. Zumindest jetzt erwartet der Leser eine süßliche Liebesnacht mit einem Happy End. Stattdessen wird er mit einer brutalen Verführung und Demütigung konfrontiert.

Mit dem sexuellen Verlangen einer jungen, unberührten Frau, die durch unglückliche Zustände in das Zuhältermilieu gerät, ruft Wedekind beide Seiten der bürgerlichen Moral auf. Das Verhalten der agierenden Personen und der Ablauf des Geschehens bleibt deshalb für den Außenstehenden nicht nachvollziehbar. Wie Ruth Florack festhält, wird hier die rein egoistische Triebbefriedigung des Mannes thematisiert, bei der die Sexualpartnerin zum Objekt wird.[219]

Wenn Wedekind immer wieder ausgefallene Erkrankungen in seine Texte einfließen lässt, greift er seit 1880 als Informationsquelle auf das *Lehrbuch der speziellen Pathologie und Therapie* von Felix von Niemeyer zurück. Diesem Lehrbuch entnimmt er auch, dass Gonorrhöe- und Syphilis-Erkrankungen im fortgeschrittenen Stadium zu Gelenkentzündungen und Gelenksteifigkeit führen. Es war für Wedekind insofern ein Leichtes, die Prostituierte mit den negativen Attributen ihres Berufslebens zu charakterisieren. Deshalb konnte die geschminkte 'Schandperson' auch nicht verbergen, 'dass sie hinkte, denn sie trieb es lange schon'.

Aus der verfremdeten Konstruktion, nicht aus der Echtheit und Gestaltung beziehen die auftretenden Figuren ihre Wahrheit und Wirklichkeitsnähe. Dies gilt nicht nur für die detailliert beschriebenen Verführungskünste, sondern auch für den unerwarteten Schluss, in dem das Mädchen marionettenhaft und hörig den Anweisungen des Übeltäters folgt. Die groteske Situation geht so weit, dass sie ihren Mörder sogar 'segnet', sich den 'scharfgeladenen Revolver' vor den Kopf hält und sich 'das Gehirn' durchschießt. Ähnlich wie in den großen Dramen Wedekinds zeigt auch hier derjenige, der den Tod des anderen auf dem Gewissen hat, keinerlei Schuldgefühle. Der Übeltäter schmaucht in aller Ruhe 'die Cigarre', wartet auf das Entstehen der 'Totenstarre' und geht dann zum 'Polizeibureau'.

Die herkömmliche Auslegung einer ethisch definierten Moral wird bei dieser Moritat durch die Anführung einer neuen Moral in Frage gestellt. Dass die 'Maid' nicht 'engelrein von Sitten' war und sich zu den beschriebenen Perversionen gerne nötigen ließ, liegt ebenso auf der Hand, wie die Tatsache, dass sie nicht 'keusch' gestorben ist. Wenn Wedekind dennoch die Schamlosigkeit als Hüterin der Keuschheit darstellt, verdreht er bewusst die Moral. Auch hier ist es wieder das Überraschende und Unerwartete, wenn durch das letzte Wort alle Begriffe auf den Kopf gestellt werden: 'Diese starb im Herzen keusch'.

Wedekind trägt die Ballade am 7. Februar 1904 im Rahmen einer Ehrenexekution der 'Elf Scharfrichter' in München vor. Bereits zwei Tage später erfolgt ein Aufführungsverbot durch die Polizeidirektion. Dennoch war die Resonanz in der Münchner Presse positiv: „Frank Wedekind trug eigene Dichtungen vor, von denen *Die Keuschheit* wohl als das glänzendste bezeichnet werden muss. Das war echter Wedekind – geistvoll, brutal, feinste Kunst und entzückendste Impertinenz!"[220] Ein anderer Rezensent schreibt: „Mit seiner Keuschheitsballade zeigte Wedekind wieder einmal, dass seine satirische Phantasie sich keine Schranken setzt."[221] Adolf Dannegger fasst zusammen: „Zum ersten Male seit fast einem Jahr trat Frank Wedekind wieder auf, dem Exterieur nach ganz der Alte, wie Hermann Bahr ihn einmal schilderte, anscheinend fast schüchtern im Auftreten, freundlich, recht behäbig, wozu aber das Maskenhafte der starren Miene, der kalte Blick der grausamen Augen und ein gieriger Zug um die bösen Lippen gar nicht recht stimmen will. Aber leider hatte er seine Gitarre zu Haus gelassen und begnügte sich mit der einfachen Rezitation der bekannten Ballade *Die Keuschheit*. Der Beifall, den diese Groteske vollauf verdient, blieb auch zwei kleineren Gedichten treu, die freilich mehr verblüfften als erfreuten."[222]

Daneben erscheint diese Moritat auf Programmentwürfen für einen Rezitationsabend am 3. März 1904 im 'Intimen Theater' in Nürnberg sowie für einen Wedekind-Abend am 16. April 1911 im 'Kleinen Theater' in München. Ein öffentlicher Vortrag unter dem Titel *Die Keuschheit* auf den Wiener Bühnen wird am 29. April 1907 von der niederösterreichischen Statthalterei vorsorglich untersagt, nachdem die Wiener Polizeidirektion eine entsprechende Empfehlung ausgesprochen hatte.

Die balladesken Beiträge, die Wedekind bei den „Elf Scharfrichtern" zu Gehör brachte und die hier auszugsweise vorgestellt wurden, sind nur ein kleiner Ausschnitt aus seinem vielfältigen lyrischen Werk. Damit lieferte er einen Beitrag zur Erneuerung der deutschen Ballade mit grotesken, humorvollen und zugleich provozierenden Wirkmitteln. Verbunden mit der speziellen Dirnen- und Verbrecherthematik lenkte er den Blick auf die irdische Natur des Menschen und dessen Unmoral. Dabei ist es sein Anliegen, keine materialistische Gerechtigkeit zu fordern, sondern vielmehr die Loslösung von allen gesellschaftlichen Zwängen. Er propagiert eine freie Sexualität, die weder auf Moral noch auf dem Verhältnis von Macht und Geld beruhte, sondern ausschließlich auf der freien Wahl des Sexualpartners.

Man erzählt, dass Wedekind in den Tagen seines endlich erlangten Bühnenruhmes von einem Agenten aufgesucht wurde, der ihn noch einmal für das Kabarett engagieren wollte, und er mit todernstem Gesicht geantwortet habe: „Waren Sie mit Ihrer Aufforderung auch schon bei Gerhard Hauptmann?"[223] Man weiß nicht, was komischer ist, dieser stolze Anschein, als wäre ihm eine solche Rolle niemals angetragen worden, oder die Zumutung, sich Gerhard Hauptmann als Bänkelsänger vorzustellen.

Frank Wedekind mit seinen Töchtern Kadidja
und Pamela beim Musizieren, um 1915

160

7. Ernst von Wolzogens 'Buntes Theater', das 'Überbrettl' in Berlin

Wolzogens 'Buntes Theater' hat, wie der Namen schon sagt, mit dem klassischen Kabarett nach Pariser Vorbild wenig Berührungspunkte. Dies ist auch der Grund, warum es hier erst an zweiter Stelle erwähnt wird, obwohl der Eröffnungstermin bereits drei Monate vor den 'Elf Scharfrichtern' in München lag und es in der Literatur allgemein als das erste Kabarett auf deutschem Boden gilt. So wie sich das Kabarett auf dem Montmartre präsentierte, als Chansonlyrik verfasst und vorgetragen von einer Gemeinschaft produzierender und reproduzierender Künstler, war das 'Bunte Theater' nicht konzipiert. Vor allem vermisste man bei den Darstellern den Drang und das Talent zu eigenen originellen Beiträgen, wie dies beim Münchner 'Brettl' der Fall war. Beide deutsche Kabaretts waren in künstlerischer Hinsicht grundlegend verschieden. Ihre größte Gemeinsamkeit bestand wohl darin, dass sie nach kurzer Zeit an den Finanzen scheiterten.

Bereits 1895 hatte Wedekind dem Hauptvertreter des deutschen literarischen Chansons Otto Julius Bierbaum vom Pariser 'Cabaret artistique' erzählt. Bierbaum hatte diesen Gedanken in seinem 1897 erschienenen satirischen Bildungsroman *Stilpe* weitergeführt und ein literarisches Varieté mit dem Namen 'Momus' ersonnen. Erstaunlich war, dass er zwar die Gründung eines künstlerisch anspruchsvollen Tingeltangels proklamierte, gleichzeitig aber das Unternehmen in seinem Roman scheitern ließ, da sich das deutsche Kabarett nicht zwischen Kunst und Unterhaltung entscheiden könne. In diesem Zusammenhang schreibt er: „Wir werden eine neue Kultur herbei tanzen! Wir werden den Übermenschen auf dem Brettl gebären!"[224] Das war der Ansatzpunkt für Wolzogens Begriff des 'Überbrettl'.

In dem Maße, in dem sich Bierbaum und seine literarischen Mitstreiter gegen den künstlerischen Historismus der 70er Jahre auflehnten, gehörten sie mehr und mehr in die Reihe der Jugendstilbewegung, die um die Jahrhundertwende in Darmstadt ihr Zentrum hatte. Die Idee, Architektur, Bildendende Künste, Dicht- und Tonkunst zu einer Einheit zu verschmelzen, traf hier auf fruchtbaren Boden. Damit war für Wolzogen eigentlich klar, dass er nur in der Darmstädter Künstlerkolonie sein 'Überbrettl' gründen könne, zumal ihm Olbrich ein eigenes Haus versprochen hatte. Wolzogens Modell der Kleinkunst war als Gegenmodell zu den etablierten Kunstformen konzipiert und entsprach damit dem spontanen Lebensgefühl der jungen Künstlergeneration. Den literarischen Grundstock zur Verwirklichung dieser Idee hatte Otto Julius Bierbaum mit der Herausgabe seines 1901 erschienenen Sammelbändchens *Deutsche Chansons (Brettl-Lieder)* gelegt.

Durch seine zahlreichen Publikationen hatte Bierbaum das Ohr am Puls der Zeit. Sei es als Mitbegründer der von Michael Georg Conrad geleiteten 'Gesellschaft für modernes Leben' oder auch als Gründer seiner eigenen literarischen Zeitschrift 'Modernes Leben'. Durch seine vielfältigen Kontakte kannte er eine Reihe von Schriftstellern, die mit ihren Liedern bereits die Voraussetzungen für den Start eines eigenständigen deutschen Kabaretts geschaffen hatten. Allen voran natürlich Frank Wedekind, der in diesem Bund der Stärkste war. Auch wenn er als Außenseiter galt, waren seine Beiträge die interessantesten. Ein Grund, warum Bierbaum mehrere seiner Lieder in sein Sammelbändchen aufnahm. Es waren: *Pennal, Ilse, Brigitte B., Die sieben Rappen, Der Tantenmörder, Der Taler, Galathea, Christine* und *Das arme Mädchen*. Daneben waren auch Chansons anderer Autoren vertreten. Hierzu gehörten Richard Dehmel, Gustav Falke, Ludwig Finkh, Alfred Walter Heymel, Arno Holz, Detlev von Liliencron und Rudolf Alexander Schröder.[225] Mit Ausnahme von Wedekind fanden sich in dieser Sammlung vorwiegend seichte Liebeslieder und Tändeleien, die sich vom bisherigen Kabarettstil abhoben. „Hinter den meisten dieser schäkernden oder schmachtenden Liebesgedichte stand das Ideal eines von gesellschaftlichen Zwängen befreiten Auslebens der Triebe.“[226] Das Aussprechen der erotischen Freiheit bediente damit eine bürgerliche Sehnsucht, die Doppelmoral nicht mehr heimlich, sondern offen ausleben zu dürfen.

Otto Julius Bierbaum, Zeichnung
von Felix Vallaton, 1897

Schon deshalb war es naheliegend, dass wir in Bierbaums Liedersammlung weder naturalistische Beiträge noch den Themenkreis der Prostitution antrafen. Autoren wie Karl Henckell oder Margarethe Beutler, bei denen das soziale Elend und die Darstellung des Milieus im Vordergrund standen, waren hier nicht erwünscht.

Mit dem Schlagwort 'angewandte Lyrik' waren die ästhetischen Grenzen des deutschen Chansons weitgehend umrissen. Ausschlaggebend für die Lieder war, dass sie nicht für ein Publikum im Konzertsaal geschrieben waren, wo man große Kunst kritisch genießen wollte, sondern einfach nur, um im kleinen Rahmen zu unterhalten. Obwohl sich die Versfüße der vorgeführten Poesie mit tänzerischer Leichtigkeit und Grazie bewegten, war die künstlerische Aussage bedeutungslos.

Leider konnte Ernst Ludwig Freiherr von Wolzogen sein Projekt in Darmstadt ebenso wenig in die Tat umsetzen wie seinen Plan, das 'Überbrettl' in München zu eröffnen. Nur in Berlin war mit einem größeren Kreis für sein veredeltes Varieté zu rechnen. So kam es, dass Wolzogen die in München gärende und von Bierbaum proklamierte Idee eines deutschen Tingeltangels mit nach Berlin nahm und dort verwirklichte. Als Spielleiter des 'Akademisch-dramatischen Vereins' hatte er bereits in München engen Kontakt zu Wedekind und den Mitbegründern der 'Elf Scharfrichter'. Dabei hatte er ausgiebig Gelegenheit, das Gedankengut eines Kabaretts nach französischem Vorbild zu diskutieren und zu planen. Der Ruf nach einem gehobenen literarischen Varieté war jetzt auch in Berlin nicht mehr zu überhören. Zum einen erhofften sich die Dichter dadurch ein größeres Publikum, zum anderen war die Öffentlichkeit selbst neugierig geworden auf das, was sich seit zwei Jahrzehnten am Montmartre abspielte.

Ernst Ludwig Freiherr von Wolzogen

163

Und tatsächlich fing in der Kneipe des Musikers Woldemar Sacks am Nollendor-ferplatz alles ganz pariserisch an. Unter den Zeichnungen von Edmund Edel und Lyonel Feininger konnte Sacks die regelmäßigen Gäste wie Peter Hille und Oscar Straus zum eigenen Vergnügen und Zeitvertreib auf das Podium bitten. Wolzogen jedoch behagte dieses Klein-Montmartre nicht. Er suchte einen gediegeneren Rahmen, der seinem Programm gemäß war. Er wollte keinen Bier- und Weinaus-schank mit Tabakqualm und Zugeständnissen an das Bürgertum, sondern als neue Wirkungsstätte ein richtiges Theater mit Rampe und Orchestergraben.

Als Namen wählte Wolzogen die Bezeichnung 'Überbrettl', eine ironische Anspielung auf Friedrich Nietzsches Wort vom 'Übermenschen', womit deutlich werden sollte, dass er mehr als ein übliches 'Brettl' gründen wollte. Er strebte Nietzsches Lieblingsidee vom dionysischen Menschen an, vom Tanzen, von der fröhlichen Wissenschaft, von der Bändigung der Bestie durch eine Kultur der Anmut und der vornehmen Haltung. Diese Namensgebung erklärt auch seine typische Turtel- und Tänzelkunst, die sein 'Überbrettl' prägen sollte.

Wolzogen selbst schreibt in seinen Erinnerungen: „Mit dem Wort 'Überbrettl' konnte sich jeder kultivierte Mensch ohne weiteres etwas vorstellen, nämlich ein ironisches Spiel mit dem Ideal von Nietzsches überhöhtem Menschentum. Dieses sollte auf die leichte Kunst des Brettls übertragen werden. Deshalb durfte man damit rechnen, dass die Gebildeten in das 'Bunte Theater' strömen würden, um sich ihrer herausgehobenen Stellung bewusst zu werden."[227]

Hier wird offensichtlich, wie weit der aristokratische Baron von Wolzogen von der geistigen Haltung des Pariser Kabaretts entfernt war. Von der kämpferischen, gesellschaftlich engagierten Haltung der Naturalisten Arno Holz, Gerhart Haupt-mann, Karl Henckel und Hermann Conradi war bei ihm nichts zu spüren. Stattdes-sen strebte er ausschließlich die Anerkennung eines gesellschaftlich gehobenen Publikums an. Schon deshalb dürfen wir in den Programmheften des 'Überbrettls' keine Sozial- und Gesellschaftskritik erwarten. Das Repertoire war ausschließlich auf gutbürgerliche Zustimmung ausgerichtet und damit gleichzeitig auf die Nietzsche-Verehrung. Um dies deutlich machen, prangte bereits im Foyer des 'Überbrettls' demonstrativ ein Abguss von Max Kruses bekannter Nietzsche-Büste. Nietzsche galt um die Jahrhundertwende in den 'modernen Kreisen' als gefragter Philosoph. Er hatte es sich zu Eigen gemacht, alles, was nach der bürgerlichen Moral als verwerflich galt, aber dennoch en vogue war, philosophisch zu rechtfertigen. Hierzu gehörten nicht nur Lebensfreude, Genusssucht und Unterhal-tungstrieb, sondern auch jede Form sexueller Zügellosigkeit. Durch seine Theorie stellte er der herkömmlichen Moral eine neue gegenüber. Sie verbannte die Ausschweifungen, die bisher als Laster galten, nicht mehr, sondern bezog sie als 'menschlich' in das Moralsystem mit ein.

In diesem gewaltigen Ideenumkreis angesiedelt, vollzog sich schließlich die Gründung des Berliner 'Überbrettls'. Bereits Lage, Art und Größe des Raumes, den Wolzogen für sein Kabarett gewählt hatte, kündigten die Katastrophe an. Da die auf Anteilscheinen erworbenen 10.000 Mark zum Ausbau des ursprünglich vorgesehenen Theatersaales 'Unter den Linden' nicht ausreichten, etablierte er sein Haus kurz entschlossen im Berliner Osten in der ehemaligen Sezessions-Bühne in der Alexanderstraße 40. Das Theater fasste 650 Sitzplätze, die jeden Abend mit einem Publikum zu füllen waren, das am Alexanderplatz nicht beheimatet war. Hinzu kam ein stattlicher Logenpreis von zehn Goldmark. Solange das Publikum aus dem Zentrum und dem Westen kam, war sein Haus gut besucht und er konnte ein Programm nach seinen Vorstellungen auf die Bühne bringen. Das später herbeiströmende Publikum zeichnete sich jedoch nicht mehr durch gehobene Ansprüche aus, sondern bevorzugte literarisch leichte Kost, die hauptsächlich wirkungsvoll arrangiert und musikalisch versüßt dargeboten werden musste.

Am 18. Januar 1901 eröffnete Wolzogen die Pforten seines 'Überbrettls' unter dem Namen 'Buntes Theater'. Am Eröffnungsabend begrüßte er die Gäste und führte als Conférencier locker durch das Programm. Bühne und Vortragende waren im Biedermeierstil gekleidet. Das passende Biedermeierzimmer war mit einem Bechstein-Flügel und einem kleinen Ledersofa ausgestattet. In der Mitte des Raumes befand sich eine Tür, durch die Wolzogen in einem Frack mit goldenen Zöpfen, hellgrauer Hose und Schnallenschuhen die Bühne betreten konnte. Seine Balladen, Sketche und musikalischen Darbietungen fanden noch im Entstehungsjahr viele Nachahmer, so dass innerhalb weniger Jahre Dutzende von Kabaretts in Berlin entstanden.

Das Premierenprogramm umfasste 14 Stücke. Die beiden ersten Darbietungen, *Das Lied von den lieben, süßen Mädels*, das Robert Koppel nach Wolzogens Text mit der Musik von James Rothstein vortrug, sowie Bierbaums *Rosen* waren im Stil der Altwiener Possencouplets gehalten. Olga d'Estrée präsentierte Wolzogens *Laufmädel*, dessen Hauptfigur zwar ein Opfer ihres Berufes war, aber dennoch nicht als sozialkritischer Beitrag gewertet werden konnte.

Im Anschluss rezitierte Olga Wohlbrück *Das Gänschen* von Robert Eysler, eine Karikatur der höheren Tochter, und Hugo Salus *Mütter*. In der Rolle der *Madame Adèle* erfuhr das Publikum, vorgetragen von Bozena Bradsky, die turbulente Liebesgeschichte einer Kokotte. Damit gehörte fast die Hälfte des Abends den gängigen Theaterklischees der Frau, die damals vom adretten Ladenmädel bis zur Tingeltangeldirne die leichte Muse beherrschten.

Auf Platz sieben des Programms lag der Schlager des Abends mit einem dezenten politischen Akzent, wie Wolzogen herausstrich. Unter der Überschrift *Zur Dichtkunst abkommandiert* karikierte Peter Schlemihl einen bekannten Major und

Hofdichter und damit das Banausentum Kaiser Wilhelms in Sachen Kunst. Für die musikalische Untermalung sorgte Oskar Straus. Darauf folgte die dramatische Plauderei *Episode* von Arthur Schnitzler, die von den Zuhörern zwar freundlich aufgenommen wurde, aber für das Brettl nicht geeignet war. Auch Christian Morgensterns *Mittagsmahl (Il pranzo)*, eine Parodie auf d'Annunzio, war, wie eine Rezension im 'Berliner Tageblatt' berichtet, enttäuschend. Ins Groteske ging die Fabel *Im Karpfenteich* von Hanns Heinz Ewers, in der die Karpfen über eine Wasserleiche klagten. Dann kam das Erfolgsstück des Premierenabends, das Duett der *Lustige Ehemann*, das von Bozena Bradsky und Robert Koppel gesungen und getanzt wurde.

Plakat für die Veranstaltung des Tanz-Duetts 'Der lustige Ehemann'

Aus heutiger Sicht ist es unverständlich, dass dieses alberne Tanz-Duett in Berlin zu einem Hit wurde. Die Ballade *König Ragnar Ladbroke* von Detlev von Liliencron war als Schattenspiel inszeniert, ein Genre, das bereits im Pariser 'Chat noir' mit Erfolg gepflegt worden war und auch hier Anklang fand. Den Abschluss dieses ersten Abends bildete *Pierrots Tücke, Traum und Tod*, eine Pantomime von Rudolf Schanzer abermals mit der Musik von Oscar Straus.[228]

Der erste Abend schien erfolgversprechend zu sein. „Das 'Überbrettl' hatte nicht nur Berlin erobert, sondern überflutete bald ganz Deutschland. Man spielte vor ausverkauften Häusern. Der 'Lustige Ehemann' wurde allabendlich viele Male wiederholt. Der Applaus galt jedoch weniger dem Stück als viel mehr der gefälligen Musik, die Oskar Straus komponiert hatte. Die erste Diseuse des Berliner Brettls, Bozena Bradsky, war im Nu die populärste Sängerin in Berlin, und Oscar Straus, der seine eigenen Schlager am Klavier begleitete, wurde weithin bekannt."[229] Zu seiner Unterstützung verfügte er bald über ein 22-Mann-Orchester.

Wolzogen larvierte sich an diesem Abend zwischen Theater und Varieté hindurch und saß damit zwischen zwei Stühlen. Diesen Eindruck vermittelt auch das Fazit, das ein Kritiker des 'Berliner Tagblatts' zog: „Ein ganz amüsanter Abend. Es war beinahe ein Familien-Tingeltangel. Mehr buntes Theater als Überbrettl. Die groteske Note, die vor allem durch den übermütigen Zusatz 'Über' ausgedrückt war, suchte man vergebens. Man war auf das Knallen von Champagnerkorken vorbereitet und bekam so etwas wie einen süffigen Mosel, der mit Selterswasser verdünnt war. Eine ganz und gar unbekömmliche Mischung."[230]

Auch wenn die Premiere beim Berliner Publikum primär ankam, wurde das Programm von der historischen Kabarettliteratur als absolut minderwertig eingestuft. Klaus Budzinski urteilt hart, aber treffend: „Banalitäten wechselten in buntem Reigen mit literarischen Parodien ab. Es folgten neckische Rundtänze, patriotisches Dschingderassa, ein Einakter, ein Schattenspiel, vielerlei gesungene Gedichte und das gestelzte Geplauder des Hausherrn und Conférencier Wolzogen."[231]

Nicht nur Oskar Straus, sondern auch Victor Holländer, Bogumil Zepler und James Rothstein taten sich trotz aller Beliebtheit mit der Komposition geeigneter Brettl-Lieder schwer. Es lag ihnen offensichtlich mehr, eine Operette zu komponieren als einen Bänkelsang. Dadurch war ihre Musik der heiteren Muse nicht angepasst. Dem deutschen Chanson fehlte damit einfach jener melodische Pfiff, der das Salz in der Suppe war. Dennoch haben einige dieser Lieder und Gassenhauer bis heute überlebt. Hierzu zählen: *Immer an der Wand lang* oder *Glühwürmchen, Glühwürmchen flimmre, schimmre.*

Der Theaterkritiker Alfred Kerr schrieb über das Berliner Brettl: „Jedenfalls ist das Münchner Kabarett eine bessere Kopie des Montmartre als Wolzogens 'Buntes Theater'. Denn es ist ehrlicher, einen Franzosen, den man fließend deutsch sprechen gelehrt hat, offen an die Spitze zu stellen, als ihn heimlich nachzuahmen und all dies mit braunem Frack und Flitter-Mumpitz zu bemänteln. Das Wolzogensche Familienunternehmen hatte natürlich auch die falschen Musiker, die immer gleich ein Musikdrama komponierten. Die Scharfrichter mit dem Komponisten Hannes Ruch bevorzugten hingegen eine dudelnde, strophische Musik; auf einprägsamen Singsang mit musikalischer Begleitung. Dabei stand der Vortragende dezent vor einem grauen Tuch, dahinter ertönt die Musik."[232]

Einzige Ausnahme unter den prominenten Musikern, die bei Wolzogen auftraten, war Woldemar Sacks. Er war als Klavierhumorist der bedeutendste Könner auf seinem Gebiet. Mit seinen wahrhaft geistreichen Klavierabenden, an denen er die Gäste mehr als zwei Stunden mit Variationen, Improvisationen, Parodien, pianistischen Späßen und Potpourris quer durch die Welt der Musik führte, konnte er das Berliner Publikum in seinen Bann ziehen.

Auf einer seiner Tourneen war Wolzogen ein junger Komponist begegnet, der sich bei ihm bewarb und auch bereits Gustav Falkes *Rechts Luischen, links Marie, und voran die Musici* im Brettlstil vertont hatte. Die Musik gefiel Wolzogen so gut, dass er das Chanson sofort erwarb und den Komponisten kurzerhand engagierte. Der Musiker hieß Arnold Schönberg. Die Verbindung dauerte allerdings nicht lange, da sich Schönberg weigerte, auf Dauer die seichten Texte Wolzogens zu vertonen. Dennoch hat er seine Berührung mit dem 'Überbrettl' nicht bereut, zumal er zahlreiche Gedichte von Richard Dehmel und Frank Wedekind erfolgreich umgesetzt hat. Sein Monodrama *Erwartung* für eine Sänger-Darstellerin stand jedenfalls thematisch ganz in der Linie einschlägiger erotischer Vortragssoli aus der 'Überbrettl'-Zeit.

Selbst Zeitgenossen und Kabarettisten wie Hanns Heinz Ewers, der ebenfalls in Wolzogens 'Überbrettl' engagiert war, betrachteten das Unternehmen als gescheitert: „Denn das, was Wolzogen seinen ersten Sieg verschaffte, war alles andere als Kunst. Es war meist ein widerwärtiger süßer Singsang, der nur dank der brillanten Vertonung von Oskar Straus und dank der famosen Wiedergabe des Paares Koppel-Bradsky vom Publikum in naiver Begeisterung aufgenommen wurde."[233]

Vor allem durch das Chanson *Der lustige Ehemann* wurde Bozena Bradsky zu einer berühmten deutschen Diseuse und zugleich zu einem Star des jungen Berliner Brettl. Sie war es auch, die im gleichen Eröffnungsprogramm Wolzogens Dirnenlied *Madame Adèle* populär machte. Dennoch hatte sie in ihrem Vortragsstil nichts gemein mit einer Diseuse wie Yvette Guilbert oder Marya Delvard. Viel eher hätte man sie mit einer der vielen Sängerinnen in den Café-Concerts vergleichen können, die Yvette Guilbert in ihrer Autobiographie beschrieben hat.

Wolzogen, auf der Suche nach einer weiblichen Brettldiva, hatte Bozena Bradsky am Hamburger Edentheater, einem Varieté zweiten Ranges, entdeckt. Sie war, wie er sich erinnert, alles andere als eine erfolgreiche Sängerin, sondern eher eine herabgekommene Operettendiva. „Bozena Bradsky, von ihrer Nationalität halb tschechisch, halb deutsch, war über ihre erste Jugend hinweg, und ihre Stimme hatte im Tabaksqualm des Tingeltangels ihren Schmelz verloren. Aber sie hatte ein sicheres Auftreten mit ausdrucksvoller Mimik, eine angeborene Grazie der Bewegung und eine bis ins Akrobatische ausgebildete Tanzkunst. Gleichzeitig verfügte sie über eine solide Gesangstechnik, mit Hilfe derer sie über ihre Mängel in der Stimme geschickt hinwegzutäuschen verstand."[234] Leider ist keine Quelle überliefert, aus der hervorgeht, wie Bozena Bradsky ihre Chansons interpretiert hat. Ihr Vortrag spornte offensichtlich niemanden zu genaueren Aussagen an, so dass sie am Ende des 'Überbrettls' wieder in Vergessenheit geriet.

Es ist bezeichnend für Wolzogen, dass er in seinem 'Überbrettl' immer ein klar geregeltes Programm zusammenstellte, das er wie bei einem Theaterstück mit Schauspielern und Sängern besetzte. Er vollzog damit eine deutliche Trennung zwischen Dichter, Komponist, Vortragendem und Theaterleiter und entfernte sich bewusst vom französischen Vorbild, bei dem die Autoren ihre Texte selbst schrieben und auch vortrugen. Das Berliner 'Überbrettl' rückte damit in greifbare Nähe zum regulären Theater, was auch bereits der Untertitel 'Buntes Theater' deutlich machte. Diese organisatorische und künstlerische Trennung setzte sich im deutschen Kabarett der frühen 20er Jahre fort, während sich Frankreich, bedingt durch die jahrhundertealte Troubadour-Tradition die Einheit von Autor, Komponist und Interpret bis heute bewahrt hat.

Eine Rezension in der 'Berliner Börsenzeitung' beurteilt Wolzogens Erfolg sehr zurückhaltend: „Von eigentlicher Brettlkunst war wenig zu sehen, auch die musikalischen Darbietungen waren spärlich, den Hauptinhalt des Abends bildeten vier Einakter. Darunter waren zwei Parodien auf den überwundenen literarischen Naturalismus und auf die Lex Heinze. Beide waren zwar stellenweise witzig konnten jedoch nur aus ihrer Zeit heraus als literarische Kuriositäten verstanden werden."[235]

Wolzogen war bereits in Bierbaums Sammelband *Deutsche Chansons* mit drei Beiträgen vertreten und somit in der Kabarettliteratur bekannt. Es waren: *A fescher Domino, Das Laufmädel* und *Madame Adèle*.[236] Während *A fescher Domino* in der Tradition der Tanzlust der Zeit lag, versuchte das *Laufmädel* an Bruants sozialkritische Chansons anzuknüpfen, ohne dass dies gelang. Aus dem sozialkritischen Chanson wurde damit nur ein flacher Singsang.[237]

Auch wenn *Madame Adèle* keine Parallelen mit dem Dirnenlied Bruants erkennen ließ, wurden die Vorbilder deutlich. Auf die Frage, was glücklich macht, erfahren wir, dass Reichtum alleine nicht genügt. Wäre Adèle eine einfache Sekretärin geblieben und hätte eine bürgerliche Ehe geführt, wäre sie nicht gestrauchelt. Somit trägt nicht die Gesellschaft, sondern sie selbst die Verantwortung für ihren moralischen Verfall. Hinzu kommt, dass *Madame Adèle*, im Gegensatz zu den weiblichen Figuren in den naturalistischen Chansons, andere Berufsmöglichkeiten gehabt hätte, ohne sich zu prostituieren.

Madame Adèle

Je suis Adèle, la reine blonde -
On me connait, messieurs, parbleu!
Je suis la reine, la reine, la reine du Demimonde.
Adèle es lâ – faites votre jeu!
Oh jeh, oh ji, hab nur ka Angst -
Ich sing auch Deutsch, wenn's d' es verlangst,
Denn mein Französch' g'langt nur – oh je!
Zum Hausgebrauch fürs Variété!
Ein Franzos ist nur mein Schneider -
Echt Paris sind meine Kleider.
Und drunter das ist auch kein Quark:
C'est un jupon pour achtzig Mark,
Die seid'nen Strümpf' kriegst schon für acht -
Trulala, Trulala -
Was glaub'n Sie, wie das glücklich macht!

Nicht immer wühlt ich so in Spitzen,
Einst trug ich Barchent und Flanell --
Ich musste tipp-tipp-tipp an der Maschine sitzen,
Und auch die Feder führt' ich schnell.
Ole, oli – 's war wenig da -
Und ein Corset verbot Mama,
Doch unverfälscht und g'sund dazu,
Wie warme Milch frisch von der Kuh!
Abends kriegt ich Käs' und Rettich,
Und dann kroch fein satt ins Bett ich ---
Jetzt jede Nacht im Separé
Mit feschen Herren ein Souper!
Da schleck ich bis das Mieder kracht --
Trulala, Trulala
Was glaub'n Sie, wie das glücklich macht![238] [...]

Von der Gestaltungsform her steht dieses Chanson der Form des Couplets nahe. Madame Adèle schildert in fünf langatmigen Strophen ihren Aufstieg von der einfachen Sekretärin zur mondänen Kokotte. Dabei beginnt sie das Lied in Französisch, um dann ins Deutsche zurückzukehren und bei Bedarf französische Worthülsen einzuflechten. Adèle ist keine Straßendirne, sondern eine Edelprostituierte, die in Wohlstand lebt, über ein eigenes Bankkonto verfügt und eine Menge teurer Kleider besitzt. Abgesehen von ihrem Beruf ist sie also eine gutsituierte Bürgerin.

Auch wenn Wolzogen hier versucht, sozialkritische Aspekte anzusprechen, gelingt dies nicht. Der Kehrreim der ersten Strophe, 'Was glaub'n Sie, wie das glücklich macht', nimmt im Verlauf des Liedes immer mehr zynisch-bitteren Beigeschmack an. Wenn sie schließlich von ihrer Karriere als Prostituierte berichtet, zaudert sie mit ihrem Schicksal: 'O Gott, O Gott! 's ist jammervoll'. Was jeden sozialkritischen Ansatz zunichte macht und erheblich stört, ist der nichtssagende Kehrreim.

Während in den Kritiken von *Madame Adèle* nichts über die musikalische Gestaltung überliefert ist, wird *Der lustige Ehemann*, vermutlich wegen der Musik von Oskar Straus, immer wieder positiv erwähnt. Obwohl er ebenso seicht ist, wie *Madame Adèle*, findet er mehr Anklang, da sich das Publikum mit den Frivolitäten und oberflächlichen Albernheiten von Adèle nicht identifizieren konnte.

Der lustige Ehemann

Ringelringelrosenkranz,
Ich tanz' mit meiner Frau,
Wir tanzen um den Rosenbusch,
Klingklanggloribusch,
Ich dreh' mich wie ein Pfau.

Zwar hab' ich kein so schönes Rad,
Doch bin ich sehr verliebt
Und springe wie ein Firlefink,
Dieweil es gar kein lieber Ding
Als wie die Meine gibt. [...] [239]

Diese beiden Strophen mögen genügen, um die konservativen und oberflächlichen Inhalte von Wolzogens Kabarett deutlich zu machen. Der Erfolg beim Berliner Publikum konnte also nicht auf den Texten Bierbaums beruhen, sondern bezog sich ausschließlich auf die gefällige Musik von Oskar Straus. Die einmütige Zustimmung, die bei Zuschauern und Kritikern das Tanz-Duett fand, musste denen zu denken geben, die sich vom 'Überbrettl' das versprochen hatten, was seine deklarierte Absicht gewesen war. Auch wenn Wolzogen ausdrücklich auf die Unabhängigkeit vom Pariser Kabarett hingewiesen hatte, war man enttäuscht.

Eigentlich wollte Wolzogen mit seinem Unternehmen nur Impulse setzen und sich dann nach einem Jahr zurückziehen. Durch die anfänglichen Erfolge ermutigt, war er jedoch entschlossen, sich einen Traum zu erfüllen: ein buntes Theater, auch vom äußeren Rahmen her. Er mietete deshalb noch im gleichen Jahr ungenutzte Räumlichkeiten in der Köpenicker Straße 68, die er äußerst kostspielig umbauen ließ. Umbau und Ausstattung des Theaters lagen in den Händen des führenden Jugendstil-Architekten August Endell. Alles war äußerst kunstvoll ausgestattet und vom Feinsten. Was ins Auge fiel, war die sehr originelle und feine Farbwirkung. Die Wandflächen zeigten weinrote Flecken auf einem bläulichen Grundton. Sie waren durch schlanke Halbpfeiler gegliedert, die als Stämme phantastischer Urwaldbäume bis zur Decke reichten. Ihr Farbspiel lag, wie das Rahmenwerk der Bühne, zwischen Braun und Blau. Die gesamten Wandflächen waren von Blüten, Ranken und Ornamenten überzogen. Oben wurden sie durch einen Fries abgeschlossen, auf dem riesige Insekten saßen. Über dem Fries setzte das Gewölbe an, das in Rosa, Mattblau und Silber den Schimmer von Perlmutt nachahmte und dem Raum etwas Leichtes und Heiteres gab. In diesen Ton ragten die Kronen der Bäume hinein. Die Wände des Foyers waren mit Seidenstoffen und Stickereien bespannt. Überall bis in die Logen und Garderoben waren immer wieder neue Muster und Formen zu erkennen. Im ersten Rang des Theaters lagen sogar nach Maß gefertigte Smyrna-Teppiche. Das gesamte Holzwerk, Türen, Fenster, Beleuchtungskörper, Stoffe, Stickereien, Teppiche, Türklinken und selbst die Kleiderhaken waren nach den Zeichnungen Endells gefertigt. Trotz des erheblichen Aufwandes war der Umbau bereits nach sechs Monaten abgeschlossen.

Die Eröffnungsvorstellung in den neuen Räumlichkeiten fand am 28. November 1901 statt. Wolzogen versprach anlässlich der Premierenfeier, sein Theater zu einem Haus der Überraschungen zu machen. Das Programm wurde deutlich anspruchsvoller. Gespielt wurden jetzt vornehmlich Einakter, die mit anderen Darbietungen bunt gemischt waren. Hinzu kamen Parodien und Satiren. Daneben traten Diseusen, Sänger, Tänzerinnen und Gitarristen auf. Neben Bänkelliedern wurden auch Sketche aufgeführt sowie lyrische oder epische Einzelvorträge.

Nachdem Wolzogen jahrelang um die Gunst Wedekinds gebuhlt hatte, konnte er ihn schließlich überzeugen, an seinem 'Überbrettl' aufzutreten. Im Mai 1902 erklärte sich Wedekind bereit, zusammen mit Elsa Laura Seemann seinen *Rabbi Esra* im 'Bunten Theater' zu spielen. Auch die *Kaiserin von Neufundland* wurde kurze Zeit später in gekürzter Fassung gegeben. Die Berliner Polizei bestand allerdings auf einer 'dezenten Darstellung'. Immerhin übersiedelte als fester Hausautor für kurze Zeit auch Ludwig Thoma von München nach Berlin. Er lieferte Stücke wie die *Protestversammlung* und das Gedicht *Der Kanonier*. Speziell für das neuerbaute Haus inszenierte er im November 1901 seine *Medaille*. Es war eine auf guten Dialog gestellte Beamtensatire, die etwas frischen Wind in das abgestandene Trulala-Repertoire bringen sollte, aber den Ruin des 'Überbrettls' auch nicht mehr aufhalten konnte.[240]

'Überbrettl'-Plakat von Theobald Schorn

Nach der Übersiedlung in die Köpenicker Straße war der Höhenflug des 'Bunten Theaters' rasch beendet. Wolzogen konnte wegen der zwischenzeitlich starken Konkurrenz und der schlechten Presse nur noch mit Mühe sein Programm zusammenstellen. Besonders verhängnisvoll war die unglückliche Lage des Hauses im Berliner Südwesten. Darüber hinaus war es mit den vorhandenen 900 Plätzen viel zu groß. Durch mangelndes Publikumsinteresse und zu hohe Unkosten geriet das Unternehmen zunehmend in finanzielle Schwierigkeiten.

Um das Scheitern der Bemühungen zu bemänteln, gab man vor, die obrigkeitsstaatliche Zensur hätte alle Aktivitäten des Hauses im Keim erstickt und sei schuld an der prekären Lage. Ob jedoch der eingefleischte Monarchist Wolzogen jemals im Grunde seines Herzens die ernste Absicht hatte, sich zu exponieren, sei dahingestellt. Seit mehr als fünf Jahren bewies die in München erscheinende satirische Wochenschrift 'Simplicissimus', dass trotz zeitweiliger Verbote auch im kaiserlichen Deutschland ätzend scharfe Kritik an der Obrigkeit möglich war. Man hätte nicht einmal zwischen die Zeilen auszuweichen brauchen, obwohl gerade dies immer wieder den größten Reiz des Kabaretts ausmachte.

Eine Hand von Persönlichkeiten wie der Schriftsteller Hanns Heinz Ewers, der Rezitator Marcel Salzer und der Komponist Oscar Straus konnten noch eine Zeit

lang das Haus im alten Stil weiterführen. Der Mangel an spezifischen Kabarettbe-
gabungen und an Texten war jedoch auf die Dauer nicht auszugleichen. Deshalb
geriet Wolzogens 'Überbrettl' bereits eineinhalb Jahre nach der Gründung an den
Rand des Ruins.

Der Reiz des Neuen war für das Berliner Theaterpublikum erschöpft. Noch vor
Beginn der Spielzeit 1902/1903 trat der 'Brettl-Baron' von der Leitung des 'Bunten
Theaters' zurück und das Unternehmen ging in Konkurs. Wolzogen zog sich in die
Künstlerkolonie nach Darmstadt zurück, um dort fortan als freier Schriftsteller zu
wirken.

8. Berliner Kabaretts der Folgezeit

Durch Wolzogens Vorreiterrolle mit seinem 'Bunten Theater' gab es in den Folgejahren zahlreiche Kabaretts und Kleinkunstbühnen in Berlin, die in kürzester Zeit
wie Pilze aus dem Boden schossen. Nur fünf Tage nach seiner Premiere wurde
bereits das nächste Kabarett eröffnet.

'Schall und Rauch'

Am 23. Januar 1901 bat ein Ensemble mit dem Namen 'Schall und Rauch' ins
Berliner Künstlerhaus in der Bellevuestraße, wo Max Reinhardt einen Saal gemie-
tet hatte. Seinen Vorstellungen entsprechend sollte die Versuchsbühne mehr poli-
tisch-literarisch, unsentimental und ironisch, oppositionell und zugleich zeitkritisch
sein. Das Markenzeichen Reinhardts war die Satire. Dabei setzte er auf junge Autoren wie Walter Mehring und Alfred Henschke. Mit seinem Pseudonym Klabund
hatte Henschke bereits während seines theaterwissenschaftlichen Studiums in
München bei Artur Kutscher die Bekanntschaft mit Wedekind gemacht.

Die Interpreten Reinhardts bestanden meist aus Schauspielern des eigenen Hauses. Hinzu kam, dass man mit Friedrich Hollaender einen begnadeten Pianisten
gefunden hatte. Als Zugnummern baute man sogenannte 'Zwischenspiele' ein,
geistvolle satirische Attacken auf die Borniertheit deutscher Fürsten. Programmpunkte waren auch eine Szene aus Richard Wagners *Walküre* und die Publikums-
parodie *Die Parkettreihe oder zehn Gerechte* und die Don-Carlos-Tetralogie *Don
Carlos um die Jahrhundertwende – Alte, naturalistische, symbolistische Über-
brettlschule*[241]. Am ersten, ausverkauften Abend führten Martin Zickel und Max
Reinhardt unter lebhaftem Beifall des Publikums in Pierrot-Kostümen durch die
Vorstellung. Dieser ersten Veranstaltung folgten, motiviert durch den Erfolg und
nicht zuletzt durch die finanziellen Einnahmemöglichkeiten, bald weitere Auftritte.
Dies war der Beginn eines erfolgreichen Unternehmens. Dennoch handelte es sich
mehr um ein 'Parodie-Theater' als um ein an französische Vorläufer anknüpfendes
Kabarett. Deshalb war das Unternehmen nur begrenzt in die 'Überbrettl'-Bewe-
gung einzureihen. Reinhardts 'Schall und Rauch' kam vom Theater und führte
nach eineinhalb Jahren auch wieder dorthin zurück. Allmählich verschwanden die
Kabarettelemente immer mehr. Mit Beginn der Spielzeit 1902/03 hatte Max
Reinhardt das Parodietheater zu einem ernsten Theater, dem 'Kleinen Theater',
umgestaltet und wandte sich wieder ausschließlich einem dramatischen Spielplan
zu.

'Cabaret zum Hungrigen Pegasus'

Bereits am 2. Oktober 1901 eröffnete 'Das Cabaret zum Hungrigen Pegasus' in Dalbellis Weinstube am Kaiserin-Augusta-Ufer. Im Unterschied zu Wolzogen war es kein Theater mit Bühne, Vorhang und Sesseln, sondern ein kleines intimes Künstlerpodium, in dem die eigentlichen Mitwirkenden Stammgäste waren. Sie selbst improvisierten das Programm nach Lust und Laune. Max Tilke konferierte und brachte verschiedene Dichter und Autoren vor das Publikum. Durch die Milieulieder des überzeugten Sozialisten Hans Hyan, der sich als Erster diesem Genre zugewandt hatte, wurde das Haus berühmt. Die zweite charakteristische Figur der Berliner Boheme war Peter Hille, der als Vagant der Weltstadt galt. Die Dritte im Bunde war die Kabarettistin, Schriftstellerin und Diseuse Maria Eichhorn, die durch ihre schwülstige Lyrik und die Dirnenlieder für Breitenwirkung sorgte. Zu den weiteren Mitwirkenden zählten Roda Roda und Erich Mühsam, der uns mit seinen Darbietungen später in der Künstlerkneipe 'Simplicissimus' in München nochmals begegnen wird. Erich Mühsam lieferte uns ein stimmungsvolles Bild des Hauses: „Im Hungrigen Pegasus traf ich eine Menge bekannter Künstler. Der Raum, in dem die Kabarettisten mit den Gästen gemeinsam am Tisch saßen, war mit Zeichnungen geschmackvoll dekoriert. Erstaunlich war, dass es weder ein Programm noch einen Conférencier gab. Wer etwas vorzutragen hatte, trat einfach aufs Podium. Anschließend fand eine Tellersammlung statt und der Ertrag wurde unter den Mitwirkenden verteilt oder sofort in Getränke umgesetzt. Dieses sorglose Geschäftsgebaren wurde allerdings recht bald durch kaufmännischere Methoden ersetzt. Die Besucher mussten sich den Eintritt mit einer Mark erkaufen, doch blieb die Honorierung der Künstler dieselbe. Nachdem sich die Einnahmen der 'Elf Scharfrichter' aus München herumgesprochen hatten, wollte man auch vom großen Kuchen partizipieren. Dies führte jedoch bald zur Spaltung und Auflösung des Hauses."[242]

'Die Bösen Buben'

Am 16. November 1901 folgte die Eröffnungsvorstellung des Parodietheaters 'Die Bösen Buben' im Künstlerhaus in der Bellevuestraße. Die Gründer waren Rudolf Bernauer und Carl Meinhard. Zur Motivation für sein eigenes Haus schrieb Bernauer: „Ich versuchte damals alles nur Mögliche, um zu Geld zu kommen. So hatte ich gelegentlich in wohlhabenden Familien bei festlichen Gelegenheiten Dilettantenaufführungen inszeniert. Das Honorar war bescheiden, aber man konnte davon leben. Man musste nur die Kreise auf uns aufmerksam machen. Wir beschlossen daher, kleine Einakter einzustudieren, die wir mit anderen lustigen Darbietungen für zahlungsfähige Familien des Berliner Westens aufführen konnten."[243] An der Eröffnungsvorstellung nahmen der Theaterintendant Max Reinhardt, Max Slevogt und Max Liebermann teil. Mit von der Partie waren die Koryphäen der preußischen Akademie der Künste, Maximilian Harden und der Vater des Berliner Überbrettls, Ernst von Wolzogen. Die hier gebotene Satire und Pikanterie hatte viel Schmiss. In Verbrecherkostümen mit finsterer Visage sangen Tilla Durieux, Karl Meinhard und Rudolf Bernauer als frisch aus Moabit entlassenes Gaunertrio vom Glück in der neuen Justiz:

> Du guter Himmelsvater, beschütz' die Psychiater,
> die Psychia-ha-ha-hater.
> Is wer frech oder grob, dann verkloppen wir'n,
> hau'n ihn lahm, hau'n ihn taub, hau'n ihn blind,
> uns kann keinem nischt passieren, weil wir pathologisch sind.[244]

Mit dem Musiker Leo Fall hatte man einen Meister der musikalischen Parodie gefunden, der für seine Kabarettmusik die breite Palette der Klassiker von Johann Sebastian Bach bis Franz Liszt perfekt arrangieren konnte. Dennoch hielt sich auch dieses Haus nur kurz.

'Silberne Punschterrine'

Bereits zwei Monate nach der Eröffnung des 'Hungrigen Pegasus', in dem Hans Hyan zum ersten Mal auf den Brettern einer Kleinkunstbühne stand, machte er am 26. November 1901 im Saal von 'Schröders Restaurant' in der Steglitzer Straße sein eigenes Künstler-Kabarett, die 'Silberne Punschterrine', auf. Um der Zensur zu umgehen, bekamen die Gäste nur mit einer persönlichen Einladung, die natürlich jeder bekommen konnte, Zutritt. Eintritt wurde nicht erhoben. Stattdessen ließ man am Ende der Vorstellung einen Teller kreisen. Man kannte sich in dem engen Boheme-Kreis, so dass hier die gleichen Stars auftraten wie in den anderen Künstlerkneipen-Kabaretts. Was diesem Kabarett jedoch seine Bedeutung verlieh, waren in erster Linie die eigenen Chansons von Hans Hyan. Seine Frau vertonte die Texte und begleitete ihn auf der Laute. Seine Lieder waren meist im Berliner Dialekt verfasst. Dabei wählte er ähnliche Motive wie Aristide Bruant.

Über die Premierenvorstellung berichtete der 'Berliner Börsencourier': „Sein eigentliches Kolorit erhielt der Abend durch die Vorträge und die Persönlichkeit Hans Hyans. Es gibt zurzeit wohl keinen zweiten Schriftsteller, der den Berliner Dialekt und den Argot der Verbrecherwelt so meisterlich wie er beherrscht. 'Die letzte Nacht' und 'Das Ludenlied' sind ohne Zweifel das Ungeheuerlichste und Gewagteste, was man seit Jahren auf Kleinkunstbühnen präsentiert bekam."[245] Ein Rezensent des 'Berliner Tagblattes' schrieb: "Hyan ist eine glänzende Parallele zu Bruant, er ist nur ins Berlinerische übersetzt. Wohl verstanden, er ahmt diesen nicht nach, kennt wohl kaum seinen Namen. Aber er ist in seiner innersten Natur nach, wie Bruant, Revolutionär und Sozialist."[246] Hyan, der wie Bruant Lieder von Landstreichern sammelte, schaute dem 'Volk aufs Maul' und bediente sich als Erster des Berliner Gossen-Dialekts. Seine Lieder handelten von Verbrechern, Zuhältern, leichten Mädchen, Arbeitslosen und Tagedieben. Gerade durch diese Themenbereiche haben sie ihre ursprüngliche Aussagekraft erhalten. Hierzu passt auch das folgende Lied:

> Lied eines Arbeitslosen:
> Verdammt noch mal! Wir wollen wissen,
> Warum ihr satt – und wir hungern müssen![247]

Zeilen mit einer solchen Ausdruckskraft finden wir sonst nur noch bei Bertolt Brecht oder Kurt Tucholsky. Hanns Heinz Ewers berichtet in seinen Erinnerungen: „Wenn Hans Hyan sich entschließen könnte, selbst ein Lokal zu übernehmen, täglich zu spielen und seine Kräfte nur auf dieses Kabarett zu verschwenden, so würde Berlin ein zweites 'Mirliton' erhalten."[248] Trotz der Besonderheit und Originalität von Hyan blieb die Wirkung des Kabaretts sehr gering, so dass das Haus im März 1904 schließen musste.

'Zum Peter Hille'

Anfang 1903 gründete Peter Hille sein eigenes Kabarett, um hier regelmäßig seine Dichtungen vorzutragen und anderen Autoren ebenfalls dazu Gelegenheit zu geben. Eigentlich war es keine Stätte der zehnten Muse. Erich Mühsam schreibt in seinem Buch *Namen und Menschen*: „Es war oft ganz große Kunst, die dort zu Gehör kam. Mit seinen Dichtungen und seiner rührenden Hilflosigkeit konnte Hille tief erschüttern. Wir alle, die wir dort teilnahmen, betrachten dieses Kabarett als einen Ort höchster künstlerischer Ansprüche und Peter Hille achtete streng darauf, dass sein Musentempel nicht von profanen albernen Produkten entheiligt wurde. Sein Kabarett war das Postament einer großen Dichterpersönlichkeit, die sich um jeden Preis Gehör verschaffen wollte."[249] Zeitweise lebte Hille als Obdachloser, spielte jedoch trotzdem eine bedeutende Rolle in der naturalistischen Bewegung. Karl Henckell rettete ihn 1888 vor dem Hungertod und nahm ihn mit nach Zürich, nachdem er von der Polizei als Sozialdemokrat verfolgt wurde und durch ganz Deutschland flüchten musste, bis er 1895 wieder nach Berlin zurückkehrte. Die neue Künstlergemeinschaft bestritt seinen Lebensunterhalt. Dennoch versuchte er immer wieder die bürgerliche Lebensweise abzustreifen und ihre literarisch-künstlerische Existenz radikal auszuleben. Im Frühjahr 1940 ist Peter Hille bereits mit 50 Jahren verstorben. Seine Gedichte wurden von Else Lasker-Schüler gesammelt und erschienen unter dem Titel *Blätter vom fünfzigjährigen Baum*.

Neben der 'Silbernen Punschterrine' und dem Kabarett 'Zum Peter Hille' gründete man in Berlin zur gleichen Zeit eine Unzahl von Kleinkunstbühnen, bei denen jedoch keinerlei künstlerische Aspekte zu erwarten waren. Vielmehr beruhten diese

Kneipen-Brettls meist auf dem geschäftstüchtigen Gebaren von Bierlokalbesitzern, die durch eine eigene Brettl-Bühne einen größeren Publikumskreis anlocken wollten, um ihre Getränke zu überteuerten Preisen zu verkaufen. Dutzende von Schmierenkomödianten, die vergebens von einer Agentur zur anderen liefen, um ein Engagement zu finden, fühlten sich plötzlich berufen, ein Kabarett zu leiten. Dass jetzt auch viele Berliner Bordelle unter der Bezeichnung 'Kabarett' firmierten, ist eine historische Ironie, denn schließlich waren die Cabarets von Salis und Bruant auf dem Montmartre nichts anderes als niedere Kneipen des einfachen Pöbels mit Bordell- und Strichcharakter. Diese Lokale, deren Erscheinung nicht nur auf Berlin beschränkt blieb, sondern ein allgemeines Phänomen waren, übten letztlich auf die Entwicklung des literarischen Bänkelsangs keinerlei Einfluss aus.

'Linden-Cabaret'

Im Rahmen der Kabarett-Eröffnungswelle folgte 1905 das 'Linden-Cabaret' in der Passage Friedrichstraße. Man traf sich nach dem Theater und Souper, um den Wiener Conférencier Fritz Grünbaum, den Chansonsänger Willy Prager und die Diseuse Lucie Berber zu hören. Der jüngste Star des Hauses war Gussy Holl. Sie war ein Naturtalent der Parodie. Mit ihrer männlichen Ader traf sie ebenso den Nuschelstil von Fritz Grünbaum wie die Berliner Deftigkeit von Claire Waldoff. Es war ihr Verdienst, bereits in den Jahren vor dem Krieg die verbindende Brücke zwischen Kabarett und Varieté geschlagen zu haben.

Eingang zum Linden-Cabaret

'Chat noir'

Das 'Chat-Noir' folgte 1908 und präsentierte mit Fritz Grünbaum einen bereits bekannten und erfolgreichen Conférencier. Die prickelnden Melodien des Direktors und musikalischen Leiters Rudolf Nelson, vorgetragen von Gussy Holl, führten zu Welterfolgen. Am bekanntesten waren: *Alles kommt einmal wieder* und *Mal muss ein Ende sein*. Nelson gab den im Milieu angesiedelten Chansons durch die Pikanterie seiner Musik das gewisse Etwas. Er war ein begnadeter Pianist. Wenn er sich mit seinem charakteristischen Napoleonskopf an den Flügel setzte, flogen ihm die Herzen der Berliner Frauen zu. Mit seinen musikalischen Beiträgen gelang es ihm, das pariserische Flair mit dem volkstümlichen Berliner Lied zu vereinen.

Hier begann auch Berlins 'Volkssängerin' Claire Waldoff, mit bürgerlichem Namen Clara Wortmann, ihre Karriere. Zusammen mit dem Komponisten Walter Kollo deputierte sie hier 1910. Ihr Vortragsstil hatte viel gemeinsam mit der Art der Guilbert. Auch sie verzichtete auf unnötige Gesten und verließ sich ganz alleine auf ihre Mimik. Sie trug ihre Lieder jedoch nicht mit Unterkühlung und Dämonie vor, sondern verkörperte in ihren Figuren eine rebellische und warmherzige Frau. Joseph Roth beschreibt sie, wie folgt: „Ihr erotischer und künstlerischer Reiz fließt aus der übersteigerten Nüchternheit. Aus der Praxis des Großstadtlebens, deren Gefühle aus der Unerbittlichkeit der Gesetze kommen, welche die Straße beherrschen. Ihre Themen sind die Berliner Liebe, die Berliner Frauen, die Witwe und sozial gehobene Zille-Gestalten mit einer unbeschwerten geschlechtlichen Triebkraft. Eine Erotik ohne Umwege. Mit ihrer 'Garcon-Kleidung' hatte sie einen Vorstoß auf der Bühne gemacht, der zuerst von der Zensur verboten wurde. Damit verkörperte sie nicht mehr das leichte Mädchen, sondern bodenständige weibliche Realität. In vielen ihrer Chansons verhöhnt sie die Männer, die sich in leichte Mädchen verlieben. Damit kritisiert sie den Kontakt zu den Femmes fatales, die nur eines im Sinn haben, nämlich die Männer in ihr Verderben zu stürzen. In ihren Texten finden wir den frechen und selbstbewussten Ton einer Frau der 20er Jahre, die nicht mehr Projektion der männlichen Begierde sein will, sondern diese Projektion zu parodieren weiß. Claire Waldoff war ein Meilenstein in der Kabarettgeschichte, da sie mit ihrer Dialektsprache das Milieu auf der Bühne salonfähig gemacht hat."[250]

Die Vorträge von Waldorff bauten in ihrem Witz und ihrer Nachdenklichkeit meist auf einem realen Inhalt auf. Deshalb trafen sie den Nerv des Publikums. Ein Jahr vor Beginn des Ersten Weltkrieges hat sie mit ihren Liedern *Hermann heeßt er* und *Wer schmeißt denn da mit Lehm?*' großen Erfolg. Sie war eine der wenigen Stars, die den Sprung über den Ersten Weltkrieg hinweg in die 20er Jahre schaffte.

Claire Waldoff 1910

Im Zusammenhang mit Claire Waldoff muss ein zweiter großer Berliner Volkssänger erwähnt werden: Otto Reutter. Er hatte sich vom einfachen Kulissenschieber
zum bestbezahlten Star des 'Wintergartens' hochgearbeitet und sang ebenfalls
seine Lieder im Berliner Dialekt. Otto Reutter nannte sich Zeit seines Lebens voll
Stolz einen 'Humoristen'. Deshalb trat er auch nicht in Kabaretts, sondern ausschließlich in Varietés und Singspielhallen wie dem 'Wintergarten' auf.

'Schall und Rauch II'

Zwei Jahrzehnte nach der ersten Eröffnung von 'Schall und Rauch' sollte dieser
Name in Berlin noch einmal aufleben und neuen Glanz bekommen. Am
28. November 1919 stellte Max Reinhardt den Keller seines 'Großen Schauspielhauses' an der Weidendammer Brücke dem Kabarett zur Verfügung. Der Raum
war für dieses Vorhaben allerdings nicht geeignet, da er mehr als tausend Plätze

fasste. Hinzu kam die schlechte Akustik, an der auch die Raumumbauten durch den berühmten Bühnenbildner Ernst Stern nichts ändern konnten. Eigentlich sprach bereits die Größe des Hauses gegen den Begriff 'literarisches Kabarett', da bei dieser Platzzahl keine gehobene Unterhaltung geboten werden konnte.

Bei der Gründung des zweiten 'Schall und Rauch' hatte Reinhardt die Intention, ein 'Parodietheater' zu schaffen, um auf dieser Bühne die Stücke, die in seinem 'Großen Haus' eine Etage höher aufgeführt wurden, ironisch zu sabotieren. Er versuchte deshalb die Dadaisten für seinen Plan zu gewinnen. Walter Mehring und der Maler Georg Grosz erhielten den Auftrag, als Teil des Eröffnungsprogramms ein Puppenspiel zu schaffen. In Bezug auf das Stück *Orestie*, das im Großen Haus gespielt wurde, konzipierte man eine Aischylos-Travestie. Grosz entwarf die Figuren und Masken für die Schauspieler, Mehring schrieb den Text. Die Aufführung misslang in jeder Hinsicht. Zum einen konnten sich die Schauspieler in den lebensgroßen Puppen nicht bewegen, zum anderen verstand man durch die Masken hindurch ihre Texte nicht. Hinzu kam, dass Mehring, Grosz und andere Dadaisten ihre eigene Vorstellung durch eine 'Dada-Improvisation' sabotierten. Sie hatten unerkannt in der ersten Reihe Platz genommen und sprengten die Aufführung mit Zwischenrufen, bis sie von einem Teil des Publikums vor die Tür gesetzt wurden.

In 'Schall und Rauch II' finden wir einen Großteil von Autoren, Komponisten und Diseusen, die in den folgenden Jahren das literarische Kabarett in Berlin bestimmen sollten. Hier sangen Gussy Holl und Blandine Ebinger. Hier zelebrierte Valeska Gert ihre Groteskttänze. Auch Zeichentrickfilme von Walter Trier wurden gezeigt. Selbst Ringelnatz sprang im Matrosenanzug des 'Kuttel Daddeldu' auf die Bühne. 'Schall und Rauch II' setzte auch den Startschuss zu Tucholskys Karriere als Chanson-Autor. Im Laufe dieser Jahre schrieb er zahlreiche Lieder für die verschiedensten Interpreten und Kabarettbühnen Berlins. Sie nahmen bezüglich ihrer Stilmischung 'politisch-satirisch-erotisch' in der Kabarettlandschaft eine eigene Stellung ein. Sein treffsicherer Verknappungsstil, seine Leichtigkeit, Dinge nur anzutippen und nicht auszuwalzen, der blitzschnelle Gedankenwechsel, der schnelle Seitenhieb und die Beherrschung der Dialekte gehörten zu seinen Markenzeichen. Er war ein Meister des Couplets bezüglich der Verknüpfung zweier Ebenen. „Die eine Ebene stellte den Refrain dar, die andere die Vorstrophe. Die innere Spannung aber kam aus der Sprechsituation des Sängers. Somit war er kein Geschichtenerzähler wie der Bänkelsänger, sondern ein dramatischer Visionär."[251]

Ein zweiter bedeutender Kabarettautor, der im Eröffnungsprogramm von 'Schall und Rauch II' mit Texten vertreten war, war Alfred Henschke, mit Künstlernamen Klabund. Bereits während seines Studiums war er mit eigenen Gedichten im 'Simplicissimus' aufgetreten und hatte im Kreis der Dadaisten das Podium des Zürcher 'Cabaret Voltaire' bereichert. Klabunds Verse erregten mehrmals Anstoß, so dass es zu einem Prozess kam, bei dem sich Frank Wedekind mit einem Gutachten für den jungen Autor einsetzte. Während François Villons Texte eine Schilderung der Lebensumstände von Zuhältern und Prostituierten auf dem Montmartre gab, beschrieb Klabund die alltägliche Gewalttätigkeit gegenüber Frauen. Aus diesem Genre stammte auch sein Lied *Bürgerliches Weihnachtsidyll*:

> Was bringt der Weihnachtsmann Emilien?
> Einen Straus von Rosmarin und Lilien.
> Sie geht so fleißig auf den Strich.
> O Tochter Zions, freue dich! [...]
> O Kind, was hast du da gemacht?
> Stille Nacht, heilige Nacht.
> Leis hat sie ihr ins Ohr gesungen:
> Mamma, es ist ein Reis entsprungen!
> Papa haut ihr die Fresse breit.
> O du selige Weihnachtszeit![252]

Ein Aspekt, der für Max Reinhardts Kabarett spricht, ist die Tatsache, dass er wie Bruant und Salis auf dem Montmartre seine Kabarett-Texte in einer eigenen Publikationsreihe veröffentlichte. Dadurch ist bis heute nachvollziehbar, dass gerade die Dirnenlieder in seinem Haus einen breiten Raum einnahmen. Hier findet sich auch ein Text von Tucholsky mit dem Titel: *Zieh dich aus, Petronella*, eine Parodie auf die Dirnen- und Nacktkultur, die schließlich in der zweiten Hälfte der 20er Jahre in vielen Revuen ihren Höhepunkt erreichte. Auch wenn einige Lieder Wedekinds durch den Vortrag von Ernestine Costa Beifall fanden, handelte es sich bei diesen Aufführungen nicht mehr um ein klassisches Kabarett. Das Gleiche gilt für Bruants Dirnenlied *A Belleville Ménilmontant*, das in der deutschen Übersetzung von Sigmar Mehring 1902 nur ein schwaches Comeback erlebte.

Nach einigen Wochen Spielbetrieb schrieb die 'Preußische Zeitung': „Mit 'Schall und Rauch II' haben wir schon wieder ein neues Kabarett in Berlin. Dabei handelt es sich um eine Einrichtung des Herrn Professors Reinhardt. In Erinnerung an einen früheren, noch in bester Erinnerung stehenden Versuch bietet er in den Räumlichkeiten unter seinem Großen Schauspielhaus den Berliner Snobs bunte Darbietungen aller Art. Auch wenn der Glanz des Namens Reinhardt auf sein Kabarett strahlt, werden die Darbietungen dadurch nicht besser. Nach dem Programm zu urteilen, dem wir am Sonnabend beiwohnen konnten, handelt es sich wirklich um nichts Besonderes. Der Konzeption einer Klein-Bühne, die durch die Abstimmung von Farbe und Raum besondere Genüsse bieten sollte, schlagen der Lärm und die Einrichtung des großen Raumes direkt ins Gesicht. Auch wenn eine Darstellerin ersten Ranges, wie Fräulein Margarethe Christians, für dieses Kabarett verpflichtet wurde, wird das Programm nicht besser. Das Ganze ist, wie es sich darbietet, doch mehr oder weniger eine Spekulation auf den Geldbeutel derer, die nicht alle werden. Mit Kunst irgendwelcher Art hat die Einrichtung vorläufig jedenfalls nichts zu tun."[253] Eine weitere zeitgenössische Quelle berichtete: „Das Berliner Kabarett hat mit der Eröffnung des 'Schall und Rauch II' seinen Tiefstand erreicht."[254] In Anlehnung an die Zeitschrift 'Simplicissimus' und die gleichnamige Künstlerkneipe in München wählte man als Wappentier eine Dogge. Sie sprengte jedoch nicht die Ketten wie bei der Satirezeitschrift oder entkorkte eine Sektflasche wie in der Künstlerkneipe von Kathi Kobus, sondern bellte mit gefletschten Zähnen ihr gegenübersitzendes Konterfei an.

Das Signet von 'Schall und Rauch'

Bei den hier vorgetragenen Chansons ließ sich nicht verleugnen, dass sie in der bunten Tradition des Vorkriegskabaretts standen. Die meisten Lieder verkörperten Kokotten, die fesch und schnippisch die freie Liebe besangen. Auf die arme Straßendirne, wie sie in den *Liedern aus dem Rinnstein* beschrieben wurde, treffen wir nicht. Auffälligkeiten zeigten sich auch in der Sprache. Interessanterweise wurde im 'Schall und Rauch II' in erster Linie hochdeutsch gesprochen und gesungen, während in der 'Wilden Bühne' und im 'Größenwahn' die Berliner Schnauze aus dem Milieu dominierte. Im September 1902 übernahm Hans von Wolzogen, der Sohn des Überbrettl-Barons, die Leitung des Hauses. Anschließend wurde es unter Willy Prager zu einem reinen Amüsierkabarett.

'Größenwahn'

Nachdem Rosa Valetti die Leitung des Residenztheaters abgegeben hatte, eröffnete sie am 23. Dezember 1920, also ein Jahr nach dem Start von 'Schall und Rauch II', im oberen Stock des Literaten- und Künstlercafés 'Größenwahn' ein gleichnamiges Kabarett. Es war ein enger, verrauchter Raum mit kleinen, runden Tischen, an denen auch serviert wurde. Ihr Programm setzte sie von Beginn an klar fest, indem sie auf den schwarzen Samtvorhang der Bühne die Namen ihrer Vorbilder schrieb. Diese waren: Aristide Bruant, Yvette Guilbert, Pére Frede, die Pétroleuse, Francois Villon und Béranger. Allein an der Vielzahl der Namen wird deutlich, dass wir hier von einer umfangreichen Rezeption der französischen Chansontradition ausgehen können.

Rosa Valetti schwebte vor, ein Stück Montmartre in Berlin zu schaffen. Sie selbst war vor dem Krieg Schülerin der 'La Pétroleuse', einer Freundin Aristide Bruants, gewesen. Deshalb ließ sie für ihr Kabarett durch Ferdinand Hardenkopf die Texte von Aristide Bruant übersetzen. Es ist bezeichnend, dass auch Walter Mehrings neuer Chansonband den Titel *Wedding-Montmartre* trug. Doch Wedding blieb eben Wedding, und die Gedächtniskirche war nicht Sacre-Coeur, auch wenn Walter Mehring, Hans Ostwald, Heinrich Zille und Alfred Henschke alias Klabund Zutritt zu Berlins Unterwelt hatten. Was man jedoch erreichte, war der poetische Durchstoß zum Milieu. Klabund wurde Meister des Milieuchansons mit Pfiff und Witz und bediente sich als solcher freizügig aus Hans Ostwalds Sammlung *Lieder aus dem Rinnstein*. Der Name Klabund blieb im 'Größenwahn' mit dem Debüt einer Diseuse verbunden. Es war Blandine Ebinger. Vor allem die Texte von Klabund und die Musik von Friedrich Hollaender machten sie mit dem Lied *Ich baumle mit de Beene* zu einer unverwechselbaren Figuren des Berliner Kabaretts.

> Meine Mutter liegt im Bette,
> Denn sie kriegt das dritte Kind;
> Meine Schwester geht zur Mette,
> Weil wir so katholisch sind.
> Manchmal troppt mir eine Träne
> Und im Herzen puppert's schwer,
> Und ich baumle mit de Beene,
> Mit de Beene vor mich her. [...]
>
> Manchmal in den Vollmondnächten
> Ist mir gar so wunderlich:
> Ob sie meinen Emil brächten,
> Weil er auf dem Striche strich!
> Früh um dreie krähten Hähne,
> Und ein Galgen ragt, und er ...
> Und er baumelt mit de Beene,
> Mit de Beene vor sich her.[255]

Bevor Rosa Valetti ihr eigenes Kabarett gründete, hatte sie bereits zwanzig Jahre Bühnenerfahrung als Charakterdarstellerin. In den 20er Jahren wurde sie darüber hinaus durch den Film *Der blaue Engel* bekannt. In ihrem Kabarett gelang es ihr in kürzester Zeit, die gesamte literarische Elite Berlins um sich zu scharen. Allerdings trat das Dirnenmilieu in ihrem Programm zu stark in den Vordergrund, so dass selbst der 'Berliner Börsen-Courier' witzelte: „Die Einbrecher wandeln über die Bühne und das Publikum vom Kurfürstendamm hat seine Versicherungen gegen Einbruch aufgegeben. Die Prostituiertenfrage ist zumindest bis zur Polizeistunde gelöst; die Dirnen besingen sich und können davon leben."[256]

Hier tat sich auch Friedrich Hollaender als Autor, Komponist und Pianist hervor. Er war einer der produktivsten Kabarettschaffenden der 20er Jahre, der auch für Marlene Dietrich die Lieder *Ich bin die fesche Lola* und *Ich bin von Kopf bis Fuß auf Liebe eingestellt* schrieb. In Rosa Valettis Kabarett 'Größenwahn' begann seine steile Kariere für musikalische Arrangements. Hier vertonte er auch Wedekinds Balettpantomime *Die Kaiserin von Neufundland*. Hollaenders Lieder, die er 1929 für den Film *Der Blaue Engel* schrieb, sind wesentlich mitverantwortlich für den sensationellen Erfolg dieses Films. Valetti entdeckte auch Rudolf Platte für das Kabarett und gründete später mit 'Larifari' ihre dritte Bühne.

Auch wenn Valetti versuchte den Geist des Montmartre zu imitieren, fügte sich nicht alles glücklich in den erwarteten Rahmen des Kabaretts. Dennoch blieb ihre Bühne zumindest für das deutsche Dirnenlied der 20er Jahre wegbereitend. In ihrem Haus zeigte sich wieder die besondere Problematik, die sich stets zwischen künstlerischem Niveau und finanziellem Ertrag auftat. Deshalb war es auch nicht verwunderlich, dass Valetti bereits nach zwei Jahren Spielzeit schließen musste und als Verfolgte des Naziregimes 1936 in die Emigration nach Palästina floh.[257]

'Wilde Bühne'

Die dritte wirklich bemerkenswerte Bühne der 20er Jahre war Trude Hesterbergs 'Wilde Bühne'. Durch ihre Erfolge auf Sprech- und Operettenbühnen hatte sie bereits einen Namen in Berlin, als sie am 15. September 1921 im Keller des 'Theater des Westens' in der Kantstraße ihr Kabarett eröffnete. Aus der Drogisten-tochter, die am Sternschen Konservatorium klassischen Gesang studiert hatte, war Berlins jüngste Theaterleiterin geworden. Ihre Programme waren, entsprechend ihrer komödiantischen Natur weitaus gefälliger und vielfältiger als bei Rosa Valetti. Bei Trude Hesterberg spielte auch das Auge mit. Sie sorgte für ausge-fallene Bühnenbilder, suchte wo immer nur möglich Verwandlung und liebte das Kostüm. Mit ihrem zeitkritischen Börsenlied des 'Hausdichters' Walter Mehring, das gerade heute wieder Aktualität besitzt, gelang ihr mit dem Lied *Spekulieren* der große Durchbruch:

Es braust ein Ruf wie Donnerhall:
Spekulieren! Spekulieren!
Es fuchteln Hände überall,
Den Kurs zu dirigieren!
Es klingt durch die Verzweiflung noch,
Mag der Börsianer toben:
O Dollarkurs, wer hat so hoch
Dich aufgebaut da droben!

Geht's auf und ab in dem Gewühl
Gewinnen und Verlieren,
Uns eint doch alle ein Gefühl:
Spekulieren! Spekulieren!
Speku-li-ie-ren![258]

Trude Hesterberg wollte das Kabarett zwar nach Pariser Vorbild, aber mit Berliner Eigenart kreieren. Deshalb stand bei ihr das lokale Milieu im Mittelpunkt. Uneinig war man sich immer wieder darüber, welchen Umfang der Milieucharakter einnehmen sollte. Schließlich einigte man sich, bei jeder Aufführung wenigstens drei Sketche ohne 'Jargon' aufzuführen. Die 'Vossische Zeitung' notierte: „Man nimmt in der Kantstraße die ein wenig düstere Melodie auf, die allmählich die des Berliner Brettls geworden ist und offenbar bestimmte Kreise mit innerer Heiterkeit beschenkt: Die Vorträge, Chansons und Bänkel umranken literarisch nichts anderes als Dirnen und Verbrecher."[259]Trude Hesterberg griff bei ihren Beiträgen nicht nur auf Wedekind zurück, sondern brachte auch seinen Schüler Bertolt Brecht auf die Bühne. Seine Songs mit der Musik von Kurt Weil glichen expressionistischen Balladen, die zum Stil der 'Neuen Sachlichkeit' überleiteten. Brecht sang hier zur Laute die *Legende vom toten Soldaten*, mit der er beim Publikum in Ungnade fiel:

Und als der Krieg im fünften Lenz
Keinen Ausblick auf Frieden bot,
Da zog der Soldat seine Konsequenz
Und starb den Heldentod.[260]

Brechts Vortrag endete mit Protest und Tumult. Mehring sprang auf die Bühne und brüllte verärgert ins Publikum: „Das war ja nun eine große Blamage, allerdings nicht für den Autor, sondern für Sie, das Publikum, und wahrscheinlich werden sich viele von Ihnen später noch einmal rühmen, dass sie heute dabei gewesen sind."[261]

Neben Mehring und Tucholsky gehörte auch Marcellus Schiffer zum Autorenstamm der 'Wilden Bühne'. Er hatte seine Chansons einer Künstlerin im buchstäblichen Sinne auf den Leib geschrieben. Dabei handelte es sich um seine Freundin und spätere Frau, die in Konstantinopel geborene Französin Margo Lion, ein

Phänomen von modisch-aparter oder auch dekadenter Schlankheit. Eingehüllt in einen meterlangen schwarzen Gazestreifen, den sie sich hauteng um den schmalen Leib gewickelt hatte, das Gesicht totenbleich geschminkt mit tiefen Augenschatten, die Lippen schwarz, sang sie in blasierter Pose zu der Musik Mischa Spolanskys.

Trude Hesterberg blieb mit ihren Beiträgen immer am Puls der Zeit. Aufsehen erregte der Staatsbesuch von König Amanullah aus Afghanistan in Berlin, dessen Visite rund eine Million Mark gekostet haben soll. Einen Tag später steht Trude Hesterberg als Soraya gemeinsam mit Kurt Gerron auf der Bühne und singt den berühmten und unvergesslichen Schlager *Wer soll das bezahlen... wer hat so viel Geld?* Bei allem gibt Trude Hesterberg dem Berliner Dialekt den Vorzug, der in keiner anderen Kabarettbühne dieser Jahre so stark vertreten war. Sehr einfallsreich war auch die Musikbegleitung mit Drehorgel oder Klavier. Dennoch überlebte auch ihr Kabarett nicht länger als zwei Jahre. Im Sommer 1923 brannte das ganze Lokal ab, nachdem man vergessen hatte einen elektrischen Ventilator auszuschalten. Trude Hesterberg wandte sich daraufhin wieder dem Theater zu.

Auch wenn die 'Wilde Bühne' und das Kabarett 'Größenwahn' in den 20er Jahren nicht zu den literarischen Vorzeigekabaretts gehörten, handelte es sich bei beiden Einrichtungen um Kleinkunstbühnen, die in Bezug auf die Verbreitung der Milieulieder eine Vorreiterrolle spielten. Es ist bemerkenswert, dass beide Unternehmen von Frauen gegründet und auch geleitet wurden. Dies ist nicht nur bezeichnend für ein neues weibliches Selbstvertrauen in der Gesellschaft, sondern auch für die Stellung der Frau im deutschen Kabarett der Weimarer Republik. Hier dominieren jetzt bekannte Diseusen, die sich ihre Autoren und Komponisten selbst suchen. Sie geben Chansons in Auftrag und bestimmen ihr Programm. Bei beiden Kabaretts wird deutlich, dass sie sich zwar auf französische Vorläufer berufen, jedoch reine Theaterbetriebe sind, die mit dem klassischen Kabarett wenig gemeinsam haben. Damit hat sich das deutsche Kabarett der 20er Jahre eindeutig dem kommerziellen Theaterbetrieb verschrieben.

'Der Blaue Vogel'

Fernab vom Berliner Broadway, in der Goltzstraße, hatte Jasha Jushny mit seiner deutsch-russischen Emigrantenbühne im Dezember 1921 sein Kabarett 'Der Blaue Vogel' eröffnet und sein Bilderbuch vom alten Russland aufgeblättert. Im vorrevolutionären Russland war Jushny ein gefeierter Charakterdarsteller gewesen, der bereits erste Versuche im Bereich der Kleinkunst unternommen hatte. So führte er ein aus 44 Bildern bestehendes Theaterstück auf einer winzigen Bühne auf. Berlin, in dem zu diesem Zeitpunkt mehr als 350.000 russische Emigranten lebten, hatte ihm die Chance gegeben, seine Vorstellungen in seiner 'Puppenstube' zu verwirklichen. Seine 'geformten Improvisationen', wie er sie nannte, sollten so russisch bleiben wie ein Wodka-Umtrunk zu Balalaikaklängen unter Birken. Die Mischung aus 'russischer Seele', deutschem Standort und nie erlebter Farbenpracht war eine Novität, die sich rasch allgemeiner Beliebtheit erfreute.

Der Vorhang hebt sich und Nischnij-Nowgorods blaue Zwiebelkuppeln tauchen im glühenden Abendhimmel auf. Die Szene wechselt in das verschneite Petersburg, wo Katharina die Große und Potemkin auftreten. Zu legendärer Berühmtheit und vielfach parodiert wurden Jushnys 'Wolgaschlepper', eine ewig singende Seilschaft vor einem goldflammenden Abendhimmel. Daneben erleben wir derbe Burlesken, Tänze und Liederszenen. Seine Aufführungen verbinden russische Mentalität mit westeuropäischen Kunstformen zu einer Einheit von bunten Bühnenbildern und bewegter Musik. Es gibt ein ununterbrochenes Zwei-Stunden-Programm ohne Zweideutigkeiten, doch voll von Lebensfreude und Humor.

Der Literaturkritiker Alfred Polgar erkannte die Zweischneidigkeit dieses Illusionstheaters, auch wenn er den 'Blauen Vogel' schätzte: „Die Kleinkunst dieser liebenswerten und farbenfrohen Truppe besteht darin, dass man jedesmal die Notlüge deutlicher sieht. Es ist eine Kunst weg von der Zeit, ja wider die Zeit."[262] Der 'Berliner Börsen-Courier' schrieb anlässlich der Premierenvorstellung: „Auch wenn das Emigrantentheater stets gut besucht ist, haben die bunten Bilderbögen nichts mehr mit dem Begriff Kabarett zu tun. Es bleibt ein Rausch von Farben und Musik. Der Reiz einer fremden Sprache spricht zu uns wie ein Stück aus der Seele eines fremden Volkes, aus seiner Erde ein Hauch, aus seinen Liedern ein Klang."[263]

'Die Gondel'

Die Liste ist endlos. Tatsächlich hatten sich die Milieuschilderungen, wie wir sie im Kabarett der frühen 20er Jahre im 'Schall und Rauch', im 'Größenwahn' und in der 'Wilden Bühne' angetroffen haben, totgelaufen. Nicht zuletzt deshalb, weil die billigen Unterhaltungskabaretts ebenfalls der kitschig-erotischen Darstellung der Dirne huldigten. Umso erfreuter zeigte sich die allgemeine Kritik über eine Bühne, die sich diesen Darbietungen widersetzte. Diese Bühne nannte sich 'Die Gondel' und gab am 1. Juni 1923 am Potsdamer Platz ihre Eröffnungsvorstellung. Die Gründer waren der Komponist Hans May, der Bühnenbildner und Regisseur Paul Leni und Kurt Tucholsky, der die Texte und Chansons für das Programm schrieb.

Aus den Programmheften geht hervor, dass in der 'Gondel' keine Dirnen- und Verbrecherlieder gesungen wurden. Unumstritten ist auch die Nähe zum russischen Emigranten-Kabarett. Der leitende Geist ist Theobald Tiger, der sich auch Peter Panther nennt und in Wirklichkeit Kurt Tucholsky heißt. Mit spitzer Feder schreibt er bissige politische Feuilletons für die Linken. Dies belegen auch mehrere Kritiken, aus denen hervorgeht, dass es sich bei der 'Gondel' um ein sozialkritisches Kabarett handelt. Es ist von besonderem Interesse, dass der Mann, der hier die

Feder führt, der gleiche ist, der noch einige Jahre zuvor für Zille und seine Milieu-darstellungen schwärmt und die Dirnen und Verbrecher verherrlicht hat.

'Kabarett der Komiker'

Kurt Robitschek eröffnete am 1. Dezember 1924 mit dem Operettentenor Max Hansen und dem Schauspieler Paul Morgan das 'Kabarett der Komiker', kurz: 'KadeKo'. Bereits im Titel kündigt sich die neue Linie an, die den Komiker in die erste Reihe stellt. Das Programm war weder politisch noch erotisch ausgerichtet. Rösler charakterisiert die Programmgestaltung als eine Art Kleinkunstwarenhaus, in dem für jeden Geschmack eine Abteilung eingerichtet war, eine Mixtur aus Varieté, Theater und literarischem Kabarett. Nach mehrfachem Umzug wurde am 19. September 1928 das eigene Haus am Kurfürstendamm 156 bezogen. Hier traten viele namhaften Künstler auf, u.a.: Lale Anderson, Heinz Erhardt, Werner Finck, Curth Flatow, Peter Frankenfeld, Brigitte Mira, Walter Mehring, Güter Neumann, Peter Igelhoff und Karl Valentin. Auch Hans Moser und die Comedian Harmonists gaben hier ihr Debut. 1932 wurde hier die erste 'Kabarett-Oper' *Rufen sie Herrn Plim!* mit dem Text von Robitschek und der Musik von Mischa Spolansky aufge-führt. Die Machtergreifung der Nationalsozialisten führte zur Emigration Robitscheks und seiner Mitarbeiter und damit zur Einstellung des Spielbetriebs.

'Larifari'

Den Schlusspunkt setzte 1928 das rein politisch-satirisch ausgerichtete 'Larifari', das zum Podium für linke Gesinnungsfreunde wie Ernst Busch wurde. Hier trug er Texte mit kommunistischer Ideologie und mit besonderer Vorliebe Wedekinds *Lautenlieder* vor. Einen überzeugenden Eindruck vermittelt eine Aufnahme von Ernst Busch, die zum 100. Geburtstag von Frank Wedekind im Mai 1964 mit dem Titel *Spottlieder* entstand.

Mitte der 20er Jahre verschwinden Milieudarstellungen mit Dirnen- und Verbre-cherfiguren schlagartig von der Bühne. Nachdem es sich hier nicht mehr um eine Protesterscheinung wie auf dem Montmartre handelt, sondern um einen abgegriffe-nen Markenartikel, wenden sich die Kabarettschaffenden einer anderen Thematik zu. Gefragt sind nicht mehr die Randfiguren der Gesellschaft, sondern die Proble-me des 'kleinen Mannes'. Hinzu kommt, dass das Kabarett nun Züge der 'neuen Sachlichkeit' annimmt.[264]

Was die Definition des literarischen Kabaretts betrifft, lässt sich dieser Begriff auf die zeitgenössischen Bühnen nicht mehr anwenden. Dies hat verschiedene Gründe. Zum einen nimmt der komödiantische Charakter des Kabaretts auf Kosten der literarischen Ambitionen zu. Daneben vollziehen sich aber auch auf künstlerischer Ebene Änderungen, die vom literarischen Kabarett wegführen. Die wichtigste Änderung ist die Rolle des Conférenciers mit seiner Wandlung zum konferierenden Komiker. Dieser Wandel vollzieht sich besonders durch den starken Einfluss des Wiener Kabaretts und den jüdischen Sprachwitz.

Das Tempo und der Lebensrhythmus des amerikanischen Alltags, die Bilderflut des Neuen drängen nun auf die Bühne. Damit entdeckt Berlin die Möglichkeiten der Revue, deren Geheimnis in dem weltstädtischen 'Show-Stil' liegt. Auch wenn vieles aus Berlins alter Possentradition in die operettenhaften Superproduktionen fließt, bekommt man auf den Bühnen meist nur Massenszenen, gestellte Bilder und monumentalen Kitsch zu sehen. Damit beginnt ein Revuejahrzehnt mit unverhüllter Fleischbeschau und unglaublichen Kitschdarbietungen, so dass der Begriff des literarischen Kabaretts hier nicht mehr zutrifft.

Das Kabarett hat nun eine neue Form gefunden, die zwar in Raffinesse Paris übertrifft, mit den Anfängen der Kleinkunstbühne und dem eigentlichen Kabarettstil jedoch nichts mehr gemein hat.

9. Das Künstler-Kneipen-Kabarett 'Simplicissimus' in München

Im Unterschied zu Berlin finden wir in München, bedingt durch die hier vertretene Boheme, auch nach der Schließung der 'Elf Scharfrichter' noch ein echtes Kabarett im Sinne der Pariser Tradition. Im Jahr 1897 arbeitet eine burschikos-legere Traunsteinerin, die im Alter von siebzehn Jahren nach München gekommen war, als Bedienung in der Gaststätte 'Dichtelei'. Das Künstlerlokal, das von Michael Conrad und Otto Julius Bierbaum ebenso gern besucht wird wie von Detlev von Liliencron, Frank Wedekind und den Zeichnern und Textern aus der 'Simplicissimus'-Redaktion, ist zu jenem Zeitpunkt ein ausgesprochen beliebter Treff. Lakonisch vermerkt ein Gast auf einer alten Postkarte aus jenen Jahren: „Aus dem Centrum des 'geistigen' Münchens, dem Rendezvousplatz der 'Genies', von dem Du P…f natürlich keine Ahnung hast, sendet Dir herzliche Grüße Dein alter Freund."

Grußpostkarte aus dem Weinrestaurant 'Dichtelei'

Als es wieder einmal Ärger mit dem Hausherrn gibt und gleichzeitig das nahegelegene Kaffeehaus 'Kronprinz Rudolph' in der Türkenstraße 57 zu pachten ist, greift die Kellnerin namens Kathi Kobus zu. Das geschäftliche Risiko ist dabei ausge-

sprochen gering, denn alle wichtigen und umsatzstarken Stammgäste der 'Dichtelei' haben auf ihr Drängen hin inzwischen zugesagt, dem neuen Lokal die Treue zu
halten. So kommt es, dass der geniale Maler Anton Azbe, Leiter einer der bekanntesten Münchner Malschulen, Kathi Kobus einen Teil der notwendigen Gelder zum
Erwerb der Gaststätte vorstreckt.

In der Walpurgisnacht 1903 ist es dann so weit, dass die ganze Künstlerclique in
einem feierlichen Zug mit den ehemaligen Stammgästen der 'Dichtelei' in die
neuen Räume umzieht. An diesem seltsamen Geschehen sind unter anderem die
Zeichner und Karikaturisten Olaf Gulbransson, Eduard Thöny und Thomas
Theodor Heine sowie die Schriftsteller Frank Wedekind, Ludwig Thoma und Otto
Julius Bierbaum beteiligt. Frank Wedekind hatte mit dem Vortrag seiner
Bänkellieder die Führung des Zuges übernommen. „Wir waren alle vollzählig ver-
sammelt. Galt es doch, in einem grotesken Umzug ohnegleichen, ohne Möbel-
wagen, alles, was die 'Dichtelei' enthielt – außer Mauern und Wänden – in das
neue Lokal zu schaffen. Mit brennenden Kerzen setzte sich der Zug in Bewegung,
Wedekind mit der Gitarre voran, hinterdrein marschierten wir anderen mit Tischen
und Stühlen, Theke und Weinregalen, Eisschrank und Vorräten."[265] Schon in dieser
Nacht griff der künftige Geist des Ortes präludierend in die Saiten: Der eine oder
andere sprang auf das Podium, man sprach Verse aus dem Stegreif, tanzte und
sang. Das Kabarett der Kathi Kobus war geboren.

Doch dann bekam die geschäftstüchtige Wirtin erst einmal Probleme mit dem
Besitzer der 'Dichtelei', da er über den Wegzug der Stammgäste verärgert war und
Kathi Kobus ihrem neuen Lokal auch noch den Namen 'Neue Dichtelei' gegeben
hatte. Der düpierte Wirt war entrüstet und klagte vor Gericht. Kathi hatte schlechte
Karten und verlor den Prozess.

Als Nächstes musste sie sich nach einem neuen Namen umsehen. In diesem
Zusammenhang kamen ihr die Stammgäste aus der 'Simplicissimus'-Redaktion
sehr gelegen. Doch Albert Langen reagierte auf ihren Wunsch, das Lokal nach
seiner berühmten Zeitschrift zu benennen, ausgesprochen verstimmt. Kathi versicherte jedoch umgehend, sie hätte die Idee des Namens 'Simplicissimus' bereits
vom Zeichner Rudolf Wilke 'gekauft'. Albert Langen glaubte ihr kein Wort und
lehnte entrüstet ab. Erst nach dem fadenscheinigen Verweis auf bereits entstandene
Kosten und Auslagen – so habe man doch schon die Eingangsschilder und Zei-
tungsanzeigen unter diesem Namen bestellt – gab er nach und willigte zögernd ein.
Damit war Kathi am Ziel. Denn der Name der berühmten Zeitschrift war die
glänzendste Werbung für ihr neues Lokal.

Der Zeichner Thomas Theodor Heine entwarf nun auch das Lokal-Signet mit der
roten 'Simplicissimus'-Bulldogge auf gelbem Grund, die in diesem Falle aber nicht
die 'Ketten sprengte', sondern eine Sektflasche namens 'Hausmarke' entkorkte.

Der dezente Hinweis auf die Sektflasche wirkte sich jedoch nicht umsatzsteigernd auf die 'Hausmarke' aus, denn die meist nicht wohlhabenden Stammgäste waren verarmte Maler, Graphiker, Schauspieler, Schriftsteller und Studenten, die sich mit Bier und Wein begnügen mussten, sofern sie überhaupt bei Kasse waren.

Die 'Simplicissimus'-Bulldogge entkorkt die Hausmarke

Bei Zahlungsschwierigkeiten half Kathi jedoch bereitwillig aus, indem sie Bilder als Pfand entgegennahm. Obwohl sie keine Kunstkennerin war, wusste sie, dass aus manchem unbekannten Talent gelegentlich ein bewundernswertes Genie wird und Bleistiftskizzen eines jungen Talents in fröhlicher Laune auf Papierservietten skizziert eines Tages unbezahlbare Exponate werden. So gab sie Künstlern großzügigen Kredit, und war die Schuldenlast hoch genug angewachsen, ließ sie sich mit einer Zeichnung aus dem Atelier ihres Gastes abfinden und hängte die Tauschware je nach Schönheit des Bilderrahmens an einen mehr oder weniger geeigneten Ort ihres Etablissements. Selbstverständlich waren nicht alle ausgehängten Gemälde und Graphiken als Äquivalent für unbezahlte Zechen in Kathis Sammlung zustande gekommen. Es ist anzunehmen, dass mancher Künstler, der stets seine Rechnungen bezahlt hat, auch einmal ein Blatt als Geschenk hergab, nachdem es ihm die Wirtin abgebettelt hatte. Jedenfalls waren alle bekannten Zeichner des Patenblattes an den Wänden des Lokals vertreten. Thomas Theodor Heine und Eduard Thöny, Rudolf Wilke und Wilhelm Schulz sowie Karl Arnold. Daneben hingen Zeichnungen von Albert Weisgerber, Tierbilder von Franz Marc und Frauenakte von Max Unold. So wurde das Künstlerkneipen-Kabarett im Laufe der Jahre immer mehr zu einer Galerie für moderne Malerei und Grafik. Vielleicht fühlten sich gerade deshalb die Gäste in der Künstlerkneipe wohl, weil sie mehr einer Kunsthandlung als einem Kabarett glich und darüber hinaus sehr viel Atmosphäre ausstrahlte. [266]

Im vorderen Teil des Lokals, das bis drei Uhr morgens geöffnet hatte, saßen Zufallsgäste und Kutscher, die schon seit Jahren regelmäßig hier ihr Bier tranken. Erich Mühsam beschrieb in seinen Erinnerungen die Einrichtung des Lokals: „Im Eingangsbereich befand sich ein Wirtsraum, nicht viel unterschieden von anderen Gaststätten; hinten das Hauptlokal mit Theke, Klavier und Podium. Beide Räume verband der sogenannte 'Darm', ein langer, sehr schmaler Gang. Er war mit Tischen und Stühlen so eng bestückt, dass das Passieren in den Abendstunden, wenn der Betrieb so richtig in Gang war, nur unter vielen Schlängelbewegungen möglich war und man die mit Flaschen und Tabletts jonglierenden Kellnerinnen für gelernte Akrobatinnen halten musste. Das Gedränge war in den Abendstunden beängstigend und die von Weindunst, Tabakrauch und menschlicher Ausdünstung sichtbar gewordene Luft erklärt keinesfalls die Anziehungskraft, die der 'Simpl' auf die geschmacksverwöhnte Schwabinger Künstlerschaft ausübte."[267]

Kathi Kobus mit ihren Gästen im vorderen Raum der Gaststätte 'Simplicissimus'

Von der Begabung ihrer dichtenden Kundschaft machte Kathi Kobus reichlich Gebrauch, indem sie ihr Gelegenheit gab, vom Podium herab Verse zu deklamieren. Dies geschah meistens der Eitelkeit zuliebe, gelegentlich auch um barer Honorierung willen oder auch der Schuldentilgung wegen. Häufig genügte eine freigiebig spendierte Flasche 'Hausmarke' oder eine Leberknödelsuppe, um Dichter, Sänger und Musiker zum Vortrag anzuregen. Verständlicherweise konnte man in der ersten Zeit noch nicht von einem eigentlichen Kabarett sprechen. Einer der anwesenden Künstler nahm meist spontan die Klampfe zur Hand und sang alleine oder mit anderen am Tisch bayerische Schnaderhüpfel. Dann kam Kathi und bat einen der Gäste ein paar Gedichte vorzutragen, oder der Ungar Dunajec spielte auf der Violine langgezogene Schmerzensweisen. Da an Musikern kein Mangel war, bestand kein Bedarf für eine hauseigene Kapelle. Oft spielte der Maler Sepp Futterer herzergreifend Mundharmonika oder Agoston weinte mit seinem geliebten Bandoneon. Alle jedoch stellte der Kapellmeister Klieber in den Schatten, der von Anfang an virtuos auf dem Klavier oder Harmonium spielte.

Um Erfolg zu haben, ging Kathi äußerst geschäftstüchtig vor. Deshalb engagierte sie erst allmählich einzelne ihrer Stammgäste zur ständigen Unterhaltung des Publikums. Die Honorarsätze waren dabei sehr verschieden. Ludwig Scharf, auf den sie schon immer ein Auge geworfen hatte, erhielt wohl am meisten. „Kathi Kobus entdeckte bald ein neues künstlerisches Talent, und zwar sich selbst. Sie wartete plötzlich in oberbayrischer Nationaltracht auf und bestieg in eigener Person das Podium, von wo sie mit Gedichten und heimischer Mundart für Humor sorgte."[268] Die Energie, mit der die robuste Wirtin sich in ihren Räumen Respekt verschaffte, war erstaunlich. Alkoholische Exzesse duldete sie nicht, griff aber auch mit ihren kräftigen Armen zu, wenn ein Gast widerspenstig wurde. Kathi duzte alle Gäste und ein Brief, den sie Erich Mühsam einmal auf einer Reise nachgeschickt hatte, lautete: „Sehr geehrter Herr Mühsam! Du bist mir noch über vierzig Mark schuldig. Mit herzlichen Grüßen hochachtungsvoll Deine Kathi Kobus. PS.: Kommst Du net bald wieder Erich?"[269] Als Mühsam wieder kam, stellte er Kathi Kobus zur Rede, wieso sie ihm solch unangenehme Mahnbriefe nachschicke. Darauf entgegnete sie freundlich: „Scho recht, daß d'grad wieder da bist", holte das Kassenbuch, strich die Zechschulden und sagte: „Aber vortragen musst halt!"[270] Erich Mühsam erinnert sich: „Ich bekam eine Zeitlang sogar Mittag- und Abendessen, wofür ich den Nachtgästen meine Gedichte vortragen musste. Auch Damen waren engagiert: die Chansonsängerin Annie Trautner, ferner eine Sopransängerin von echt Münchener Aussehen und Gehabe, die den poetischen Namen Mucki Bergé führte."[271]

Nach der Schließung der 'Elf Scharfrichter' hatte Kathi erneut Glück. Das eigentlich für ein Kabarett ungeeignete Lokal entwickelte sich dennoch ohne ihr

Zutun zu einer Art Nachfolgekabarett. Im 'Simpl', der rasch zum Zentrum der Schwabinger Boheme wurde, brillierte Erich Mühsam mit beißenden Satiren. Frank Wedekind sang seine Dirnenlieder und Detlev von Liliencron trug seine Gedichte vor. Auch die Dichter Franz Blei, Ludwig Scharf und Max Dauthendey waren Mittelpunkt des Künstlerstammtisches. Alle ehemaligen 'Elf Scharfrichter', der 'Simplicissimus'-Redakteur Ludwig Thoma, Max Halbe und Julius Schaumberger waren regelmäßig vertreten. Selbst die Dichterin Emmy Hennings und der mit ihr befreundete Dadaist Hugo Ball gaben sich ein Stelldichein. Zu den regelmäßigen Gästen zählten auch Ludwig Ganghofer, Albert Weisgerber und der Maler Franz Marc. Auch ein Star des Kabaretts, Mary Irber, von ihren Freunden nur 'Mizzi' genannt, verkehrte mit ihren Verehrern im Künstlerkneipen-Kabarett. Bei dieser Gelegenheit trug sie gerne Wedekinds *Ilse* vor, ein Lied, das ihr auf den Leib geschrieben schien. Bereits mit sechzehn Jahren deputierte sie im 'Überbrettl' als Barfußtänzerin und Chansonsängerin und wurde der erste Star des späteren 'Intimen Theaters'. Auftritte mit Karl Valentin und ein Engagement im 'Gärtner-platz-Theater' ergänzten ihre Karriere. Wie Korbinian Lechner berichtet, war sie bildhübsch, äußerst elegant und hatte nach den Aussagen aller, die ihr verfallen waren, den Teufel im Leib. Auch Frank Wedekind hatte Feuer gefangen und widmete seiner 'entzückenden Kollegin Mary I.' ein Bänkellied, das er gerne selbst zur Laute vortrug:

Meiner entzückenden Kollegin Mary I.

Von vorn besehn bist du die schönste Maid,
Die je mein Herz aus Liebesnot befreit;
Doch, wenn du halb nur dich zur Seite kehrst,
Dann dünkt mich schon, daß du ein Knabe wärst.
Drum bleib' ich wie dem Glücksrad stets dir nah,
Du – Venus Duplex Amathusia![272]

Ohne Frage war der Münchner 'Simpl' das bekannteste Künstlerkneipen-Kabarett im gesamten deutschsprachigen Raum. Dennoch lässt sich bereits aus dem Umstand, dass hier kein festes Programm dargeboten wurde, erkennen, dass eine Zusammenfassung und Analyse der Vorträge kaum möglich ist. Erich Mühsam verwendete oft Schüttelreime, trug aber auch anarchistisch-revolutionäre Gedichte wie den *Revoluzzer* vor, während Ringelnatz Gedichte bevorzugte, die sich in ihrer Thematik mehr um den 'Simpl' drehten. Alleine Wedekind konnte weitgehend auf sein bisheriges lyrisches Repertoire zurückgreifen, das er bereits bei den 'Elf Scharfrichtern' vorgetragen hatte.

Ludwig Scharf, der zugleich im 'Simplicissimus', im 'Pan' und in der 'Neuen Zeit' publizierte, war hier mit seinen Versen gegen die Verlogenheit des satten Bürgertums zu hören. Die soziale Frage galt dem Pfälzer Lyriker als seine vor-

derste Aufgabe, der er sich verpflichtet fühlte. Da er wegen eines Holzbeines auffällig hinkte, schleppte er Abend für Abend einen Stuhl in die Mitte des Lokals und
rezitierte in derber pfälzischer Aussprache, aber mit wirksamer Geste immer diesel-
ben Gedichte: *Proleta sum, Das tote Kind* und *Novembersturm*."[273] Zu seiner
Schwabinger Zeit war der 'Prolet' immer der Höhepunkt seines abendlichen Vortrags.

Proleta sum

Ich bin ein Prolet, vom Menschengetier
Bin ich bei der untersten Klasse!
Ich bin ein Prolet! Was kann ich dafür,
Wenn ich keine Zier eurer Rasse.

Ich lebe stets von der Hand in den Mund,
Trag, was ich verdiene, in der Tasche:
Ich darf nicht denken, das macht mich gesund –
Zur Betäubung dient mir die Flasche.

Ich bin ein Prolet, was kann ich dafür?
Doch gibt es gleich mir Millionen:
Das tröstet mich, wenn die Not vor der Tür,
Das tröstet mich beim Fronen!

Wir haben kein Haus, wir haben kein Gut,
Wir haben nichts als Fäuste,
Mit Schwielen bedeckt, zum Frondienst gut –
Wir wissen nicht viel vom Geiste.

Wir sind vielleicht ein erbärmliches Geschlecht,
Geboren, den Nacken zu beugen –
Wir führen auch unseren Namen mit Recht:
Wir sind nur da, um zu zeugen. […]

Wir sind ein erbärmliches, ekles Geschlecht
Und werden uns nie ermannen:
Ihr könnt uns getrost an den Wagen der Zeit
Als Zugvieh der Zukunft spannen.[274]

Scharf, über dessen Stammplatz sein Portrait von Albert Weisgerber hing, galt in
diesen Jahren als der 'König der Boheme' und seine *Tschandala-Lieder*, benannt
nach der untersten indischen Kaste, beruhten auf seiner politischen Anklage, die
allerdings wenig Substanz hatte.

.

Eines Tages verkündete Kathi ihren erstaunten Gästen, dass sie sich mit Ludwig Scharf verlobt habe. Das Ereignis wurde gebührend gefeiert und die glückliche Braut traktierte ihre Gäste mit ungeheuren Mengen Pfirsichbowle. Nach der Polizeistunde wurde die Gaststätte in die geräumige Küche des Lokals verlegt und Georg Queri, der bayerische Dialektdichter, hielt eine Festrede, die sich weniger durch ausgefallene Lyrik als durch urwüchsige Derbheit auszeichnete. Von nun an aber war das Unterhaltungsrepertoire des 'Simpl' allabendlich um einen Begrüßungskuss vermehrt, der, sobald der Dichter das Lokal betrat, unter dem Applaus der Anwesenden von dem Brautpaar vorgeführt wurde. Die Brautschaft dauerte allerdings nur ein halbes Jahr bis zur Verehelichung Ludwig Scharfs mit einer ungarischen Gräfin. Am herzlichen Verhältnis von Gast und Wirtin änderte sich jedoch nichts. Lediglich der Kuss wurde vom Programm gestrichen und die Gattin des Dichters erhielt ihren Stammplatz neben dem seinigen. Was sich jedoch grundlegend änderte, war die Einstellung Scharfs zu den sozialen Fragen, nachdem er mit der wohlhabenden, ungarischen Gräfin verheiratet war und sich auf Schloss Pátosfa an den Plattensee zurückgezogen hatte.

Wenn die Stimmung in der Künstlerkneipe dann so richtig brodelte, holte oft der unvergessene Albert Weißgerber seine Klampfe und sang das Bayernlied von König Ludwig mit seiner ungeschminkten Anklage:

> Doktor Gudden und der Bismarck,
> Den wo man auch den großen Kanzler nennt,
> Die haben ihn in'n See nei g'schmissen,
> Indem sie ihn von hinten angerennt!
>
> Großer Kanzler, deine Schande
> Die bringet dir gewiss kein Ehrenpreis.
> Du stundst ihm nicht im offnen Kampfe,
> Der Rippenstoß von hinten das beweist![275]

Danach verschoss Erich Mühsam die Spitzen seiner Pfeile mit einer unerreichten Schüttelreimkunst, zu der auch das folgende Schwabinger Kurzgedicht zählte:

> Ein Jüngling steht am Siegestor,
> Der an ein Weib sein Herz verlor.
> In Händen einen Blumenstrauß
> Schaut er nach der Geliebten aus.
> Das ist zwar nichts Besunderes,
> Ich aber, ich bewunder' es![276]

Nur wenige Kabarettisten besaßen ein so fundiertes politisches Wissen wie Erich Mühsam und waren gleichzeitig von ihrer Mission überzeugt. Selbst während seiner Haft ließ er sich nicht beugen. Schon alleine deshalb galt er weit über München hinaus als engagierter Vorkämpfer in sozialen Angelegenheiten. Dabei gelang es ihm auf dem Brettl immer wieder, die soziale Aussage und die Kunst zu einer Einheit zu verbinden. Auch wenn ihn unzufriedene Revolutionäre auf Versammlungen herabwürdigend als Edelanarchisten bezeichneten, wurde seine kritische Einstellung zur politischen Zeitströmung bereits 1907 in seinem Gedicht *Der Revoluzzer* deutlich:

Der Revoluzzer

War einmal ein Revoluzzer,
Im Zivilstand Lampenputzer,
Ging im Revoluzzerschritt
Mit den Revoluzzern mit.

Und er schrie: 'Ich revolüzze!'
Und die Revoluzzermütze
Schob er auf das linke Ohr,
Kam sich höchst gefährlich vor.

Doch die Revoluzzer schritten
Mitten in der Straßenmitten,
Wo er sonsten unverdrutzt
Alle Gaslaternen putzt.

Sie vom Boden zu entfernen,
Rupfte man die Gaslaternen
Aus dem Straßenpflaster aus,
Zwecks des Barrikadenbaus.

Aber unser Revoluzzer
Schrie: 'Ich bin der Lampenputzer
Dieses guten Leuchtelichts.
Bitte, bitte, tut ihm nichts!

Wenn wir ihn' das Licht ausdrehen,
Kann kein Bürger nichts mehr sehen.
Laßt die Lampen stehn, ich bitt!
Denn sonst spiel ich nicht mehr mit.

Doch die Revoluzzer lachten
Und die Gaslaternen krachten,
Und der Lampenputzer schlich
Fort und weinte bitterlich.

Dann ist er zu Haus geblieben
Und hat dort ein Buch geschrieben:
Nämlich wie man revoluzzt
Und dabei doch Lampen putzt.[277]

Mühsam hatte ursprünglich eine Lehre als Apothekengehilfe absolviert und sich bereits ab 1900 als Redakteur der anarchistischen Zeitschrift 'Der arme Teufel' betätigt. Sein Autoritätshass war in einer tief empfundenen Verbundenheit mit sozial Benachteiligten begründet. Mit seiner anarchistischen Mission versuchte er deshalb der Münchner Boheme einen politischen Inhalt zu geben. Damit wurde er zum markantesten und literarisch fruchtbarsten Vertreter dieser Bewegung. Nach den Ereignissen der 'Novemberrevolution' und der Abdankung des Bayerischen Königshauses im November 1918 rief Kurt Eisner den 'Freien Volksstaat Bayern' aus und wurde dessen erster Ministerpräsident. Nach seiner Ermordung durch einen Rechtsextremisten kam es im April 1919 zur Bildung der Räterepublik, die im Mai des gleichen Jahres durch rechtsnationalistische Freikorpsverbände und die Reichswehr niedergeschlagen wurde. Als Hauptakteur der Münchner Räterepublik wurde Erich Mühsam zu 15 Jahren Festungshaft verurteilt und kurz nach der Machtergreifung der Nationalsozialisten im KZ Oranienburg ermordet. In der Person von Erich Mühsam wird deutlich, dass es dem Münchner Kabarett nicht um oberflächliche und seichte Unterhaltung ging, sondern um sozialkritische Beiträge oder aber brillante Lyrik. Es ist deshalb begreiflich, dass der 'Simplicissimus' schon nach kürzester Zeit für die Dichter der Schwabinger Boheme zu einem zentralen Anlaufpunkt wurde, wenn es darum ging, dem literarisch interessierten Publikum neue Texte vorzustellen. Schon deshalb war das Lokal meistens überfüllt. Dicht gedrängt saßen die Gäste im hinteren Raum, der normalerweise 50 Plätze bot. Nur Kathi brachte es fertig, hier täglich bis zu 150 Personen unterzubringen.

Im Jahr 1907 traf ein ehemaliger Schiffsjunge, Matrose und Student namens Hanns Bötticher in München ein. Neben zahlreichen Berufen und Hilfstätigkeiten war er auch schriftstellerisch tätig und hatte gerade zuvor das *Tagebuch eines Schiffsjungen* veröffentlicht. In München schrieb er alsbald kleinere Geschichten für den satirischen 'Grobian'. Doch nachdem er für seine Beiträge von der Redaktion nur Pfennig-Beträge erhielt, verdingte er sich als Vertreter für Bohnenkaffee. Einige Zeit später war er als Buchhalter in einem Reisebüro tätig. Ganz nebenbei war Bötticher auch in der Werbung aktiv. Eigentlich gab es nichts, was er nicht versucht hätte. Erst nach dem Tod des Vaters, der ihm stets das Gefühl eines Versagers vermittelte, ging es mit seiner literarischen Tätigkeit bergauf. Jetzt legte er sich den Namen 'Ringelnatz' zu, befreite sich von seinen Fesseln und wuchs über sich hinaus. Sein Pseudonym 'Ringelnatz' bezieht sich auf 'Ringelnase', den Namen für Seepferdchen und Glücksbringer der Matrosen.

Seine heiteren und lustigen Verse beschäftigten sich mit dem Leben, Sterben, Fressen und Saufen. Ein Ton, der bis zu diesem Zeitpunkt in der Lyrik unbekannt war. Dabei lebte er von einem Publikum, das seinen Sadismus als Komik empfand. Nur aus dem Zeitgeist des Wilhelminismus heraus ließ sich dieser schwarze Humor verstehen. Damit glich seine Dichtung einer puren Lebensfeier. Ringelnatz war tatsächlich ein lebenslustiger und ganz dem Leben zugewandter Mensch, der größte Hochachtung und Respekt vor der geringsten Kreatur hatte und selbst über das kurze Leben einer Fliege mehrere Gedichte schreiben konnte. Gleichzeitig war seine Einstellung zu seiner Umwelt in einem tiefen christlichen Glauben verwurzelt. Dies bestätigt auch sein Geheimzirkel, den er hinter jedem seiner Texte anbrachte und der als Kürzel bedeutete: „Ich glaube an Gott". Mit seiner großen heroischen Anstrengung und Selbstmedikation zur Lebenslust gelang es ihm, mit seinen Gedichten das Leben auf seine eigene Weise erträglich und genießbar zu machen. In diesem Sinne könnte man auch seinen Alkoholkonsum als ein Bekenntnis zum Leben verstehen. Nachdem Ringelnatz in München erste Kontakte zu den großen Literaten seiner Zeit hatte, war er von Selbstzweifel geplagt und sagte von sich selbst, er sei 'schief ins Leben gebaut'. Seinen ersten Gedichtband nannte er deshalb auch sehr bescheiden *Stumpfsinn in Versen*.

Ab 1907, dem Jahr, in dem auch Karl Valentin das erste Mal im 'Simplicissimus' auftrat, entwickelte sich Ringelnatz zum Hausdichter des Lokals. Mit Vorliebe mimte er dabei einen betrunkenen Matrosen, wobei Spiel und Realität nicht immer auseinanderzuhalten waren, denn Ringelnatz trank gerne über seinen Durst. Anfangs zahlte ihm Kathi Kobus keine Gage, akzeptierte jedoch den Vortrag als mögliches Zahlungsmittel. Später erhielt der 'Hausdichter' neben freien Getränken ein Honorar von einer Mark. Darüber hinaus war er noch an dem Verkauf der berüchtigten Haus-Bowle beteiligt, über die er eigens ein Gedicht geschrieben hatte, das den Umsatz steigern sollte. Wenn die Verse die Zubereitung der Bowle jedoch richtig beschreiben, kann die Ananas nur eine symbolische Rolle bei der Herstellung des Getränks gespielt haben:

Im Hofe links steht eine Tonne.
Am Himmel oben steht die Sonne.
Und zwischen Sonne und dem Faß
Steht Kathi mit der Ananas.
Besagtes Faß enthält statt Bier
Aqua und H2 SO4.
Und wenn (jetzt wird die Kathi blaß)
Der Schatten von der Ananas
Dann auf die Wassertonne fällt,
Dann – ist die Bowle hergestellt.[278]

Ringelnatz hatte schon zahlreiche Gedichte geschrieben und veröffentlicht, bevor er im 'Simplicissimus' auftrat. Eines seiner ersten Bänkel bei Kathi Kobus war das *Simplicissimus-Lied*, das zur Melodie *Strömt herbei, ihr Völkerscharen* vorgetragen wurde. Anlässlich des siebenjährigen Bestehens der Schwabinger Künstlerkneipe gab er am 1. Mai 1909 eine Festschrift heraus. Neben zahlreichen Gedichten auf das Künstlerkneipen-Kabarett und dessen Wirtin ist hier u.a. das besagte *Simplicissimus-Lied* zu finden:

Simplicissimus-Lied

Mitternacht ist's. Längst im Bette
Liegt der Spießer steif und tot,
Ja, dann winkt das traulich nette
Simpl-Gasglüh-Morgenrot.
Und mich zieht's mit Geisterhänden
Ob ich will, ob nicht, ich muß
Nach den bildgeschmückten Wänden
In den Simplicissimus.

Wo sich zum gemeinen Wohle
Künstler und Boheme trifft,
Wo die Kathi still zur Bowle
Mischt das tödliche Gift;
Wo mit Mandolinenklängen
Sich verwebt der Weißwurst Dampf,
Lausch ich fröhlichen Gesängen
Und dem Mords-Klaviergestampf.

Wo das Malweib uns stets heimlich
Vor- und hinterrücks skizziert,
Wirkt der Dichter rühm- und reichlich,
Tanzt man, scherzt und rezitiert.
Ist auch vollbesetzt das Zimmer,
Fremdling, stoß dich nicht daran,
Kathi Kobus findet immer
Plätze noch für zwanzig Mann.

Schwelg' ich dann bei Knödelsuppe
Hier im Simplicissimus,
Ist die ganze Welt mir schnuppe,
Bis die Polizei ruft: 'Schluß!'
Scheid' ich einst von diesem Globus
Sei mein letzter Abschiedsgruß:
'Pfüat di Gott mein' Kathi Kobus!
Heil dir Simplicissimus![279]

Zwischen Kathi Kobus und Joachim Ringelnatz bestand ein merkwürdiges Verhältnis, das man fast als eine Art Hassliebe bezeichnen konnte. So gab es immer wieder Reibereien, wie Theo Prosel berichtet: „Ringelnatz trug gelegentlich Gedichte vor, die der strengen Zensur Kathis nicht standhielten. Über die 'Turngedichte' konnte sie noch hinwegsehen. Die 'Seemannstreue' wurde jedoch unter Androhung körperlicher Züchtigung in Form einiger Ohrfeigen strikt verboten. Aber gerade diese Neuschöpfung von Ringelnatz fand den ungeteilten Beifall aller Simpl-Gäste, und schon um Kathi zu ärgern, wurde jedesmal als Zugabe die 'Seemannstreue' verlangt, jenes Poem, in dem es um eine tote Seemannsbraut geht, die bei jeder Rückkehr des Verlobten zu neuem Leben erweckt wird. Das Publikum verlangte stürmisch das Gedicht, während Ringelnatz, mit einem Schoppenglas bewaffnet, grinsend auf der Bühne stand. Kathi hielt eine feierliche Ansprache an das Publikum und betonte, dass dieses Gedicht in ihren Augen eine Schweinerei sei. Gleichzeitig machte sie Anstalten, das Podium zu stürmen. Ringelnatz entzog sich dem Zugriff durch einen beherzten Sprung aufs Klavier und schmetterte von dieser gesicherten Höhe unter lautem Beifall das Gedicht ins Publikum.

Der 'Hausdichter' Hans Bötticher alias Joachim Ringelnatz

Die geschäftstüchtige und clevere Kathi Kobus verdiente sich mit ihrem Lokal alsbald eine goldene Nase. Die Künstler hielt sie jedoch kurz, was immer wieder zu Reibereien führte. Auch Ringelnatz konnte von seinem Hungerlohn nicht leben, so dass er sich ein Zubrot verdienen musste. Er betrieb deshalb kurzzeitig und erfolglos einen Zigarettenladen in der Schellingstraße 23, nicht weit vom 'Simpl' entfernt. Neben einem Ladenschild, auf dem mit blauer Farbe der Schriftzug 'Tabakhaus zum Hausdichter' zu lesen war, erregte vor allem das Schaufenster die Aufmerksamkeit der Passanten. Denn in der Auslage, zwischen Zigarren und Zigaretten lag ein komplettes menschliches Skelett. Daneben waren seltsame Dinge zu bestaunen: ein Riesenkäfer und künstlich ausgestopfte Gebilde, die wie exotische Tiere aussahen, Bilder, Stiche und Totenköpfe aus Gips. Das Innere des Ladens war mit Bildern, Fotos, Büchern und Trophäen aus seiner Seefahrerzeit vollgestopft.[280]Doch der Laden wurde leider nicht das große Geschäft und schon bald gab es wegen Lärmbelästigung zahlreiche Beschwerden durch die Nachbarschaft. Denn nach der Simpl-Sperrstunde um drei Uhr nachts zog man nicht selten mehr oder minder lautstark zum nahegelegenen Tabakladen, um dort bis in die frühen Morgenstunden weiter zu feiern. Ende 1909 gab Ringelnatz das Geschäft schließlich auf. Da er keinen Käufer für seinen Tabakladen fand, verschenkte er kurzerhand alle vorhandenen Waren. Nachdem er sich mit seiner Wirtin 1911 endgültig zerstritten hatte, verließ er München und ging nach Riga. Hier arbeitete er zunächst als Privatbibliothekar bei Heinrich Graf von York und später bei Baron Börries von Münchhausen, um seinen Lebensunterhalt zu verdienen.

Mit der 1913 erschienenen Novellensammlung *Ein jeder lebts* gelang Ringelnatz die erste schriftstellerische Anerkennung. Mit Ausbruch des Krieges wurde er nochmals zur Marine einberufen. Danach zog es ihn 1919 wieder in das Kabarett, wo er im Berliner 'Schall und Rauch II' im Matrosenanzug auf die Bühne sprang und beim Publikum Stürme der Begeisterung entfachte. Mit seiner Kunstfigur 'Kuttel Daddeldu' hat er sich im Kabarett einen bleibenden Namen geschaffen. Da er an Tuberkulose erkrankt und zeitlebens kurzatmig war, blieb ihm eine Karriere beim Tonfilm versagt. Den großen Durchbruch erlebte der Dichter, dessen lyrische Wunderwelt in seinen Fahrten zur See wurzelt, jedoch erst in den zwanziger Jahren. Zu dieser Zeit verdiente er seinen Lebensunterhalt mit dem Vortrag seiner Gedichte als 'reisender Artist', wie er sich selbst in den Meldebögen der Hotels eintrug. In den Folgejahren trat er in allen großen Städten Deutschlands auf. Auch in Prag, Zürich und Wien war er im Kabarett zu hören. Zwischen 1910 und 1934 schrieb er fast zwanzig Romane, Bühnenstücke, Gedichtbände und Kinderbücher. Nach dem Machtantritt der Nationalsozialisten wurden seine Bücher, allen voran die *Turngedichte,* auf den Index gesetzt und öffentlich verbrannt. Ringelnatz selbst erhielt Bühnenverbot.

Kathi Kobus indessen versteht es auch in den Folgejahren, ihr Lokal zu etablieren, indem sie immer wieder neue Stars auf ihre Bühne holt. Hierzu zählen Karl Valentin und Theo Prosel, die sie als Hausdichter vertraglich bindet. Solange Wedekind einen festen Kreis mit höheren geistigen Ansprüchen und sorgfältig gewahrter Exklusivität um sich schart und die Münchner Konkurrenzlokale der 'Bunte Vogel' und die 'Boheme' nur einen kleinen Teil der Gäste von dem Gedränge in der Künstlerkneipe abziehen, blüht das Geschäft im 'Simplicissimus'. Ausschließlich hier ist nach wie vor die gesamte Literatur- und Kunstszene Münchens vertreten. An einem Tisch sitzt die Redaktion der 'Jugend'. An einem anderen Max Halbe mit seinen Freunden Carl Rößler und Julius Schaumberger. Hier sitzt der Anarchist, Kriegsgegner und Schriftsteller Erich Mühsam mit der Gräfin Reventlow sowie Franz Marc und Albert Weißgerber. Zugleich aber sind die Antipoden dieses Kreises im Lokal vertreten. Hier war die Stätte, wo zwischen Frank Wedekind und Max Halb mehrmals der Krieg ausbrach und mehrmals Friede geschlossen wurde.

Ab 1910 wird der 'Simpl' in zunehmendem Maße zum In-Lokal. Die ehemalige Boheme-Gaststätte mit ihren Stammgästen aus der Kunst- und Kulturszene wandelt sich zum Treffpunkt eleganter Snobs und illustrer Lebemänner. So zählen nun Adlige, Industrielle und neureiche Geschäftsleute zum Publikum. Die alten Stammgäste aber, denen der 'Simpl' Atmosphäre und Flair verdankte, blieben in zunehmendem Maße aus.

An dieser Stelle bleibt nachzutragen, dass im 'Simpl' niemals 'Rinnsteinlyrik' vorgetragen wurde. Hier frönte man dem Jugendstil und dem Ästhetizismus als der Weiterführung des Naturalismus. Es ist deshalb nicht verwunderlich, dass man sich dem Wiener Lied mehr verwandt fühlte, als dem herben Berliner Milieuchanson.

Ein Jahr vor dem ersten Weltkrieg verkauft die inzwischen zu Wohlstand gekommene Kathi den 'Simplicissimus' und zieht sich mit ihrem Vermögen von einer Million Goldmark zurück. Sie erwirbt eine stattliche Villa in Wolfratshausen und gibt ihr den Namen 'Kathis Ruh'.[281]

Von 1935 bis 1944 erlebte die Künstlerkneipe unter dem Simpl-Wirt, Autor und Interpreten Theo Prosel nochmals eine neue Blütezeit. „Donnernden Applaus erhält Gerd Fröbe vier Monate lang bei seiner Rezitation von Morgenstern-Gedichten. Während seines Gastspiels im 'Neuen Simpl' bekommt er sogar seine erste große Filmrolle, den 'Otto Normalverbraucher' in der 'Berliner Ballade'."[282]

Als Liesl Karlstadt und Walter Neumann endlich auf der Bühne stehen und Erich Kästner seine pointierten Gedichte vorträgt, da war die große Zeit des Künstlerkneipen-Kabaretts bereits vorbei.

10. Der Beginn des Wiener Kabaretts

Der Hauptaspekt, durch den sich das Kabarett nach französischem Vorbild vom Varieté unterschied, war die Dominanz des Wortes gegenüber Akrobatik, Musik und Tanz. Im Rahmen der sich weiterentwickelnden Kabarettlandschaft bildete sich vor allem in Wien eine eigenständige Mischform heraus, die weder zum Varieté noch zum Kabarett gezählt werden konnte. Ihre Besonderheit war der jüdische Sprachwitz, der diesen Bühnen eine eigenständige Note verlieh. Für die Conférenciers wie Paul Morgan, Kurt Robitschek und Fritz Grünbaum war diese Kunstform auch für ihre Arbeit im Berliner Kabarett bahnbrechend. Ein sichtbares Ergebnis dieses Prozesses war die rasante Aufwertung des Conférenciers. Der konferierende Komiker übernahm nun nicht mehr wie bei Marc Henry oder Ernst von Wolzogen die Überleitung von dem einen zum nächsten Programmpunkt, sondern wurde eine eigenständige Figur, die bald Hauptattraktion des Abends wurde.

'Budapester Orpheumgesellschaft'

Die ersten Anfänge einer künftigen Wiener Kabarettlandschaft zeichneten sich bereits 1889 mit der 'Budapester Orpheumgesellschaft', einer Volkssängerbühne, ab. Hierbei handelte es sich nicht um ein literarisches Kabarett, sondern um eine Sonderform des Varietés. Die Gruppe nannte sich 'Die Budapester', weil das Ensemble vorwiegend aus Budapester Mitgliedern bestand und auch das Theater, in dem sie ihre Schwänke darboten, ursprünglich in Budapest beheimatet war. Die Gesellschaft setzte sich aus Sängern und Komikern zusammen und führte von Beginn an kabarettartige Einlagen auf. Herausragendes Merkmal der 'Budapester' war die Darbietung jüdischer Jargonkomik. Dies waren unterhaltsame Lieder oder Einakter, die mit jiddisch gefärbtem Wienerisch vorgetragen wurden. Die Akteure des Hauses brachten als Figuren die kleinen Leute des jüdischen Viertels auf die Bühne. Hierfür erntete das 'Orpheum' zwar großen Publikumserfolg, aber von jüdischer Seite verständlicherweise starke Ablehnung. Häufigste Vorwürfe waren, antisemitische Vorurteile zu bestärken oder gar hervorzuheben sowie die deutsche Sprache zu verunstalten. In der äußeren Form waren die Darbietungen als Couplets und Sketche angelegt, die in der Wiener Volksstücktradition beheimatet waren und zum bürgerlichen Realismus tendierten. Dabei war, wie schon bei Johann Nestroy und Ferdinand Raimund, der 'Hanswurst' in allen möglichen Formen die beliebteste Figur. Im Laufe der Zeit nahm das Possenrepertoire zusehends an Bedeutung zu und wurde bald zum Hauptbestandteil der Auftritte, so dass die Solonummern und Couplets in den Hintergrund traten. Dabei bewegte man sich oft an der Grenze zum Zirkus. Da die Besucher an Esstischen saßen und während des Programms bestellt und serviert, also gesprochen und geklappert wurde, durfte das Geschehen auf der Bühne nicht subtil und leise sein. Es gab Darbietungen von Menschen- oder Tiergruppen, die atemberaubendes artistisches Können präsentierten. Auch Musik, Komik und viel Tamtam aus dem Varietébereich wurden geboten. Diese Palette ergänzte der Verwandlungskünstler Marc Hellier, der Gesangs-Humorist Ferdinand Semmel, der Tierstimmenimitator Charley Pauly, die fünfjährige 'Gedächtnis-künstlerin' Bertha Sandtner und Mr. Dawson mit seinen dressierten Hunden. Prägende Akteure des Ensembles waren Ferdinand Grünecker und Heinrich Eisenbach. Das Budapester Orpheum brachte zudem viele gefeierte Komiker und Kabarettisten hervor, darunter Hans Moser und Paula Walden. Dennoch handelte es sich nicht um ein literarisches Kabarett, sondern um eine Singspielhalle.

'Jung-Wiener Theater zum Lieben Augustin'

Kurze Zeit später startete der Schriftsteller und Theaterkritiker Felix Salten am 16. November 1901 zusammen mit dem früheren Bankier und Journalisten Siegfried Löwy im 'Theater an der Wien' ein literarisches Varieté mit dem Namen 'Jung-Wiener Theater zum Lieben Augustin'. Wolzogens Sommergastspiel hatte hier starken Eindruck hinterlassen und war der eigentliche Auslöser für die Aktivi-täten von Salten. Er strebte zwar Wolzogens Stil an, wollte ihn jedoch verbessern. Seine Besucher sollten Avantgarde und moderne Stimmungskunst präsentiert bekommen. Die Bühnengestaltung lag in den Händen des Sezessionskünstlers Koloman Moser, der eine reine 'Stilbühne' nur mit Vorhängen vorgesehen hatte. Trotz des Neuanfangs war die Wiener Note nicht zu verleugnen und das im Titel angesprochene Jung-Wien der Literatur kam leider nicht zum Tragen. So stand das Projekt mit hohem Anspruch von Anfang an unter keinem guten Stern und erlebte deshalb auch nur sechs Vorstellungen. Für die Musik im Programm war Hugo Felix zuständig, ein in Wien und Berlin bereits erfolgreicher Operettenkomponist. Das Eröffnungsprogramm brachte neben zwei musikalischen Darbietungen in loser Reihenfolge ernste und heitere Beiträge, denen ein mehr oder weniger wertvoller Text zugrunde lag. Literarischen Ansprüchen genügten Werke von Ludwig Uhland, Emmanuel von Bodmann, Friedrich Bodenstedt und Hugo Salus. Um diese Darbie-tungen leichter konsumierbar zu machen, wurden sie mit Musik oder Tanz begleitet. In diesem Zusammenhang wurde ein orientalisches Gedicht von Bodenstedt durch eine Tänzerin vorgetragen, die nur mit einer Quaste bekleidet war, wie der Literaturkritiker Karl Kraus verächtlich bemerkte.[283]

Den Premierenauftakt bildete ein szenisch-musikalisches Experiment: die Ballade *Des Sängers Fluch* von Ludwig Uhland für fünf Personen, mit der Musik von Robert Schumann. Dieser Programmpunkt hatte wesentlichen Anteil am Misserfolg des Abends. Dem Publikum und der Kritik missfiel der Eingriff in das

Werk und seine Dauer von mehr als einer Stunde. Im Anschluss folgten Wedekinds berühmteste Bänkellieder, zu denen das Wiener Publikum jedoch keinen Zugang fand. Der Abend wurde durch Hansi Niese gerettet, die mit ihrem Vortrag *Der Seelenwanderer* die erhoffte leichte Kost bot. Ähnlich aufbereitet war das *Soldatenlied* von Hugo Salus. Es schloss sich der *Trauermarsch auf den Tod einer Marionette* von Charles Gounod an, sowie ein Walzer von Johann Strauß. Bei den Liedern von Ignaz Brüll handelte es sich um Vertonungen von Otto Julius Bierbaum und Ludwig Jacobowski. Ganz im Sinne des Publikums war der *Altösterreichische Bauerntanz*, abermals von Hansi Niese vorgetragen. Diese Darbietung traf endlich den vertrauten und erwarteten wienerischen Geschmack und löste damit die 'Liebe Augustin'-Verheißung des Namens ein. In Anlehnung an das französische Cabaret hatte Felix Salten am Ende seines Programms *Ahasver,* ein Schattenspiel von Georges Fragerolles, inszeniert, das sich hauptsächlich durch seine dilettantische Aufführung auszeichnete.[284]

Es war für den Bänkelsänger und Lyriker Frank Wedekind eine Herausforderung, bei der Eröffnung des Jung-Wiener Theaters 'zum Lieben Augustin' mit eigenen Beiträgen zugegen zu sein und dem Wiener Kabarett positive Anregungen mit auf den Weg zu geben. Unter den gegebenen Umständen musste er jedoch mit seinem Programm Schiffbruch erleiden. Selbst seine besten Bänkellieder wie *Ilse, Brigitte B.* und *Die Sieben Heller* ernteten nur Spott. Das 'Neuigkeitsweltblatt' schrieb: „Nun kam Frank Wedekind, der zu den Klimpertönen seiner Gitarre seine Lieder in weinerlicher Weise vortrug. Er bekam prompt ein Leichenbegräbnis erster Klasse."[285] Die Kritik in der Zeitschrift 'Vaterland' war ebenso vernichtend: „Nach dieser Enttäuschung kam etwas, das der Theaterzettel als Dichtung bezeichnet. Was da von einer 'Brigitte' und einer 'Ilse' gesungen wurde, ist so gemein, dass es sich unsere Volkssänger überlegen würden, derlei vorzutragen. Die Zumutungen waren arg."[286] Einen vollständigen Zerriss brachte die 'Neue Freie Presse': „Sodann erschien Herr Frank Wedekind mit dem Vortrag eigener Dichtungen. Obwohl ihm die Natur keine Stimme gegeben hat, sang er, indem er sich auf der Gitarre begleitete. Er sang Lieder für Idioten, oder nein, sie heißen nicht so, sie sind es. Es waren Gesänge ohne Gedanken und von unreinlichem Inhalt, Bänkel für die Spelunke und einen eleganten Pöbel. Wer jemals Herrn Wolzogen scharf kritisiert hatte, der bedauerte es heute. Das war auf der Bühne ein Mann von prätentiösem Wesen, aber doch von Geist. Es war eine Kühnheit von Herrn Wedekind, das Publikum mit derlei lasziven Nichtigkeiten zu behelligen."[287] Einer der Wenigen, die bezüglich dieses Auftrittes nicht Wedekind, sondern das Wiener Publikum und dessen Geschmack kritisierten, war der Theaterkritiker Hermann Bahr. Voller Begeisterung schrieb er in einer Rezension, dass Frank Wedekind trotz des Desasters beim Wiener Publikum die interessanteste Erscheinung der ganzen deutschen Literatur sei:

Programmzettel vom 16. November 1901 mit dem Beitrag Frank Wedekinds

210

„Persönlich ist Frank Wedekind nun eigentlich noch seltsamer als in seinen Werken: anscheinend fast schüchtern im Auftreten, freundlich, recht behäbig, wozu aber das Maskenhafte der starren Miene, der kalte Blick der grausamen Augen und ein gieriger Zug um die bösen Lippen gar nicht recht stimmen will. Und nun beginnt er seine berühmten zynischen Lieder, *Brigitte B.* und *Ilse* zu singen, mit einer unendlich wehmütigen, wie reuig klagenden Stimme, dabei aber so messerscharf artikulierend, als hätte er die boshaftesten Witze zu erzählen. Ich muss gestehen: Für mich hat diese vieldeutig aus Ironie, Härte und Sehnsucht zusammengemischte Art einen solchen Reiz, dass ich ihm stundenlang zuhören könnte. Aber das Publikum schien er vielmehr zu revolutionieren; es mochte seine Persönlichkeit wohl auch spüren, aber in dem weiten Saale doch nicht stark genug, um ihr zu erliegen; es geriet sozusagen nur halb in Hypnose, was im Theater immer das Gefährlichste ist und von der lauernden Opposition denn auch prompt benützt wurde, um die Stimmung zu verderben."[288]

Aus den zitierten Kommentaren wird deutlich, dass die Wiener Presse das junge Kabarett und dessen Lieder gerne im Kontext der Wiener Volksstücktradition gesehen hätte. Während die deutschen Quellen eher den Bezug zu Montmartre-Größen wie Yvette Guilbert und Aristide Bruant herstellten, versuchte man in Wien den Spuren der Volksliedtradition zu folgen. Nicht zuletzt deshalb orientierte man sich hier nicht am französischen Chanson vom Montmartre, sondern an der eigenen Tradition, die verständlicherweise mit der Problematik Wedekinds oder Bruants nichts anzufangen wusste.

'Modernes Cabaret'

Das Kabarett zeigte sich in Wien erst lebensfähig, als es nach Pariser und Münchner Vorbild an die literarische Boheme anknüpfte. Hier waren es vor allem ehemalige Mitglieder des Münchner Künstlerbrettls, die starken Einfluss auf das entstehende Kabarett ausübten. Marya Delvard und Marc Henry waren im Anschluss an ihre Tätigkeit bei den 'Elf Scharfrichtern' in Wien ansässig geworden. Während Delvard sofort ein Varieté-Engagement im 'Apollotheater' fand, hatte es Marc Henry als Conférencier und Chansonnier schwerer, wieder Fuß zu fassen. Deshalb eröffnete er am 4. November 1905 sein 'Modernes Cabaret' in der Führichgasse 9. Hier engagierte er kurzentschlossen ein komplettes Salonorchester und verschiedene Vortragskünstler. Dennoch überlebte auch dieses Unternehmen nur knapp zwei Monate.

'Cabaret Nachtlicht'

Im Frühjahr 1906 glückte es Marc Henry mit der Unterstützung des Boheme-Kreises um Peter Altenberg, ein neues literarisches Kabarett zu gründen, das durchaus das Erbe der 'Elf Scharfrichter' antreten konnte. Es war das Kabarett 'Nachtlicht' in der Ballgasse 6. Neben der Diseuse Marya Delvard hatte Marc Henry auch Hannes Ruch aus München mitgebracht, der für die musikalische Leitung verantwortlich war. Auch Erich Mühsam zählte zu den 'alten Scharfrichter'-Stars. Allerdings war er skeptisch, ob sich das Kabarett trotz der französischen Note gegen die Zensur und den flachen Publikumsgeschmack in Wien halten könne. Neu dazugekommen waren der Walzertraum-Librettist Felix Dörmann, Fred Döblin, Heinz Lebrun, der englische Ladytyp Gertrude Barrison und der Maler Carl Hollitzer, der zweifellos zu den bemerkenswertesten Wiener Originalen zählte. Marc Henry konnte mit seiner Besetzung zufrieden sein.[289] Der gute Ruf der Münchner Kleinkunst eilte dem 'Nachtlicht' voraus. Peter Altenberg und der Literaturkritiker Karl Kraus hatten seit 1903 fleißig die Werbetrommel gerührt und waren nun auch häufig zu Gast in dem neuen Insider-Lokal.

Die Eröffnungspremiere wurde mit deutlichem Bezug auf den werbeträchtigen Ruf der 'Elf Scharfrichter' angekündigt: „Heute um 10 Uhr abends beginnt im Saale von Bradys Wintergarten die erste Vorstellung des Cabarets 'Nachtlicht'. Außer den Hauptkräften der 'Elf Scharfrichter' treten neue Wiener Kräfte auf. Am ersten Abend werden mitwirken: M. Henry, Marya Delvard, Felix Dörmann, Ludwig Scharf, Egon Friedell, Fritz Guidam, Hannes Ruch, Ingrid Loris, Margarete Arndt und Fred Dolbin."[290]

Etwas Neues auf der Wiener Bühne waren auch die großformatigen und reich bebilderten Programmhefte. Rasch war ein Mythos geschaffen, der auch Jahre später noch nachwirkte. Dabei war der Stil des Hauses durch den sprachlichen Akzent von Marc Henry und die französischen Chansons von Marya Delvard stark vom Montmartre geprägt. Dem Geschmack der 'Scharfrichter' entsprechend kam viel Makabres und Erotisches zu Gehör. Diese Darbietungen waren jedoch zwischenzeitlich Standardrepertoire vieler Kabaretts geworden, so dass der Reiz des Neuen nicht mehr vorhanden war. Wichtige Attraktionen blieben die Lesungen bekannter Autoren. Der Tanz spielte keine Rolle.

Selbst Karl Kraus, einer der gefürchtetsten Rezensenten und Herausgeber der Zeitschrift 'Die Fackel', verkehrte lange Zeit als Stammgast im 'Nachtlicht' und führte sogar bei einem Einakter Regie. Dennoch war er gelegentlich von dem unverhohlenen Selbstlob Marya Delvards unangenehm berührt. So kam es dazu, dass er eines Tages seinem Ärger Luft machte und eine Glosse über sie in der 'Fackel' veröffentlichte. Diese Beleidigung konnte die Künstlerin nicht einfach hinnehmen. „Die Gelegenheit zur Revanche ergibt sich in der Nacht des 29. April im Wiener 'Casino de Paris'. Karl Kraus unterhält sich gemütlich mit Egon Friedell und Erich Mühsam. Peter Altenberg lümmelt weinselig am Nebentisch. Er ist im Augenblick nicht gut auf Kraus zu sprechen. Die anwesende Kabarettgesellschaft merkt es an den Worten, die gewechselt werden. Marc Henry mischt sich geifernd ein, nennt Kraus einen 'Schweinehund' und einen 'gemeinen Juden'. Die Dame Delvard pflichtet ihm bei: 'ein Idiot, ein alberner Affe'. Erich Mühsam versucht sich als Friedensstifter und veranlasst Karl Kraus schließlich, mit ihm das Casino zu verlassen. Aber Kraus wird von den Kellnern noch einmal zurückgerufen: Ein ungarischer 'Fackel'-Verehrer wolle ihn sprechen. Der Kavalier Marc Henry reibt sich die Hände: 'Jetzt hab' ich den Kerl', ruft er hasserfüllt, stürzt sich unter wüsten Beschimpfungen auf den überraschten Kraus und traktiert ihn mit Faustschlägen, unterstützt von der gekränkten Wedekind-Interpretin, die ihm als Draufgabe einen Fußtritt versetzt. Sie möchte ihren Beleidiger am liebsten 'ganz hin' sehen, ganz Wien würde ihr danken, von dieser Pest befreit zu sein, schreit sie hysterisch. Mühsam will abermals eingreifen und dem halb bewusstlos geschlagenen Kraus helfen, aber das bringt ihm nur einen verstauchten Finger, einen zerbrochenen Kneifer und einen zerfetzten Engagementsvertrag. Beiseite geschoben liegt er am Boden, während Peter Altenberg seufzend zwischen den verwaisten Tischen herumirrt und mit den Worten 'ich bin verzweifelt' die Gläser von Freund und Feind leert. Karl Kraus erstattet Anzeige wegen Körperverletzung. Erich Mühsam, Egon Friedell und Roda Roda werden bei der Verhandlung vor dem Bezirksgericht der Josefstadt als Zeugen vernommen. Aufgrund ihrer übereinstimmenden Aussage wird Marc Henry zu einer Arreststrafe von einem Monat und seine Freundin zu einer Geldstrafe von 300 Kronen verurteilt. Als Frank Wedekind von der beschämenden Affäre erfährt, schreibt er an Karl Kraus einen anteilnehmenden Brief.

Marc Henry und Marya Delvard

In diesem Brief bittet Wedekind Karl Kraus, er möge dem Wiener Publikum mitteilen, „dass er die im 'Nachtlicht' vorgetragenen Verse nie geschrieben hätte, wenn er gewusst hätte, dass sie aus dem Munde solch niederträchtiger Menschen vorgetragen würden."[291] Für die internationale Presse war diese handgreiflich ausgetragene Kontroverse mit gerichtlichem Nachspiel ein gefundenes Fressen. Endlich hatte man einen Anhaltspunkt, um sich in zahlreichen Artikeln über die seltsamen Gepflogenheiten der Kabarettschaffenden auszulassen.

Nicht nur die Kritik, sondern auch die Zensur machte dem aufstrebenden Wiener Kabarett das Leben schwer. Hans Reimann berichtet in seinen Erinnerungen von diesen Problemen: „Ich hielt mich zu dieser Zeit in Wien auf. Engagiert war ich im 'Nachtlicht', einem Kabarett mit Tradition. Ein Hauch der 'Elf Scharfrichter' hing noch symbolisch in der Luft, dafür sorgten Marc Henry, Marya Delvard und Oskar Kokoschka, der einstige Schnellzeichner aus München. Beschäftigt waren außer mir: Béla Laszky am Flügel und Annemarie Hegner. Jeder Künstler musste seine Texte bei der Zensurbehörde einreichen, bevor er die Genehmigung für den Auftritt erhielt. Bei meinem Eintreffen wurde ich sogleich von zwei merkwürdigen Gestalten an den Tisch gebeten und um die Aushändigung meines Repertoires ersucht. Die Angabe, dass ich meine Arbeit auswendig vortragen würde, beeindruckte die Herren wenig. Sie nannten mir die Adresse eines Büros für Schreibmaschinendiktate und erklärten, mich nachmittags gegen vier Uhr am gleichen Tisch zu erwarten. Meine Texte, die ich in fünffacher Ausfertigung zu überreichen hätte, würden binnen einer Stunde genehmigt oder abgelehnt. Einer von ihnen sei dann abends zur Stelle, um mich zu kontrollieren. Der hinzugetretene Robitschek bürgte für mich und versicherte mit erhobener Stimme, dass ich ein sehr bekannter Künstler sei und es für Wien geradezu eine Sensation sei, wenn ich hier auftreten würde. Dann kam der Direktor des 'Saftladens' und fragte, ob den Herren ein Paprikagulasch genehm sei."[292]

Namen wie Roda Roda, der beste Geschichtenerzähler des alten Österreich und Carl Hollitzer, Maler, Zeichner und raumfüllendes Original, sowie der Kopf der Wiener Boheme Peter Altenberg bestimmten allabendlich den Charakter des Programms. Trotzdem wurde auch dieses Unternehmen nicht älter als zwei Jahre, da man sich mit den künstlerisch hochwertigen Beiträgen zu weit von den Erwartungen des Wiener Durchschnittspublikums entfernt hatte.

'Die Fledermaus'

Das Kabarett 'Fledermaus' wurde auf Initiative des Wiener Mäzens Fritz Wärndorfer, der zugleich Gründungsmitglied der 'Wiener-Werkstätten' war, ins Leben gerufen. Während die Kunstschaffenden des Hauses mit der Planung eines Gesamtkunstwerks begannen, legte man das, was auf der neuen Bühne gespielt werden sollte, in die Hände des insgeheim dem 'Nachtlicht' abgeworbenen Marc Henry. Dieser erfahrene Conférencier sah hier seine große Chance und informierte sofort potentielle Partner wie Otto Julius Bierbaum. Der sogleich entworfene Briefkopf des Hauses trug den Vermerk 'Künstlerische Leitung Marc Henry'. Kurzentschlossen schrieb er an Bierbaum: „Ich habe mich entschieden, für die kommende Saison unser Wiener Lokal in der Ballgasse zu verlassen. Mit mir gehen gleichzeitig sämtliche ständigen Hauptkräfte des Cabarets Nachtlicht, Hannes Ruch, Marya Delvard, Carl Hollitzer, Miss Gertrude, Heinz Lebrun, sowie die geistigen Mitarbeiter und bedeutenden Gäste aus dem Milieu der früheren Elf Scharfrichter."[293]Damit war die Gründung der 'Fledermaus', die am 19. Oktober 1907 Premiere hatte, besiegelt.

Besondere Bedeutung erlangte das Haus durch die enge Zusammenarbeit mit namhaften Künstlern der Wiener Jugendstilbewegung. Die Innenausstattung wurde von Josef Hoffmann geplant, die Ausführung erfolgte durch die 'Wiener Werkstätten', die in Eigenauftrag handelten. Neben Hoffmann waren bekannte Künstler an der Ausgestaltung beteiligt. Zu ihnen zählten Gustav Klimt, Oskar Kokoschka, Anton Kling, Koloman Moser, Eduard Wimmer, Carl Leopold Hollitzer und Emil Orlik. Mit sicherer Hand gestalteten sie die Innen- und Bühnendekoration und waren für die Programme und Plakate verantwortlich. Alles atmete Geschmack, heitere Kultur, moderne Form, kurz: Wiener Sezession. Das Haus fühlte sich einem ästhetischen Programm verpflichtet, das alle Sinne ansprechen sollte. Dieses Bestreben ging so weit, dass sogar die Bestuhlung und das Geschirr unter den Gesichtspunkten eines Gesamtkunstwerks ausgewählt wurde. Da zahlreiche Persönlichkeiten aus dem Bereich der bildenden Künste bei der Konzeption des Hauses mitwirkten, wurde den Programmheften, Plakaten und Schrifttafeln ein hoher Stellenwert beigemessen. Wenige Tage vor der Eröffnung der Bühne wurde die programmatische Eröffnungsschrift als Vorankündigung an alle geladenen Gäste verschickt. Farblich abgestimmt schuf man mit Goldprägung ein Heft in schlichter Eleganz, das in Materialwahl, formaler Gestaltung und handwerklicher Ausführung trotz der großen Auflage von 1.200 Stück den hohen Ansprüchen der 'Wiener Werkstätten' entsprach. Hier legte man detailliert auf 16 Seiten die hochgesteckten Ziele und die Beweggründe zur Eröffnung des Kabaretts dar. Es sollen hier nur die wichtigsten Aspekte genannt werden:

„Das Theater und Kabarett 'Die Fledermaus' will sich in keiner Weise mit bestehenden Unternehmungen vergleichen. Wir wollen mit unserem Kabarett eine Stätte schaffen, die wirkliche Unterhaltungskultur bietet. Voraussetzung dazu ist eine einheitliche und organische Verflechtung aller künstlerischen und ästhetischen Bereiche. Hierzu müssen alle Sinne gleichzeitig angesprochen werden und Befriedigung finden. Dabei bleibt keine der Künste ausgeschlossen, um ihren Teil zu der beabsichtigten Gesamtwirkung beizutragen. Durch eine glückliche Lösung besteht zwischen Bühne und Zuschauerraum eine optimale Entfernung, so dass der Zuhörer das Gefühl hat, die Bühne sei das wirkliche Leben. Bewusst verzichten wir beim Bühnenbild auf jede naturalistische Täuschungsabsicht. Wir wollen nicht die Wirklichkeit nachahmen, sondern Stimmungen erzeugen. Dabei soll das Auge mit dem bunten, leuchtenden Spiel von Farben und Lichtern verwöhnt werden [...]. Unsere Darsteller sind keine Sänger und Schauspieler von Beruf: nur die Persönlichkeit, nicht die Routine wollen wir gelten lassen. So weit die Poesie als gesprochenes Wort im Vordergrund steht oder mit Musik und Tanz verbunden ist, muss sich die Sprachkunst mit den anderen Darstellungsformen zu einem einheitlichen Ganzen vermischen. Dabei wollen wir keine Problemdichtung pflegen, sondern eine natürliche und lebensnahe Poesie. Sie soll den Hörer nicht belasten, sondern ihn in die ernsten und heiteren Tiefen der Welt führen [...].

Plakatentwurf der 'Fledermaus' von Josef Divéky aus dem Jahr 1907

Statt eines Saales, der durch gefälschten Prunk abstößt oder durch ärmliche Karg-
heit langweilt, wollen wir einen Theaterraum schaffen, der durch die Verwendung
echten Materials und das harmonische Zusammenwirken von Form und Farbe
einen behaglichen Eindruck erzeugt und die Phantasie anregt. Wir haben Wert
darauf gelegt, alle Details im Sinne einer organischen Kunstübung zu gestalten.
Selbst die Inneneinrichtung mit den Beleuchtungskörpern, dem Tischgedeck und
den Gebrauchsgegenständen entspricht einem einheitlichen Grundgedanken. Durch
das Zusammenwirken all dieser Elemente hoffen wir das geschaffen zu haben, was
eingangs erwähnt wurde: eine Stätte, die der Kultur der Unterhaltung dient."[294]

Bereits dieser programmatische Text zeigt, dass hier primär die Mitarbeiter der
'Wiener Werkstätten', also bildende Künstler, ihre Vorstellungen verwirklichen
wollten. Das literarische Konzept folgte erst an zweiter Stelle. Ein Kolumnist der
Wiener Allgemeinen Zeitung bezeichnete deshalb die 'Fledermaus' als ein Phäno-
men aus Luxus, Styling, bester Küche und darstellender Kunst.[295] Damit hatten die
Wiener Werkstätten mit ihrer Unternehmensphilosophie ein avantgardistisches
Kabarett geschaffen, das zwar ihrer propagierten Vision entsprach, jedoch die
Urwüchsigkeit und Natürlichkeit des Pariser Cabarets vermissen ließ.

Die in der Theatersammlung der Österreichischen Nationalbibliothek erhaltenen
Programmzettel geben Auskunft über die literarischen Mitarbeiter. Es sind: Peter
Altenberg, Hermann Bahr, Franz Blei, Richard Dehmel, Hans Heinz Ewers, Gustav
Falke, Leo Greiner, Hans Hyan, Detlev von Liliencron, Roda Roda und Ludwig
Scharf. Bereits aus der Personalverflechtung von zahlreichen ehemaligen 'Scharf-
richtern' mit 'Überbrettl'-Mitarbeitern wie Hanns Heinz Ewers oder dem Berliner
Rinnstein-Autor und Bänkelsänger Hans Hyan wird deutlich, dass es sich nicht um
ein eigentliches Wiener Kabarett handelte, sondern um einen Ableger aus München
und Berlin, der hier den Bedürfnissen angepasst wurde.[296]

Zur Eröffnung der 'Fledermaus' sprach die Schauspielerin Lina Vetter einen
Prolog von Peter Altenberg. Auch Marya Delvard sorgte mit ihren Darbietungen
für einen Erfolg des Ensembles. Roda Roda las seine lyrischen Beiträge und Carl
Hollitzer sang mit mächtigem Bass seine Landsknechtslieder. Eine stattliche Reihe
von Szenen und Kurzdramen ist aus der Verbindung dieser Feuilletonisten hervorgegangen. Am populärsten ist die Satire *Goethe*. Hier erscheint der Dichter einem
Schüler als Geist. Während der Prüfungskandidat vor seinem Examen in Ängsten
schwebt, beschließt der Dichter für ihn ins Examen zu gehen. Dabei amüsiert er
sich über den übertriebenen Goethekult der Philologen und Schulräte. Die Wiener
Kritiker urteilten sehr wohlwollend, während die ausländische Presse die Taktik
des Totschweigens bevorzugte. Dennoch wurde das Stück mehr als dreihundertmal
gespielt und blieb lange eine der erfolgreichsten Szenen in Wien.[297]

Um alle Sinne anzusprechen, scheute man bei den Eröffnungsfeierlichkeiten keine Kosten und engagierte sogar einen Koch aus Paris. Das kulinarische Angebot wurde zusätzlich durch eine American Bar, eine Novität in Wien, erweitert. Die strenge Sitzordnung eines Theaters war durch eine lockere Bestuhlung aufgehoben. Während der Veranstaltung hatte man so die Möglichkeit, dem Geschehen auf der Bühne zu folgen und gleichzeitig zu soupieren. Hier traf sich nachts alles, was in Wien Rang und Namen hatte: bekannte Künstler, Aristokraten, Damen der Lebewelt mit ihren Kavalieren, Schauspieler, Wissenschaftler und Millionäre.

Wie die meisten Etablissements in Wien hatte auch dieses Kabarett ein eigenes Hausorchester, das die Darbietungen begleitete. Konrad Scherber, der neben Hannes Ruch das Orchester leitete, dirigierte in Alt-Wiener Tradition mit der Geige in der Hand. Eine Besonderheit für die Wiener Kabarettszene war allerdings die Unterbringung der Musiker in einem winzigen Orchestergraben unterhalb der Bühne, der gerade so groß war, dass ein Harmonium, ein Klavier und ein Salonorchester Platz fanden. Der Schall wurde durch einen schmalen Schlitz nach oben geleitet.

Ein Schwerpunkt der 'Fledermaus' blieb bis zuletzt die musikalische und szenische Umsetzung literarischer Werke. Leider wurde dadurch vieles verfälscht und verwässert, so dass der ursprüngliche Ansatz mancher Darbietungen verloren ging. Dessen ungeachtet vertonte Hannes Ruch das Gedicht *Lebensläufe* von Gustav Falke. Lina Vetter deklamierte im Februar 1908 einen Text von Peter Altenberg mit dem Titel *Nächtliche Szenen*. Konrad Scherber komponierte dazu eine *Vision* in Es-Dur für Oboe, zwei Violinen, Flöte, Harmonium und Bass. Die Presse berichtete: „Der Eindruck, den Lina Vetter zu den Tönen der Oboe und dem blauem Mondschein vermittelte, war großartig."[298] Lediglich Karl Kraus blieb in seiner Beurteilung von Beginn an kritisch und erlaubte sich in seiner Zeitschrift 'Die Fackel' seine pointierten Scherze, wenn es um die künstlerische Einheit in der 'Fledermaus' ging.

Marya Delvard war mit ihrem Vortragsstil auch in Wien das Zugpferd geblieben. Ihr Repertoire enthielt erstaunlich wenig klassische französische Kabarett-Texte. Stattdessen sang sie Pseudo-Naives, Ironisches, Frivoles und Tragisches. Nach wie vor gehörten Wedekinds Lieder zu ihrem Lieblingsrepertoire. Allerdings zeigte sich die große Diseuse hier nicht in ihrer naturalistisch-dekadenten Aufmachung mit schlichtem schwarzem Gewand und violetter Beleuchtung wie in München, sondern in einem angepassten verspielten Kostüm. Hierzu gehörte auch, dass sie beim Vortrag keltischer Lieder eine niedliche bretonische Tracht trug, ein Arrangement, das man sich bei einem Bühnenvamp wie Marya Delvard eigentlich nicht vorstellen kann.

Doppelgesichtig, wenn auch in Wien mehr auf der harmlosen Seite, trat Käthe Hyan aus Berlin im Neo-Biedermeierkleid auf und sang mit Gitarrenbekleidung traditionelle deutsche Volkslieder. Der Schwerpunkt mit deutschsprachiger Lyrik ging Hand in Hand mit einer gesuchten Lieblichkeit oder liebenswürdigen Volkstümlichkeit, die der Wiener Note eben gerade recht war.

Erich Mühsam, der als Kabarettist häufig in Wien gastierte, äußerte sich stets sehr zurückhaltend über das Wiener Kabarett. Bezüglich einer Auftragsarbeit mit einer recht gut dotierten Gage notierte er: „Ich sollte für ‘Die Fledermaus’ ein Chanson schreiben, zu dem man mir ein albernes Thema vorgegeben hatte. Vermutlich war es sogar geeignet, beim Wiener Kabarett-Publikum die erwünschte Wirkung zu erzielen. Nur mit Mühe werden mich die 150 Mark, die man mir als Gage angeboten hatte, zu dem nötigen Tiefstand des Geistes und Gemütes bewegen, um diesen oberflächlichen Kitsch zu produzieren."[299]

Bei aller Brillanz der äußeren Form und inhaltlichen Darbietung war der ‘Fledermaus’ dennoch nur eine kurze Lebenszeit beschieden. Im Oktober 1908 schied Marc Henry aus. Marya Delvard ging auf Gastspielreisen, die sie in späteren Jahren von Budapest und Zürich bis Skandinavien führten. Noch einmal sang sie 1937 deutsche und französische Chansons im Rahmen der Pariser Weltausstellung.

Mit dem Impetus der Wiener Kunstbewegung der Jahrhundertwende, der Zeitstimmung des Fin-de-siècle verblasste der Glanz der ‘Fledermaus’. Nachdem die beiden Zugpferde aus diesem Kabarett ausgeschieden waren, bedeutete dies das Ende. Dennoch war ‘Die Fledermaus’ die einzige Bühne, die von allen Wiener Kabaretts jemals das Prädikat ‘literarisch’ verdiente.[300]

11. Rückblick und Ausblick

In der Zwischenzeit ist das Kabarett mehr als einhundert Jahre alt geworden und aus dem französischen Cabaret ist ein internationales Kabarett geworden. Warum diese Form der darstellenden Künste ihren Siegeszug ausgerechnet vom Montmartre über München, Berlin und Wien genommen hat, versuchte die vorliegende Publikation deutlich zu machen. Maßgeblich beteiligt an dieser Entwicklung waren vor allem Frank Wedekind und die Schwabinger Boheme mit den Mitgliedern der 'Elf Scharfrichter'. Erst durch das Engagement dieses Künstlerkreises konnte sich auch außerhalb von Deutschland diese Form der Kleinkunstbühne etablieren. Dennoch blieb die Hochburg des literarischen Kabaretts stets München.

Wie wir gesehen haben, hatte es sich das 'literarische Kabarett' zum Ziel gesetzt, Gedichte, Balladen, Moritaten, Lieder, Tänze, Couplets und Prosatexte in witziger, sinnlicher oder auch scharf pointierter Form auf die Bühne zu bringen.

Im Gegensatz hierzu hatte das 'politische Kabarett' Humoresken, Parodien, Satiren und Sketche zum Inhalt, die vor allem im Berlin der 20er Jahre sehr gefragt waren. Weitere Übergangsformen, die sich hieraus entwickelten, waren das Boulevardtheater, das Varieté, das Unterhaltungsetablissement und die spätere Revue.

Sowohl beim literarischen als auch beim politischen Kabarett war eine Abfolge von einzelnen unabhängigen Darbietungen möglich, deren Programm allabendlich spontan zusammengestellt und variiert wurde. Umgekehrt war es aber auch möglich, dass das Geschehen auf der Bühne minutiös wie bei einem Theaterstück inszeniert wurde, um mit identischen, dramaturgischen und choreographischen Mitteln den gleichen Beitrag beliebig oft in Szene zu setzen. Ersteres beruft sich auf Improvisation und definiert seine Gäste als aktive Teilnehmer; letzteres verzichtet völlig auf Spontaneität und will seinem Publikum eine zuvor festgelegte Botschaft vermitteln.

Darüber hinaus war das Genre der Kabarettpoesie auch geographisch bestimmt. Während bei den 'Elf Scharfrichtern' in München das französische Cabaret und das naturalistische Chanson besonders gepflegt wurden, entwickelte sich in Berlin auf dem Nährboden des literarischen Naturalismus und Expressionismus die Dialektdichtung mit zahlreichen Dirnen- und Rinnstein-Liedern. Diese Dichtung blieb jedoch auf Berlin beschränkt und konnte sich auch in Wien nicht durchsetzen.

Bezüglich der Thematik setzt man in den einzelnen Hochburgen der Kabarettlandschaft unterschiedliche Akzente. Während man in Berlin mehr Gewicht auf das

Milieu und die soziale Frage legt, liebt man in Wien den Reiz der alten Volkslieder und der Posse. Dies ist verständlich, zumal hier die großen Vorbilder der Volksstücktradition Johann Nepomuk Nestroy und Ferdinand Raimund gewirkt hatten. Lediglich in München interessiert man sich für ein breiteres Spektrum. Frank Wedekind konzentriert sich im Zusammenhang mit der 'Lex Heinze' nicht nur auf den erotischen Tabubruch und den damit verbundenen Entwurf einer neuen gesellschaftlichen Sexualmoral, sondern prangert zeitgleich auch massiv soziale Fragen an.

Dass Wedekind als Lyriker provoziert, hat sicher in den Themen, die er anspricht, seine Ursache. Die Bekenntnisse des skrupellosen *Tantenmörders* oder der liebeshungrigen *Ilse* legen ebenso davon Zeugnis ab, wie das apodiktische Plädoyer für eine uneingeschränkte und vom Schamgefühl befreite Sexualität in seinem Gedicht *Konfession.* Auch Wedekinds lyrische Attacken gegen die Behinderung seines Werkes durch Zensur und Presse sind in diesem Zusammenhang zu verstehen. Doch sind es nicht alleine die kunstfernen Inhalte, denen Wedekinds Bänkellieder ihre Besonderheit verdanken. Ihre provokante, irritierende und oft tief verstörende Wirkung bezieht sie aus ihrer Form: nämlich aus der Verweigerung des 'rein Lyrischen' und dem Verzicht, die subjektive Gefühlswelt zur Sprache zu bringen. Hier hat die eigentümliche, kafkaeske Irritationskraft der Wedekind'schen Balladen ihre wesentliche Ursache.

Eine Differenzierung seiner Bänkellieder nach 'erotischen Liedern' und den etwas derberen 'Dirnenliedern' war nicht vorgesehen, da die Übergänge weitgehend fließend sind. Dennoch unterscheiden sich *Ilse, Brigitte B., Die sieben Heller, Franziskas Abendlied* und *Galathea* wesentlich von den Beiträgen *Der Taler, Das arme Mädchen* und *Die Keuschheit,* die in unverblümter Sachlichkeit die Befreiung der bürgerlichen Sexualmoral zum Thema haben.

Dass sich Wedekind intensiv mit sozialkritischen und politischen Fragen auseinandersetzt, belegen seine zahlreichen Beiträge im 'Simplicissimus'. Seine Kriegsgedichte bleiben jedoch ausnahmslos unveröffentlicht. Dies bestätigt den Eindruck, der Autor habe sich in dieser Zeit mit öffentlichen Verlautbarungen aus taktischen Gründen zurückgehalten. Es beweist aber auch, wie skeptisch Wedekind spätestens 1915 der Politik des Deutschen Reiches gegenüberstand. Aus welchen Gründen auch immer kommt von seinen sozialkritischen Texten nur eine begrenzte Anzahl bei den 'Elf Scharfrichtern' zu Gehör. Besonderen Anklang findet: *Der Tantenmörder, Der Zoologe von Berlin* und *Der blinde Knabe.*

Zeitgleich prangern im Münchner Künstlerkneipen-Kabarett 'Simplicissimus' Ludwig Scharf und Erich Mühsam die gesellschaftlichen und sozialen Missstände an, wie die Beiträge in der Künstlerkneipe von Kathi Kobus zeigen. Innerhalb des

Genres der Kabarettvorträge und Bänkellieder zeigen sich im literarischen Kontext unterschiedliche Ausprägungen:

Im französischen Sprachraum finden wir die naturalistische Milieuschilderung mit klassischen 'Dirnenliedern' ausschließlich bei Aristide Bruant. Als erfolgreiche Diseuse agiert bei ihm stets Yvette Guilbert. Bei diesen Chansons steht nicht die Prostitution im Brennpunkt der Erzählung, vielmehr ist sie allgegenwärtige Kulisse des brutalen und grausamen Zuhältermilieus, das uns hier präsentiert wird. Aristide Bruants Lieder sind deshalb in ihrer Aussage wesentlich unmoralischer als die von Frank Wedekind oder Paul Henckell. Seine Figuren berichten ohne jegliche Anteilnahme und zeigen auch keinerlei Mitgefühl, wenn die braven Bürger nachts erstochen oder erdrosselt werden. Das bürgerliche Ordnungssystem, durch das die Verbrecher verfolgt und hingerichtet werden, lässt Bruant nicht als Gegner erscheinen, sondern als Sprecher der Justiz, die willkürlich zuschlägt und einer ebenso absurden wie unverständlichen Moral verpflichtet ist.

In München wird das naturalistische Chanson Frankreichs im Wesentlichen fortgesetzt, aber durch neue Themen und neue Sichtweisen ergänzt. Bei den 'erotischen Liedern', dessen Hauptvertreter Frank Wedekind ist, tritt die soziale Anklage hinter der Proklamation einer neuen Sexual- und Liebesmoral zurück. Diesbezüglich verkündet Wedekinds *Ilse* ein neues weibliches Selbstvertrauen und Selbstempfinden, das zu dieser Zeit fast noch utopisch ist. Damit gesteht er seinen Liebesdienerinnen die Lust am sexuellen Akt zu, die der normalen Frau im 19. Jahrhundert versagt blieb. In diesem Sinne fungieren seine weiblichen Figuren als Verkünderinnen einer neuen Moral, in der die Liebe nicht mehr unter naturalistischen Zwängen erfolgt, sondern der Selbstbefreiung dient. Dieser Ton, den Wedekind im deutschsprachigen Raum erstmals praktiziert, wird später von seinem großen Verehrer Bertolt Brecht übernommen und weitergeführt.

Eine besondere Variante 'naturalistischer Milieuschilderungen' finden wir in Berlin im Bereich der 'Rinnsteinkunst'. Gemeinsam mit dem naturalistischen Gedankengut bleibt das solidarische Mitleid mit den Randexistenzen der Gesellschaft. Die Vertreter dieser Gattung versuchen jedoch nicht mehr das Milieu nachzuahmen, sondern zu dokumentieren. Die Milieulieder, die wir im literarischen Kabarett der 20er Jahre vorfinden, zeigen als wesentliches Charakteristikum das Lokalkolorit und die Dialektsprache, in der sie geschrieben und gesungen werden.

Mitte der 20er Jahre gehen die Milieu- und Dirnenlieder des literarischen Kabaretts zu Ende. Die Ursache liegt wohl darin, dass dieses Genre in den zurückliegenden Jahren überstrapaziert wurde. Nicht nur die Presse, auch die Autoren fangen an, sich von der Thematik abzuwenden. Allen voran Tucholsky, der entgegen seinem bisherigen Stil erklärt, dass es künftig auch ohne Schlüpfrigkeit gehen müsse. Darüber hinaus spielt auch die Uniformierung der Weiblichkeit durch den aufkommenden amerikanischen Revuekult eine entscheidende Rolle. Durch den Fall der Zensur nach dem Ersten Weltkrieg und die aufkommende freiere Sexualmoral fallen die letzten moralischen Schranken, so dass sich die 'Dirnenlieder' mit ihrer ursprünglich sozialen Anklage erübrigen.

Bevor das 'Dirnenlied' jedoch endgültig von der Bildfläche des Kabaretts verschwindet, erlebt es nochmals ein Comeback auf der Filmleinwand. Bezeichnend hierfür ist ein Lied, das Marlene Dietrich in dem Film *Der Blaue Engel* singt. Mit ihrem Hit *Ich bin von Kopf bis Fuß auf Liebe eingestellt* wird sie über Nacht weltberühmt. Der Text, der von Friedrich Hollaender erfolgreich vertont wird, stammt dieses Mal nicht von einem Bänkelsänger, sondern aus der Feder von Heinrich Mann, der mit seinem Roman *Professor Unrat* gewissermaßen das Drehbuch für den Film geschrieben hat. Wenn man möchte, könnte man dieses Lied im Kontext der Entwicklung dieses Genres als Retrospektive auf die goldenen Jahre des deutschsprachigen Kabaretts verstehen.

Ein weiterer Faktor, der zur Wandlung des Kabaretts führt, ist die geänderte Rolle des Conférenciers und Komikers, der zu Beginn der 20er Jahre eine neue Funktion übernimmt und immer mehr in den Vordergrund tritt. Fiel dem Conférencier früher noch die Rolle zu, die Überleitungen zwischen den einzelnen Nummern elegant und witzig zu gestalten, so wird er nun zur Hauptattraktion des Abends. Der Erfolg der Kabarettbühne hängt nun nicht mehr von den einzelnen Vortragenden, sondern ausschließlich vom Conférencier ab. Damit treten die vortragenden Bänkelsänger und Diseusen in den Hintergrund des Geschehens. Gleichzeitig wird dem Kabarett aber seine literarische Basis entzogen.

Auch wenn es oftmals harte Jahre für so eine junge Kunstform wie das Kabarett waren, hat es sich doch unter den verschiedensten politischen Verhältnissen immer wieder durchgesetzt und bot neben zeitgemäßer Lyrik stets die Möglichkeit der Kritik an Staat und Gesellschaft. Damit ist das Kabarett bis heute ein Indikator geblieben, an dem man die persönliche Freiheit eines Staates ablesen kann.

Selbst unter dem Nationalsozialismus ist das Kabarett von 1933 bis 1945 nicht mundtot zu machen. Dazu tragen Joachim Ringelnatz, Weiß Ferdl, Karl Valentin, Liesl Karlstadt, Lale Andersen und viele andere bei. Dennoch haben gerade diese Kabarettisten als Erste die Verbrennung ihrer Bücher erleben müssen oder mussten sogar ihren Mut im Konzentrationslager mit dem Leben bezahlen. Ein trauriges Beispiel von vielen ist Erich Mühsam, der bereits am 10. Juli 1934 im KZ Oranienburg hingerichtet wurde.

Auch nach dem Krieg finden sich die Satiriker schnell wieder zusammen und spotten nun mit Galgenhumor über 'Trizonesien', das Westberliner Dreizonenland. Aufräumarbeiten, Leben unter den Besatzungsmächten und die satirische Verarbeitung der jüngsten Vergangenheit waren gefundene Themen, die jedermann interessierten. Bahnbrechend waren in den Jahren 1945 bis 1955 Wolfgang Neuss, Helen Vita, Hubert von Meyerink und Friedrich Hollaender.

Der aufstrebende Wohlstand der Nachkriegszeit beschert in den folgenden Jahren eine eigene Stilrichtung des Kabaretts, das sich nun gerne mit dem neuen Wirtschaftswunderland beschäftigt. Allen voran Dieter Hildebrand, Lore Lorentz, Klaus Havenstein und Ursula Noack. In den unruhigen 60er Jahren taten sich dann Wolfgang Neuss, Hanns Dieter Hüsch und Wolf Biermann hervor.

Selbst in den radikalen 70er Jahren gibt es immer wieder Material für die politische Satire. Der Kalte Krieg, die APO-Zeit, die Kohl-Ära und die Desorientiertheit in der heutigen Zeit boten und bieten noch genügend Stoff für böse Worte und Witz.

Auch 'Veteranen der Neuzeit', wie 'Die Stachelschweine', 'Die Herkuleskeule', 'Die Münchner Lach- und Schießgesellschaft', 'Die Leipziger Pfeffermühle', Bruno Jonas und Django Asül – um nur einige namentlich zu nennen – schärfen noch heute ihre Zunge für alltägliche Spitzfindigkeiten.

Aus literarischer Sicht hat sich das Kabarett heute zu einem eigenständigen Genre der darstellenden Kunst entwickelt. Auch wenn es nicht direkt zur Literatur gezählt werden möchte, ist es kein Theater zweiter Klasse, sondern ein Abbild seiner Zeit und seiner Akteure. Als Teil der Unterhaltungskultur ist es längst gesellschaftsfähig geworden und kann auf eine eigene Tradition zurückblicken, auch wenn es im Wandel der Epochen immer wieder andere Gestalt angenommen hat, wie wir gesehen haben.

Dass sich das Kabarett auf einer einheitlichen Basis entwickeln konnte, ist der Verdienst von Frank Wedekind und seiner literarischen Mitstreiter. Damit ist er nicht nur zum Bahnbrecher der modernen deutschen Literatur, sondern zugleich zum Wegbereiter des deutschsprachigen Kabaretts geworden. Noch heute beeindrucken seine Lieder durch ihre Kunstfertigkeit, mit der er uns seine 'Nachrichten' übermittelt. Es ist die Vielfalt der aus unterschiedlichen Traditionen geschöpften ästhetischen Mittel, die er in verblüffender Konstellation immer wieder zusammenfügt und damit seinen Liedern Originalität verleiht. Dadurch hat er vor allem dem politisch inspirierten Kabarett neue Wege gewiesen. Den Künstlern zeigt er aber bis heute, wie man subversiv gegen Zensur, Militarismus, Personenkult und moralische Heuchelei angehen und dennoch das Publikum mit aktuellen und geistreichen Beiträgen begeistern kann.

Archive und Forschungseinrichtungen

Aargauische Kantonsbibliothek
   CH-5001 Aarau, Kantonsbibliothek Aarau, Wedekind-Archiv, Aargauerplatz 1

Bayerisches Staatsarchiv
   D-80501 München, Schönfeldstraße 5

Bayerische Staatsbibliothek
   Abteilung für Handschriften und Alte Drucke
   D-80328 München, Ludwigstraße 16

Deutsches Kabarettarchiv Mainz
   D-55116 Mainz, Neue Universitätsstraße 2

Deutsches Literaturarchiv Marbach/Neckar
   D-71672 Marbach, Schillerhöhe 8-10

Deutsches Theatermuseum München
   D-80539 München, Galeriestraße 4a

Frank Wedekind Gesellschaft e.V.
   D-64283 Darmstadt, Haardtring 100

Institut für Theaterwissenschaften
   D-51127 Köln-Wahn, Burgallee 2

Kunsthistorisches Museum
   Österreichisches Theatermuseum-
   A-1010 Wien, Burgring 5

Monacensia Literaturarchiv und Bibliothek
   Münchner Stadtbibliothek
   D-81675 München, Maria Theresia-Straße 23

Münchner Stadtmuseum
   Sammlung Graphik, Plakate und Gemälde
   D-80331 München, St.-Jakobs-Platz 1

Museum Aargau
   Historische Sammlungen, Schloss Lenzburg
   CH-5600 Lenzburg

Österreichische Nationalbibliothek
    Theatersammlung
    A-1015 Wien, Josefsplatz 1

Staatsarchiv München, Polizeidirektion München
    Schönfeldstraße 3
    D-80539 München

Stiftung Deutsches Historisches Museum
    D-10117 Berlin, Unter den Linden 2

Valentin Musäum
    Im Tal 50, Im Isartor
    D-80331 München

Wedekind Archiv Lenzburg
    CH-5600 Lenzburg, Burghaldemuseum, Schlossgasse 23

Bildnachweis

Das Copyright der Illustrationen liegt bei den jeweiligen Institutionen bzw. Besitzern, die in den Bildlegenden angeführt sind. In einigen Fällen war es trotz ausgiebiger Recherchen nicht möglich, die Inhaber der Bildrechte zu ermitteln. In diesem Fällen bitte ich um Benachrichtigung.

Bundesarchiv, Koblenz:
181, Bild 183-R07878 / CC-BY-SA

Deutsches Literaturarchiv Marbach am Neckar:
29, Simplicissimus 1. Jg. Nr. 1, 1896,
34, Simplicissimus 1. Jg. Nr. 19, 1896,
35, Simplicissimus 1. Jg. Nr. 19, 1896,
36, Simplicissimus 3. Jg. Nr. 31, 1898/99,
37, Simplicissimus 3. Jg. Nr. 31, 1898/99,
38, Simplicissimus 3. Jg. Nr. 37, 1898/99

Deutsches Historisches Museum, Berlin:
81, Inv.-Nr. P 57/901

Editions- und Forschungsstelle Frank Wedekind Darmstadt
Fachbereich Gesellschaftswissenschaften und Soziale Arbeit:
40

Eich, Friedrich, Lenzburg:
4

Kunsthistorisches Museum Wien:
210

Monacensia Bibliothek und Literaturarchiv München, Wedekind-Archiv:
26, 27,31, 32, 41, 100, 106, 118, 120, 123, 213

Münchner Stadtmuseum, Sammlung angewandte Kunst:
45

Münchner Stadtmuseum, Sammlung Fotografie:
47

Münchner Stadtmuseum, Sammlung Puppentheater und Schaustellerei:
68

Musée de Montmartre, Paris:
16

Museum Aargau, Historische Sammlungen, Schloss Lenzburg:
Frontispiz, Coverrückseite, 6, 66, 132, 160

Österreichisches Theatermuseum Wien:
210, Signatur: 403.693 Jg.1901

Regnier, Anatol München:
11, 94, 150

Sammlungen der Universität für angewandte Kunst Wien:
216, Inv. Nr.: 505

Sammlung Karl Stehle, München:
56, 163, 192, 194

Städtische Galerie im Lenbachhaus München
30, Heine Nachlass Nr. 212

Stiftung Preußischer Kulturbesitz Berlin, Bildagentur für Kunst, Kultur und Geschichte:
173, Kunstbibliothek, 179, bpk: 4000 1321

Staatsarchiv München, Polizeidirektion München:
54, 62, 74, 76,78

Stiftung Deutsches Kabarett, Archiv und Museum Mainz und Bernburg/Saale:
184

Süddeutsche Zeitung Photo, München
DIZ Dokumentations-und Informationszentrum:
58, Photo-151869

Valentin Musäum, München:
51, 195

Alle weiteren Abbildungen stammen aus Privatquellen.

Anmerkungen

[1] Seehaus, Günter: Frank Wedekind. Mit Selbstzeugnissen und Bilddokumenten. 7. Auflage. Reinbek bei Hamburg: Rowohlt, 2000, S. 17.

[2] Vgl. Haemmerli-Marti, Sophie: Miss Aargäu. Land und Lüt aus miner Läbesgschicht. Aarau: Sauerländer, o.J. [1939], S. 131.

[3] Kwangsun, Kim: Die Lieder in Frank Wedekinds Dramen. Frankfurt a.M.: Lang, 1993, S. 53.

[4] Wedekind, Frank: Werke. Kritische Studienausgabe. Hg. v. Friederike Becker. Darmstadt: Häusser, 2007, Bd. I/3, S.14.

[5] Protokolle der Wiener Psychoanalytischen Vereinigung. Hg. v. Hermann Nunberg et al. Frankfurt a.M.: Fischer, 1976, Bd. 1, S.111.

[6] Vgl. Kutscher, Artur: Frank Wedekind. Sein Leben und seine Werke. München: Müller, 1922, Bd. 1, S. 100.

[7] Vgl. Forcht, Georg: Liebesklänge und andere ausgewählte Lyrik-Manuskripte des jungen Frank Wedekind. Herbolzheim: Centaurus, 2007.

[8] Vgl. Wedekind, Frank: Werke. Kritische Studienausgabe. Hg. v. Austermühl, Elke; Becker, Friedericke. Darmstadt: Häusser, 2007, Bd. I/1 – I/4.

[9] Kieser, Rolf: Benjamin Franklin Wedekind. Biographie einer Jugend. Zürich: Arche, 1990, S. 206.

[10] Wedekind, Frank: Die Tagebücher. Ein erotisches Leben. Hg. v. Gerhard Hay. Frankfurt a.M.: Athenäum, 1986, S. 22.

[11] Faesi, Robert: Ein Vorläufer: Frank Wedekind. In: Expressionismus. Hg. v. Hermann Friedmann et al. Heidelberg: Rothe, 1956, S. 241.

[12] Kutscher, Artur: Frank Wedekind. Sein Leben und seine Werke. München: Müller, 1922, Bd.1, S. 264.

[13] Wedekind, Frank: Gesammelte Briefe. Hg. v. Fritz Strich. München: Müller, 1924, Bd. 1, S. 247.

[14] Vgl. Wedekind, Frank: Die Tagebücher. Ein erotisches Leben. Hg. v. Gerhard Hay. Frankfurt a. M.: Athenäum, 1966, S. 230 ff.

[15] Martens, Kurt: Schonungslose Lebenschronik. 1870-1900. 5. Aufl. Wien, Berlin, Leipzig, München: Nikola-Verlag, 1921, S. 207.

[16] Wedekind, Frank: Gesammelte Briefe. Hg. v. Fritz Strich. München: Müller, 1924. Bd. 1, S. 223.

[17] Ebd., Bd. 1, S. 254.

[18] Vgl. Ebd., Bd. 1, S. 271.

[19] Abret, Helga: Albert Langen. Ein europäischer Verleger. München: Langen Müller, 1993, S. 34.

[20] Vgl. Kimminich, Eva: Erstickte Lieder. Zensierte Chansons aus Pariser Cafés-Concertes des 19. Jahrhunderts. Tübingen: Stauffenburg, 1998, S. 68.

[21] Greul, Heinz: Bretter, die die Zeit bedeuten. Die Kulturgeschichte des Kabaretts. Köln, Berlin: Kiepenheuer & Witsch, 1967, S. 68.

[22] Appignanesi, Lisa: Das Kabarett. Mit einem Vorwort von Werner Finck. Stuttgart: Belser, 1976, S. 19.

[23] Vgl. Ebd., S. 18ff.

[24] Budzinski, Klaus: Die Muse mit der scharfen Zunge. Vom Cabaret zum Kabarett. München: List, 1961, S. 25.

[25] Otto, Rainer; Rösler, Walter: Kabarettgeschichte. Abriss des deutschsprachigen Kabaretts. Taschenbuch der Künste. Berlin: Henschel, 1981, S. 17.

[26] Greul, Heinz: Bretter, die die Zeit bedeuten. Die Kulturgeschichte des Kabaretts. Köln, Berlin: Kiepenheuer & Witsch, 1967, S. 75.

27 Bruant, Aristide: Am Montmartre. Chansons und Monologe. Hg. v. Walter Rösler. Berlin: Henschel, 1986, S. 38.

28 Vgl. Ebd., S. 60ff.

29 Montmartre en Ballade. Tournée Madame Yvette Guilbert. Sammlung der zum Vortrag kommenden Chansons, o.O.: [1900], S. 70.

30 Stein, Roger: Das deutsche Dirnenlied. Literarisches Kabarett von Bruant bis Brecht. Köln: Böhlau, 2006, S. 81.

31 Otto, Rainer; Rösler, Walter: Kabarettgeschichte. Abriss des deutschsprachigen Kabaretts. Taschenbuch der Künste. Berlin: Henschel, 1981, S. 21.

32 Montmartre en Ballade. Tournée Madame Yvette Guilbert. Sammlung der zum Vortrag kommenden Chansons, o.O.: [1900], S. 65.

33 Ebd., S. 62f.

34 Vgl. Guilbert, Yvette: Lied meines Lebens. Erinnerungen. Berlin: Rowohlt, 1928, S. 180ff.

35 Tucholsky, Kurt: Aristide Bruant. In: Gesammelte Werke. Reinbek: Rowohlt, 1961, Bd. 2, S. 10.

36 Wilhelm, Hermann: Die Münchner Bohème. Von der Jahrhundertwende bis zum Ersten Weltkrieg. München: Buchendorfer, 1993, S. 57.

37 Abret, Helga: Albert Langen. Ein europäischer Verleger. München: Langen Müller, 1993, S. 38.

38 Vgl. Kutscher, Arthur: Frank Wedekind. Sein Leben und seine Werke. München: Müller, 1927, Bd. 2, S. 262.

39 Bauer, Helmut: Schwabing. Kunst und Leben um 1900. Münchner Stadtmuseum. München: Nazareli, [o.J.], S. 274.

40 Wedekind, Frank. Gesammelte Briefe. Hg. v. Fritz Strich, München: Müller, 1924, Bd. 2, S. 323.

41 Ebd., S. 274.

42 Vgl. Wilhelm, Hermann: Die Münchner Bohème. Von der Jahrhundertwende bis zum Ersten Weltkrieg. München: Buchendorfer, 1993, S. 59.

43 Sinsheimer, Hermann: Gelebt im Paradies. Erinnerungen und Begegnungen. München: Pflaum, 1953, S. 227.

44 Stein, Roger: Das deutsche Dirnenlied. Literarisches Kabarett von Bruant bis Brecht. Köln: Böhlau, 2006, S. 112.

45 Wedekind, Frank: Gesammelte Briefe. Hg. v. Fritz Strich. München: Müller, 1924, Bd. 1, S. 293.

46 Halbe, Max: Jahrhundertwende. Erinnerungen an eine Epoche. München und Wien: Langen & Müller, 1976, S. 309.

47 Mühsam, Erich: Namen und Menschen. Unpolitische Erinnerungen. Leipzig: Volk und Buch, 1949, S. 173.

48 Forcht, Georg: Die Medialität des Theaters bei Frank Wedekind. Eine medientheoretische Untersuchung über den Einfluss des Bänkelsängers und Schauspielers Frank Wedekind auf sein Werk. Herbolzheim: Centaurus, 2005, S. 34.

49 Simplicissimus, 1. Jahrgang Nr. 19, 8. August 1896, S. 4-5.

50 Vgl. Holm, Korfitz: Farbiger Abglanz. München: Nymphenburger Verlagsbuchhandlung, 1947, S. 68.

51 Vgl. Wedekind, Frank: Gesammelte Werke. München: Müller, 1924, Bd. 8, S. 59ff.

52 Simplicissimus, 3. Jahrgang Nr.31, 29. Oktober 1898, S. 245.

53 Wedekind, Frank: Werke. Kritische Studienausgabe. Hg. v. Elke Austermühl. Darmstadt: Häusser, 2007, Bd. I/2, S. 1704.

54 Wilhelm, Hermann: Die Münchner Bohème. Von der Jahrhundertwende bis zum Ersten Weltkrieg. München: Buchendorfer, 1993, S. 73.

55 Wedekind, Frank: Gesammelte Briefe. Hg. v. Fritz Strich. München: Müller, 1924, Bd. 2, S. 17.

56 Wilhelm, Hermann: Die Münchner Bohème. Von der Jahrhundertwende bis zum Ersten Weltkrieg. München: Buchendorfer, 1993, S. 62.
57 Thoma, Ludwig: Leute, die ich kannte. München: Langen, 1923, S. 51-52.
58 Ebd., S. 131.
59 Regnier, Anatol: Frank Wedekind. Eine Männertragödie. München: Knaus, 2008, S. 280.
60 Holitscher, Arthur: Lebensgeschichte eines Rebellen. Berlin: Fischer, 1924, S. 131.
61 Vgl. Appignanesi, Lisa: Das Kabarett. Mit einem Vorwort von Werner Finck. Stuttgart: Belser, 1976, S. 38.
62 Petzet, Wolfgang: Otto Falckenberg. Mein Leben – Mein Theater. Nach Gesprächen und Dokumenten aufgezeichnet von Wolfgang Petzet. München, Wien, Leipzig: Zinnen, 1944, S. 74.
63 Greul, Heinz: Bretter, die die Zeit bedeuten. Die Kulturgeschichte des Kabaretts. Köln, Berlin: Kiepenheuer & Witsch, 1967, S. 141.
64 Ebd., S. 126.
65 Wedekind, Frank: Gesammelte Briefe. Hg. v. Fritz Strich. München: Georg Müller, 1924, Bd. 2, S. 35.
66 Hirth, Georg: Der Goethebund. In: Falckenberg, Otto. Das Buch von der Lex Heinze. Ein Kulturdokument aus dem Anfang des zwanzigsten Jahrhunderts. Leipzig: Hirt, 1900, S. 41.
67 Petzet, Wolfgang: Otto Falckenberg. Mein Leben – Mein Theater. Nach Gesprächen und Dokumenten aufgezeichnet von Wolfgang Petzet. München, Wien, Leipzig: Zinnen, 1944, S.105-106.
68 Regnier, Anatol: Frank Wedekind. Eine Männertragödie. München: Knaus, 2008, S. 208.
69 Wedekind, Frank: Gesammelte Briefe. Hg. v. Fritz Strich. München: Georg Müller, 1924, Bd. 2, S. 45.
70 Ebd., Bd. 2, S. 61.
71 Ebd., Bd. 2, S. 77.
72 Budzinski, Klaus: Die Muse mit der scharfen Zunge. Vom Cabaret zum Kabarett. München: List, 1961, S. 49.
73 Kothe, Robert: Saitenspiel des Lebens. Schicksal und Werk. München: Knorr und Hirth, 1944, S. 71.
74 Vgl. Wilhelm, Hermann: Die Münchner Bohème. Von der Jahrhundertwende bis zum Ersten Weltkrieg. München: Buchendorfer, 1993, S. 39.
75 Appignanesi, Lisa: Das Kabarett. Mit einem Vorwort von Werner Finck. Stuttgart: Belser, 1976. S. 42.
76 Petzet, Wolfgang: Otto Falckenberg. Mein Leben – Mein Theater. Nach Gesprächen und Dokumenten aufgezeichnet von Wolfgang Petzet. München, Wien, Leipzig: Zinnen, 1944, S. 104.
77 Staatsarchiv München, Pol. Dir. Nr. 2057/1.
78 Ebd., Nr. 2057/1.
79 Wilhelm, Hermann: Die Münchner Bohème. Von der Jahrhundertwende bis zum Ersten Weltkrieg. München: Buchendorfer, 1993, S. 39.
80 Greul, Heinz: Bretter, die die Zeit bedeuten. Die Kulturgeschichte des Kabaretts. Köln, Berlin: Kiepenheuer & Witsch, 1967, S. 142.
81 Petzet, Wolfgang: Otto Falckenberg. Mein Leben – Mein Theater. Nach Gesprächen und Dokumenten aufgezeichnet von Wolfgang Petzet. München, Wien, Leipzig: Zinnen, 1944, S. 108.
82 Wedekind, Frank: Gesammelte Briefe. Hg. v. Fritz Strich. München: Müller, 1924, Bd. 2, S. 66.
83 Vgl. Halbe, Max: Jahrhundertwende. Erinnerungen an eine Epoche. München: Langen, 1976, S. 49.
84 Vgl. Budzinski, Klaus: Die Muse mit der scharfen Zunge. Vom Cabaret zum Kabarett. München: List, 1961, S. 50.

85 Vgl. Gumppenberg, Hanns von: Lebenserinnerungen. Aus dem Nachlass des Dichters. Berlin, Zürich: Eigenbrödler, 1929, S. 282 ff.

86 Petzet, Wolfgang: Otto Falckenberg. Mein Leben – Mein Theater. Nach Gesprächen und Dokumenten aufgezeichnet von Wolfgang Petzet. München, Wien, Leipzig: Zinnen, 1944, S. 109.

87 Programm der Scharfrichter April 1901, Staatsarchiv München. Pol. Dir. Nr. 20057/1.

88 Petzet, Wolfgang: Otto Falckenberg. Mein Leben – Mein Theater. Nach Gesprächen und Dokumenten aufgezeichnet von Wolfgang Petzet. München, Wien, Leipzig: Zinnen, 1944, S. 111.

89 Ebd., S.115.

90 Vgl. Appignanesi, Lisa: Das Kabarett. Mit einem Vorwort von Werner Finck. Stuttgart: Belser, 1976, S. 42.

91 Wedekind, Frank: Lautenlieder. 53 Lieder mit eigenen und fremden Melodien. Berlin: Drei Maskenverlag, 1920, S. 26.

92 Carossa, Hans: Eine Kindheit – Verwandlungen einer Jugend. Leipzig: Insel, 1928, S. 88.

93 Schwabing. Vom Dorf zum Künstlerfreistatt. Mosaik eines Münchner Stadtteils. Hg. Hanns Vogel. München: Fackler, [o.J.] S. 46.

94 Halbe, Max: Jahrhundertwende. Erinnerungen an eine Epoche. München: Langen, 1976, S. 336.

95 Vgl. Thomalla, Ariane: Die femme fragile. Ein literarischer Frauentyp der Jahrhundertwende. Düsseldorf: Bertelsmann, 1972, S. 33 ff.

96 Münchner Neueste Nachrichten, 15. April 1901.

97 Kutscher, Artur: Der Theaterprofessor. Ein Leben für die Wissenschaft vom Theater. München: Ehrenwirth, 1960, S. 36-37.

98 Münchner Neueste Nachrichten, 20. Juni 1902, S. 7.

99 Wedekind, Frank: Gesammelte Briefe. Hg. v. Fritz Strich. München: Müller, 1924, Bd. 2, S. 73.

100 Ebd., Bd. 2, S. 85.

101 Ebd., Bd. 2, S. 79.

102 Rösler, Walter: Das Chanson im deutschen Kabarett 1901-1933. Berlin (Ost): Henschel, 1980, S. 103.

103 Wedekind, Frank: Gesammelte Briefe. Hg. v. Fritz Strich. München: Müller, 1924, Bd. 2, S. 127.

104 Ebd., Bd. 2, S. 278.

105 Ebd., Bd. 2, S. 292.

106 Mann, Heinrich: Erinnerungen an Frank Wedekind. In: Heinrich Mann. Ausgewählte Werke in Einzelausgaben. Berlin: Aufbauverlag, 1954, Bd. 11, S. 399f.

107 Blei, Franz: Portraits. Hg. v. Anne Gabrisch. Wien, Köln, Graz: Böhlau, 1987, S. 490-491.

108 Harris, Edward: Freiheit, dein Name ist Tingeltangel. Wedekinds Kabarett-Karriere. In: Frank Wedekind. Hg. Ruth Florack. München: Text und Kritik. Heft 131/132, 1966, S. 48.

109 Holm, Korfiz: Farbiger Abglanz. München: Langen Müller, 1940, S. 64.

110 Brecht, Bertolt: Gesammelte Werke. Schriften zum Theater. Frankfurt a.M.: Suhrkamp, 1967, Bd. 15, S. 3-4.

111 Vgl. Gumppenberg, Hanns von: Lebenserinnerungen. Aus dem Nachlass des Dichters. Berlin, Zürich: Eigenbrödler, 1929, S. 286-288.

112 Stern, Ernst: Café Größenwahn. Dortmund: Harenberg, 1980, S. 45.

113 Vgl. Forcht, Georg: Die Medialität des Theaters bei Frank Wedekind. Eine medientheoretische Untersuchung über den Einfluss des Bänkelsängers und Schauspielers Frank Wedekind auf sein Werk. Herbolzheim: Centaurus, 2005, S. 23.

114 2. Programm der Scharfrichter, 15. Mai 1901. Staatsarchiv München. Pol. Dir. Nr. 2057/2.

115 4. Programm der Scharfrichter, November 1901. Staatsarchiv München. Pol. Dir. Nr. 2057/2.

116 Münchner Neueste Nachrichten, 13. November 1901.

117 6. Programm der Scharfrichter, Februar 1902. Staatsarchiv München. Pol. Dir. Nr. 2057/2.
118 6. Programm der Scharfrichter, Februar 1902. Staatsarchiv München. Pol. Dir. Nr. 2057/2.
119 7. Programm der Scharfrichter, März-April 1902. Staatsarchiv München. Pol. Dir. Nr. 2057/2.
120 Vgl. 7. Programm der Scharfrichter, März 1902. Staatsarchiv München. Pol. Dir. Nr. 2057/2.
121 9. Programm der Scharfrichter, Juni/Juli 1902. Staatsarchiv München. Pol. Dir. Nr. 2057/2.
122 Gumppenberg, Hanns von: Lebenserinnerungen. Aus dem Nachlass des Dichters. Berlin, Zürich: Eigenbrödler, 1929, S. 287.
123 Münchner Zeitung Nr. 61, 13. März 1902.
124 Münchner Neueste Nachrichten, 14. März 1902.
125 Vgl. Programme der Scharfrichter. Staatsarchiv München, Pol. Dir. Nr. 2057/2.
126 Vgl. Programme der Scharfrichter. Staatsarchiv München, Pol. Dir. Nr. 2057/2.
127 Vgl. 14. Programm der Scharfrichter Oktober 1903. Staatsarchiv München. Pol. Dir. Nr. 2057/2.
128 Vgl. Bierbaum, Otto Julius (Hg.): Deutsche Chansons (Brettl-Lieder). Berlin, Leipzig: Schuster & Löffler, 1901, S. 191-204.
129 Wedekind, Frank: Gesammelte Briefe. Hg. v. Fritz Strich. München: Georg Müller, Bd. 2, S. 63-64.
130 Kwangsun, Kim: Die Lieder in Frank Wedekinds Dramen. Frankfurt a.M.: Lang, 1993, S. 58.
131 Vgl. Münchner Stadtmuseum, Sammlung Graphik und Gemälde, Rk 4.11 / 8-28.
132 Kothe, Robert: Saitenspiel des Lebens. Schicksal und Werk. München: Knorr und Hirth, 1944, S. 82.
133 Schwabing. Vom Dorf zur Künstlerfreistatt. Mosaik eines Münchner Stadtteils. Hg. v. Hanns Vogel. München: Fackler, [o.J.], S. 46.
134 Kutscher, Artur: Der Theaterprofessor. München: Ehrenwirth, 1960, S. 36.
135 Wedekind, Frank. Gesammelte Briefe. Hg. v. Fritz Strich. München: Müller, 1924, Bd. 2, S. 127.
136 Ebd., Bd. 2, S. 162.
137 Sternitzke, Erwin: Der stilisierte Bänkelsang. Phil. Diss. Marburg und Würzburg: Triltsch, 1933, S. 45.
138 Vgl. Riha, Karl: Moritat, Song, Bänkelsang. Zur Geschichte der modernen Ballade. Göttingen: Sachse & Pohl, 1965, S. 36.
139 Friedenthal, Joachim: Sein Leben und sein Werk. In: Das Wedekindbuch. Hg. v. Joachim Friedenthal. München, Leipzig: Müller, 1914, S. 21 ff.
140 Kerr, Alfred: Gesammelte Schriften. Die Welt im Drama. Berlin: Fischer, 1917, Bd. 1, S. 206.
141 Berliner Volkszeitung, Nr. 335 vom 19. Juli 1914. Zum 50. Geburtstag Wedekinds.
142 Kapp, Julius: Frank Wedekind. Seine Eigenart und seine Werke. Berlin: Barsdorf, 1909, S. 22.
143 Vgl. Fischer, Hans: Frank Wedekind. In: Das Magazin für Literatur. Berlin: Barsdorf, 1901, Nr. 18, S. 421.
144 Vgl. Wedekind, Frank: Lautenlieder. 53 Lieder mit eigenen und fremden Melodien. Hg. v. Hans Richard Weinhöppel, Berlin: Drei Maskenverlag, 1920.
145 Ebd. S. 26.
146 Wedekind, Frank: Gesammelte Briefe. Hg. v. Fritz Strich. München: Müller, 1924, Bd. 1, S. 270.
147 Wedekind Frank: Kritische Studienausgabe. Hg. v. Hartmut Vinçon. Darmstadt: Häusser, 1996, Bd. II/1, S. 695.
148 Ebd., Bd. II/1, S. 695.
149 Wedekind, Frank: Spottlieder. Hg. v. Akademie der Künste Berlin. Berlin: VEB Verlag, 1964, S. 12-13.
150 Vgl. Wedekind, Frank: Werke. Kritische Studienausgabe. Hg. v. Friederike Becker. Darmstadt: Häusser, 2007, Bd. I/3, S. 454-482.
151 Kutscher, Artur: Frank Wedekind. Sein Leben und seine Werke. München: Müller, 1922. Bd. 1, S. 320.

152   Vgl. Wedekind, Frank: Spottlieder. Hg. v. Akademie der Künste Berlin. Berlin: VEB Verlag, 1964, S.12.
153   Vgl. Sternitzke, Erwin: Der stilisierte Bänkelsang. Phil. Diss. Marburg: Triltsch, 1933, S. 71-72.
154   Vgl. Wedekind, Frank: Werke. Kritische Studienausgabe. Hg. v. Friederike Becker. Darmstadt: Häusser, 2007, Bd. I/3, S. 464.
155   Wedekind, Frank: Lautenlieder. 53 Lieder mit eigenen und fremden Melodien. Berlin: Dreimasken, 1920, S. 55-56.
156   Vgl. Wedekind, Frank. Werke. Kritische Studienausgabe. Hg. v. Friederike Becker. Darmstadt: Häusser, 2007, Bd. I/3, S. 733-734.
157   Vgl. Ebd., Bd. I/3, S. 733-752.
158   Wedekind Frank. Lautenlieder. 53 Lieder mit eigenen und fremden Melodien. Berlin: Dreimasken, 1920, S. 22.
159   Forcht, Georg: Liebesklänge und andere ausgewählte Lyrik-Manuskripte des jungen Frank Wedekind. Herbolzheim: Centaurus, 2007, S. 46.
160   Vgl. Höger, Alfons. Hetärismus und bürgerliche Gesellschaft im Frühwerk Frank Wedekinds. Kopenhagen, München: Fink, 1981, S. 37.
161   Vgl. Wedekind, Frank: Werke. Kritische Studienausgabe. Hg. v. Elke Austermühl. Darmstadt: Häusser, 2007, Bd. I/2, S. 1621.
162   Darmstädter Tageblatt. Jg. 164. Nr. 175, 29. Juli 1901.
163   Wedekind, Frank: Lautenlieder. 53 Lieder mit eigenen und fremden Melodien. Berlin: Dreimasken, 1920, S. 73-74.
164   Basler Zeitung, 17. Januar 1912.
165   Vgl. Wedekind, Frank: Werke. Kritische Studienausgabe. Hg. v. Friederike Becker. Darmstadt: Häusser, 2007, Bd. I/4, S. 828.
166   Wedekind, Frank: Lautenlieder. 53 Lieder mit eigenen und fremden Melodien. Berlin: Dreimasken, 1920, S. 48.
167   Harris, Edward: Freiheit, dein Name ist Tingeltangel. Wedekinds Kabarett-Karriere. In: Frank Wedekind. Hg. Ruth Florack. München: Text und Kritik, 1966, S. 48.
168   Wedekind, Frank: Werke. Kritische Studienausgabe. Hg. v. Friederike Becker. Darmstadt: Häusser, 2007, Bd. I/3, S. 659.
169   Riha, Karl: Moritat, Song, Bänkelsang. Zur Geschichte der modernen Ballade. Göttingen: Sachse & Pohl, 1965, S. 35.
170   Vgl. Grimm, Gunter: Gedichte und Interpretationen. Deutsche Balladen. Stuttgart: Reclam, 1988, S. 369-382.
171   Pester Lloyd (Budapest) 25. Dezember 1908, S. 66.
172   Vgl. Wedekind, Frank: Werke. Kritische Studienausgabe. Hg. v. Friederike Becker. Darmstadt: Häusser, 2007, Bd. I/3, S. 662.
173   Wedekind, Frank: Lautenlieder. 53 Lieder mit eigenen und fremden Melodien. Berlin: Dreimasken, S. 19-20.
174   Badische Post, Heidelberg, 8. Februar 1911.
175   Wedekind, Frank: Lautenlieder. 53 Lieder mit eigenen und fremden Melodien. Berlin: Dreimasken, 1920, S. 29.
176   Vgl., Wedekind, Frank: Werke. Kritische Studienausgabe. Hg. v. Friederike Becker. Darmstadt: Häusser, 2007, Bd. I/3, S. 792-804.
177   Wedekind, Frank: Lautenlieder. 53 Lieder mit eigenen und fremden Melodien. Berlin: Dreimasken, 1920, S. 61-62.
178   Vgl. Wedekind, Frank: Werke. Kritische Studienausgabe. Hg. v. Friederike Becker. Darmstadt: Häusser, 2007, Bd. I/3, S. 669, 670.
179   Wedekind, Frank: Gesammelte Briefe. Hg. Fritz Strich. München, 1924, Bd. 2, S. 12.
180   Münchener Zeitung, 17. Mai 1904.

234

[181] Wedekind, Frank: Werke. Kritische Studienausgabe. Hg. v. Friederike Becker. Darmstadt: Häusser, 2007, Bd. I/3, S. 669-689.

[182] Vgl. Ebd., Bd. I/3, S. 100.

[183] Vgl. Ebd., Bd. I/3, S. 708.

[184] Münchner Post Nr. 122, 31. Mai 1904.

[185] Münchner Zeitung, 2. Februar 1902.

[186] Wedekind, Frank: Werke. Kritische Studienausgabe. Hg. v. Friederike Becker. Darmstadt: Häusser, 2007, Bd. I/3, S. 61.

[187] Vgl. Wedekind, Frank: Werke. Kritische Studienausgabe. Hg. v. Elke Austermühl. Darmstadt: Häusser, 2007, Bd. I/2, S. 1827.

[188] Wedekind, Frank: Gesammelte Werke. München: Müller, 1925, Bd. 8, S. 137.

[189] Hart, Julius: Wedekind. Zeit im Bild 10, Leipzig: 1912, S. 1654.

[190] Wedekind, Frank: Die vier Jahreszeiten. Gedichte. Berlin: Cassirer, 1909, S. 102.

[191] Bayerische Staatsbibliothek München, Autogr. Frank Wedekind.

[192] Vgl. Wedekind, Frank: Werke. Kritische Studienausgabe. Hg. v. Friederike Becker. Darmstadt: Häusser, 2007, Bd. I/3, S. 548.

[193] Ebd., Bd. I/3, S. 52.

[194] Vgl. Ebd., Bd. I/3, S. 1181-1185.

[195] Ebd. Bd. I/3, S. 134.

[196] Pester Lloyd, Nr. 115, 15. Mai 1907.

[197] Wedekind, Frank: Die vier Jahreszeiten. Gedichte. Berlin: Cassirer, 1909, S. 105.

[198] Vgl. Wedekind, Frank: Werke. Kritische Studienausgabe. Hg. v. Elke Austermühl, Darmstadt: Häusser, 2007, Bd. I/1, S. 903.

[199] Münchner Zeitung, Nr. 61, 13. März 1902.

[200] Wedekind, Frank: Die vier Jahreszeiten. Gedichte. Berlin: Cassirer, 1909, S. 27.

[201] Vgl. Wedekind, Frank: Werke. Kritische Studienausgabe. Hg. v. Friederike Becker, Darmstadt: Häusser, 2007, Bd. I/3, S. 569.

[202] Münchner Neueste Nachrichten, Nr. 123, 14. März 1902.

[203] Staatsarchiv München, Polizeidirektion München vom 6.12.1904, StAnw Nr. 3809/I.

[204] Wedekind, Frank: Die vier Jahreszeiten. Gedichte. Berlin: Cassirer, 1909, S. 109-110.

[205] Dresdner Nachrichten, Nr. 238, 28. August 1909.

[206] Sonntagsblatt Bern, Nr. 27, 4. Juli 1897.

[207] Wedekind, Frank: Lautenlieder. 53 Lieder mit eigenen und fremden Melodien. Berlin: Dreimasken, 1920, S. 94-96.

[208] Wedekind, Frank: Werke. Kritische Studienausgabe. Hg. v. Elke Austermühl, Darmstadt: Häusser, 2007, Bd. I/1, S.662.

[209] Möller-Bruck, Arthur: Frank Wedekind. Die Gesellschaft 15. Leipzig: Hg. v. Conrad und Jacobowski, 1899, Bd. 2, S. 250 f.

[210] Wedekind, Frank: Die vier Jahreszeiten. Gedichte. Berlin: Cassirer, 1909, S. 92-95.

[211] Wedekind, Frank: Lautenlieder. 53 Lieder mit eigenen und fremden Melodien. Berlin: Dreimasken, 1920, S. 11.

[212] Ebd., S. 80.

[213] Vgl. Wedekind, Frank: Werke. Kritische Studienausgabe. Hg. v. Elke Austermühl, Darmstadt: Häusser, 2007, Bd. I/2, S. 2075.

[214] Kutscher, Artur: Frank Wedekind. Sein Leben und seine Werke. München: Müller, 1922, Bd. 1, S. 277.

[215] Wiener Allgemeine Zeitung, Nr. 7107, 19. November 1901. Premierenabend des Jung-Wiener Theaters zum Lieben Augustin.

[216] Vgl., Wedekind, Frank: Kritische Studienausgabe. Hg. v. Friederike Becker. Darmstadt: Häusser, 2007, Bd. I/3, S. 753-764.

[217] Wedekind, Frank: Lautenlieder. 53 Lieder mit eigenen und fremden Melodien. Berlin: Dreimasken, 1920, S. 78.

218   Wedekind, Frank: Werke. Kritische Studienausgabe. Hg. v. Elke Austermühl, Darmstadt: Häuser, 2007, Bd. I/1, S. 408-413.

219   Vgl. Florack, Ruth: Aggression und Lust. In: Frank Wedekind. München: Text und Kritik, 1996, S. 169.

220   Münchner Zeitung, Nr. 33, 8. Februar 1904.

221   Münchner Post, Nr. 32, 10. Februar 1904.

222   Die Elf Scharfrichter. Freistatt 6, Heft 7, 13. Februar 1904, S. 134.

223   Brandenburg, Hans von: München leuchtete. Jugenderinnerungen. München: Neuner, 1953, S. 223.

224   Bierbaum, Otto Julius: Stilpe: Ein Roman aus der Froschperspektive. 14. Aufl. Berlin: Schuster & Löffler, 1917, S. 354.

225   Vgl. Deutsche Chansons, Brettl-Lieder. Hg. v. Otto Julius Bierbaum. Berlin, Leipzig: Schuster & Löffler, 1901, S. 220-225.

226   Rösler, Walter: Das Chanson im deutschen Kabarett 1901-1933. Berlin (Ost): Henschelverlag, 1980, S. 58.

227   Wolzogen, Ernst von: Verse zu meinem Leben. Berlin: Fontane, 1907, S. 132.

228   Vgl. Hungrige Pegasusse. Anfänge des deutschen Kabaretts in Berlin. Hg. v. Ingrid Heinrich-Jost, Berlin: Edition Berlin 750, S. 18-22.

229   Bernauer, Rudolf: Das Theater meines Lebens. Erinnerungen. Berlin: Blanvalet, 1955, S. 103.

230   Berliner Tagblatt, 19. Januar 1901.

231   Budzinski, Klaus: Pfeffer ins Getriebe. So ist und wurde das Kabarett. München: Universitas, 1982, S. 48.

232   Greul, Heinz: Die Elf Scharfrichter. Mit Texten von Frank Wedekind und anderen. Zürich: Sanssouci, 1962, S. 84.

233   Ewers, Hanns Heinz: Das Cabaret. Berlin, Leipzig: Schuster & Löffler, 1904, S. 27.

234   Wolzogen, Ernst von: Verse zu meinem Leben. Berlin: Fontane & Co, 1907, S. 201.

235   Berliner Börsenzeitung, 16. Mai 1902.

236   Vgl. Deutsche Chansons (Brettl-Lieder). Hg. v. Otto Julius Bierbaum Berlin, Leipzig: Schuster & Löffler, 1901, S. 212-219.

237   Vgl. Stein, Roger: Das deutsche Dirnenlied. Literarisches Kabarett von Bruant bis Brecht. Köln, Weimar, Wien: Böhlau, 2006, S. 128.

238   Deutsche Chansons (Brettl-Lieder). Hg. v. Otto Julius Bierbaum. Berlin, Leipzig: Schuster & Löffler, 1901, S. 216-219.

239   Wolzogen, Ernst von: Buntes Theater. Offizielles Repertoire. Hg. v. Karl Freiherr von Levetzow. Berlin: Bard, 1902, Bd. 1, S. 41.

240   Vgl. Greul, Heinz: Bretter, die die Zeit bedeuten. Die Kulturgeschichte des Kabaretts. Köln, Berlin: Kiepenheuer & Witsch, 1967, S. 103-114.

241   Vgl. Sacks, Woldemar: Kabarett meines Lebens. Leipzig: Insel Verlag, 1925, S. 49.

242   Mühsam, Erich: Namen und Menschen. Unpolitische Erinnerungen. Leipzig: Volk und Buch Verlag, 1949, S. 68.

243   Bernauer, Rudolf: Das Theater meines Lebens. Erinnerungen. Berlin: Blanvalet, 1955, S. 122.

244   Greul, Heinz: Bretter, die die Zeit bedeuten. Die Kulturgeschichte des Kabaretts. Köln, Berlin: Kiepenheuer & Witsch, 1967, S. 118.

245   Berliner Börsen-Courier, 27. November 1901.

246   Berliner Tagblatt, 14. März 1902.

247   Ewers, Hanns Heinz: Das Cabaret. Berlin, Leipzig: Schuster & Löffler, 1904, S. 54.

248   Ebd. S. 60.

249   Mühsam. Erich: Namen und Menschen. Unpolitische Erinnerungen. Leipzig: Volk & Buch, 1949, S. 70.

250   Roth, Joseph: Claire Waldoff. Aus meinen Erinnerungen. Berlin: Henschel, 1969, S. 53f.

251   Ruttkowski, Wolfgang: Das literarische Chanson in Deutschland. Bern: Francke, 1996, S. 25.

[252] Klabund: Die Harfenjule. Neue Zeit-, Streit- und Leidgedichte. Berlin: Die Schmiede, 1927, S. 15.
[253] Neue Preußische Zeitung – Kreuzzeitung, 5. Januar 1920.
[254] Zeitschrift für Bücherfreunde. Berlin: 1923, 15. Jg., Januar-Februar-Ausgabe, S. 20.
[255] Greul, Heinz: Bretter, die die Zeit bedeuten. Die Kulturgeschichte des Kabaretts. Köln, Berlin: Kiepenheuer & Witsch, 1967, S. 230.
[256] Berliner Börsen-Courier. Abendausgabe, 11. Oktober 1921.
[257] Vgl. Stein, Roger: Das deutsche Dirnenlied. Literarisches Kabarett von Bruant bis Brecht. Köln, Weimar, Wien: Böhlau, 2006, S. 279-284.
[258] Greul, Heinz: Bretter, die die Zeit bedeuten. Die Kulturgeschichte des Kabaretts. Köln, Berlin: Kiepenheuer & Witsch, 1967, S. 236.
[259] Vossische Zeitung, 13. September 1921.
[260] Greul, Heinz: Bretter, die die Zeit bedeuten. Die Kulturgeschichte des Kabaretts. Köln, Berlin: Kiepenheuer & Witsch, 1967, S. 240.
[261] Ebd., S. 240.
[262] Polgar, Alfred: Ja und nein. Schriften des Kritikers in vier Bänden. Berlin: Ernst, 1926, Bd. 3, S. 44.
[263] Berliner Börsen-Courier Nr. 469, 6. Oktober 1922.
[264] Vgl. Stein, Roger: Das deutsche Dirnenlied. Literarisches Kabarett von Bruant bis Brecht. Köln, Weimar, Wien: Böhlau, 2006, S. 265 ff.
[265] Prévot, René: Kleiner Schwarm für Schwabylon. München: Funck, 1946, S. 50.
[266] Vgl., Mühsam, Erich: Namen und Menschen. Unpolitische Erinnerungen. Leipzig: Volk & Buch, 1949, S. 139-140.
[267] Ebd., S. 138.
[268] Ebd., S. 142.
[269] Ebd., S. 142.
[270] Ebd., S. 141.
[271] Ebd., S. 140.
[272] Wedekind, Frank: Gesammelte Werke. München: Müller, 1924, Bd. 1, S. 58.
[273] Mühsam, Erich. Namen und Menschen. Unpolitische Erinnerungen. Leipzig: Volk und Buch, 1949, S. 140.
[274] Scharf, Ludwig: Tschandalieder. Stuttgart: Juncker, 1905, S. 59.
[275] Prévot, René: Seliger Zweiklang. Schwabing und Montmartre. München: Funck, 1946, S. 36.
[276] Ebd., S. 36.
[277] Greul, Heinz: Bretter, die die Zeit bedeuten. Die Kulturgeschichte des Kabaretts. Köln, Berlin: Kiepenheuer & Witsch, 1967, S. 168.
[278] Dehl, Walther: Die Künstlerkneipe 'Simplicissimus'. Geschichte eines Münchner Kabaretts. Mit einem Vorwort von Konstantin Wecker. München: Münchenverlag, 2008, S. 27.
[279] Bötticher, Hans (Hg.): Festschrift anlässlich des siebenjährigen Stiftungsfestes der Künstlerkneipe Simplicissimus. München: Selbstverlag, 1909, S. 48.
[280] Vgl., Simplicissimus, Künstler-Kneipe und Kathi Kobus. Hg. v. Hausdichter Hans Bötticher, al. Joachim Ringelnatz, München: Selbstverlag, o.J., S. 34.
[281] Vgl. Wilhelm, Hermann: Die Münchner Bohème. Von der Jahrhundertwende bis zum Ersten Weltkrieg. München. Buchendorfer, 1993, S. 94 ff.
[282] Diehl, Walther: Die Künstlerkneipe 'Simplicissimus'. Geschichte eines Münchner Kabaretts. Mit einem Vorwort von Konstantin Wecker. München: Münchenverlag, 2008, S. 77.
[283] Vgl. Fledermaus Kabarett. 1907 bis 1913. Ein Gesamtkunstwerk der Wiener Werkstätte. Literatur, Musik und Tanz. Hg. v. Michael Buhrs, Barbara Lesák und Thomas Trabitsch. Wien: Brandstätter, 2007, S. 34.
[284] Vgl., Greul, Heinz: Bretter, die die Zeit bedeuten. Die Kulturgeschichte des Kabaretts. Köln, Berlin: Kiepenheuer & Witsch, 1967, S. 174.
[285] Neuigkeitsweltblatt, 20. November 1901, S. 15.

[286] Das Vaterland, 17. November 1901, S. 6.

[287] Neue Freie Presse, 17. November 1901, S. 7.

[288] Bahr, Hermann: Rezensionen. Wiener Theater 1901-1903. Berlin: Fischer, 1903, S. 192.

[289] Vgl., Hackermüller, Rotraut. Einen Handkuß der Gnädigsten, RODA RODA. Bildbiographie. Wien, München: Herold, 1986, S.86.

[290] Wiener Allgemeine Zeitung, 6. Januar 1906, S. 4.

[291] Hackermüller, Rotraut. Einen Handkuß der Gnädigsten, RODA RODA, Bildbiographie. Wien, München: Herold, 1986, S. 89-90.

[292] Reimann, Hans: Mein blaues Wunder. Lebensmosaik eines Humoristen. München: List, 1959, S. 331.

[293] Monacensia Literaturarchiv München. Nachlass Bierbaum, 1907, S. 45.

[294] Fledermaus Kabarett. 1907 bis 1913. Ein Gesamtkunstwerk der Wiener Werkstätte. Literatur, Musik und Tanz. Hg. v. Michael Buhrs, Barbara Lesák und Thomas Trabitsch. Wien: Brandstätter, 2007, S. 157ff.

[295] Vgl. Wiener Allgemeine Zeitung, 21. September 1907, S. 5.

[296] Vgl. Fledermaus Kabarett. 1907 bis 1913. Ein Gesamtkunstwerk der Wiener Werkstätte. Literatur, Musik und Tanz. Hg. v. Michael Buhrs, Barbara Lesák und Thomas Trabitsch. Wien: Brandstätter, 2007, S. 74 ff.

[297] Vgl. Ebd., S. 81.

[298] Wiener Allgemeine Zeitung, 4. Februar 1908, S. 2.

[299] Mühsam, Erich: Tagebücher. 1910-1924. München: dtv, 1994, S. 86.

[300] Vgl. Werba, Maria-Christine: Das Wiener Kabarett im Zeichen des Jugendstils. Phil. Diss. Wien. 1976. S. 178.

Dank

Für die zahlreichen Anregungen und kritischen Diskussionen, die ich im Rahmen dieser Arbeit erfahren habe, danke ich meiner Frau Dorothea.

Mein besonderer Dank gilt Herrn Thilo Hennrich, der ein unermüdlicher und sachkundiger Mitarbeiter bei der Seitengestaltung, dem Seitenlayout, der Bildbearbeitung und der Anfertigung der reproreifen Druckvorlage war. Ohne seine fachliche Kompetenz hätte der vorliegende Band in dieser Form nicht erscheinen können.

Verbunden fühle ich mich den Damen und Herren aus den Archiven und Bibliotheken. Stellvertretend für alle seien hier Frau Dr. Wüst und Frau Sylvia Wanke von der Kantonsbibliothek Aarau, Herr Dr. Stephan Hess vom Historischen Museum Schloss Lenzburg, Herr Huber vom Burghaldemuseum Lenzburg, Herr Schmitter vom Monacensia Literaturarchiv München, Frau Frauenreuther vom Staatsarchiv München und Herr Weidner vom Münchner Stadtmuseum genannt.

Zuletzt, aber nicht minder herzlich danke ich dem Enkel von Frank Wedekind, Herrn Anatol Regnier, für seine Unterstützung im Rahmen dieser Arbeit.

Verantwortlich für das Lektorat war Frau Helen Siefkes.

Lambsheim, im April 2009   Georg W. Forcht

Die Medialität des Theaters
bei Frank Wedekind

Eine medientheoretische Untersuchung
über den Einfluss des Bänkelsängers und
Schauspielers Frank Wedekind auf sein Werk

2005, ISBN 3-8255-0529-4,
240 Seiten, € 24,90

Frank Wedekind – Licht und Irrlicht der Münchner Kultur um die Jahrhundertwende – heute ein Klassiker der Moderne. Der relativ frühe Tod des Autors, seine provokativen und avantgardistischen Themen und die daraus erwachsenden Konflikte mit Zensur und Öffentlichkeit bis hin zu der berühmten Gefängnisstrafe wegen Majestätsbeleidigung sind dafür verantwortlich, dass die frühe Forschung diesen Autor als enfant terrible gemieden hat. Wedekind überschreitet zudem als Regisseur seiner eigenen Stücke, als Schauspieler und Kabarettist die traditionellen Rollenzuschreibungen an einen Dichter, so dass seine Reputation von Beginn an in einem dubiosen Zwielicht erscheint. Diese Arbeit wendet sich der Analyse des Werks mit Hilfe feministischer und psychoanalytischer Modelle zu, so das eine interessante und produktive Mischung aus philologischer Praxis und analytischer Innovation entstanden ist, die wegweisende Perspektiven aufreißen kann. Die Arbeit ruht auf äußerst umfassenden Quellenstudien, die der Verfasser in fünf Archiven in drei Ländern angestellt hat.

Stimmen zum Buch:
„Ein Muss für alle Frank-Wedekind-Kenner und intereressenten."
(Malcherek, Wien, A&M-Internetanbieter)

www.centaurus-verlag.de

Liebesklänge und andere ausgewählte Lyrik-Manuskripte des jungen Frank Wedekind

2. überarbeitete Auflage 2006,
ISBN 3-8255-0659-9,
348 Seiten, € 24,90

Es ist ein merkwürdiges Phänomen, dass die Literaturwissenschaft bis heute die gesamte Jugendlyrik von Frank Wedekind von 1877 bis 1889 nicht wahrgenommen hat. Rund 90 Jahre nach seinem Tod weiß man, dass Wedekind ein entscheidender Wegbereiter des neuen Theaters war, als Klassiker der Moderne gilt und als Lehrer von Berthold Brecht dessen Songs entscheidend beeinflusst hat. Seine ersten dichterischen Gehversuche in Lenzburg, geprägt durch amouröse Abenteuer, bleiben jedoch bis heute im Dunkeln. Der Autor präsentiert mit „Liebesklänge" eine gelungene Kombination von ausgewählten Lyrik-Manuskripten und Zeichnungen verschiedener Lebensabschnitte des jugendlichen Wedekind. Durch die exzellente Auswahl der Gedichte und Bilddokumente entsteht vor unseren Augen ein lebendiges Bild Wedekinds, so dass dieser Band ein Muss für jeden Literaturfreund ist. Georg W. Forcht wurde bei dieser Veröffentlichung erstmals die Möglichkeit eröffnet, Teile des bisher unter Verschluss gehaltenen Familienarchivs und nicht freigegebener Manuskripte auszuwerten und zu publizieren.

Stimmen zum Buch:
„Wedekinds Jugendlyrik ist, wie der Herausgeber Georg W. Forcht durch umsichtige Kommentare deutlich macht, biographisch und werkgeschichtlich interessant. Literarisch, künstlerisch sind diese Verse bedeutungslos ... Das nimmt dem Buch von Forcht nicht seinen Wert; es bietet die Gedichte auch in schmucker Handschrift und mit seinen Illustrationen. Und Forcht zeichnet Wedekinds Entwicklung sorgfältig nach."
(Frankfurter Allgemeine Zeitung, 19.10.2007)

MIX
Papier aus verantwortungsvollen Quellen
Paper from responsible sources
FSC® C105338

If you have any concerns about our products,
you can contact us on
ProductSafety@springernature.com

In case Publisher is established outside the EU,
the EU authorized representative is:
Springer Nature Customer Service Center GmbH
Europaplatz 3, 69115 Heidelberg, Germany

Printed by Libri Plureos GmbH
in Hamburg, Germany